# Team & Leader Coaching

Saiba tudo sobre os processos e as estratégias que podem ajudar você a desenvolver suas competências e de sua equipe, em curto espaço de tempo

Copyright© 2014 by Editora Ser Mais Ltda.
Todos os direitos desta edição são reservados à Editora Ser Mais Ltda.

**Presidente:**
Mauricio Sita

**Projeto Gráfico:**
Danilo Scarpa

**Capa e Diagramação:**
Wenderson Silva

**Revisão:**
Giuliana Trovato e Edilson Menezes

**Gerente de Projetos:**
Gleide Santos

**Diretora de Operações:**
Alessandra Ksenhuck

**Diretora Executiva:**
Julyana Rosa

**Relacionamento com o cliente:**
Claudia Pires

**Impressão:**
Gráfica Editora Pallotti

**Dados Internacionais de Catalogação na Publicação (CIP)**
**(Câmara Brasileira do Livro, SP, BRASIL)**

Percia, André
Team & leader coaching / André Percia, Lídia Batista, Mauricio Sita [organizadores]. -- 1. ed. -- São Paulo : Editora Ser Mais, 2014.

Vários autores.
ISBN 978-85-63178-63-3

1. Carreira profissional - Administração 2. Coaching 3. Conduta de vida 4. Executive coaching 5. Executivos - Treinamento 6. Liderança I. Percia, André. II. Batista, Lídia. III. Sita, Mauricio.

14-09203      CDD-658.3124

**Índices para catálogo sistemático:**
1. Coaching : Administração de empresas
658.3124

Editora Ser Mais Ltda
Rua Antônio Augusto Covello, 472 – Vila Mariana – São Paulo, SP
CEP 01550-060
Fone/fax: (0**11) 2659-0968
Site: www.editorasermais.com.br e-mail: contato@revistasermais.com.br

# Índice

Apresentação..................................................................................................7

Diferenciando um *leader coach* de um líder comum
**Alexandre Giomo**........................................................................................9

*Coaching* como um processo de desenvolvimento
**André Percia**............................................................................................17

Mediação e *coaching*
**Ana Luiza Isoldi**.......................................................................................25

Promovendo mudança de hábitos do líder
**Ana Paula do Nascimento Vivian**............................................................33

A metodologia do Psicodrama auxiliando no papel do *leader coaching* e do *coaching* grupal
**Andréa Claudia de Souza & Joceli Drummond**........................................41

Tornando-se um *leader coach*
**Carla Valente**..........................................................................................49

Mais (ou menos?) do mesmo
**Carlos Hoyos**..........................................................................................57

Desmistificando nossos limites
**Carlos Nascimento**.................................................................................63

O que é ser *coach* para VOCÊ?
**Daniela Mello Ferreira**............................................................................71

O *coaching* como elemento essencial na liderança
**Danilo Fernando Olegario**......................................................................79

Liberdade e escolha para a felicidade – o poder em suas mãos e de sua equipe
**Demetrius Levino & Elton Parente**.........................................................87

Os segredos do *leader coach* evolutivo
**Douglas de Matteu & Wilson Farias Nascimento**..................95

Potencializando poderes, formando super-heróis
**Elidiane Melo**..................103

O propósito como estratégia para a alta performance
**Elisa Próspero**..................111

A importância das microexpressões
**Fátima Barreto**..................119

O perfil do *leader coach*
**Guilherme Licursi**..................127

SER valor muda tudo!
**Ivael Freitas**..................133

Aposto que você está trabalhando com mão de obra infantil
**Joacir Martinelli**..................141

Construindo liderança e metas financeiras para empreendedores
**Joana D´Arc Santos Oliveira**..................149

*Coaching* – Um caminho para o autoconhecimento, evolução e felicidade!
**Juliana Lustosa**..................157

Não apenas pense diferente, seja diferente! E saia na frente!
**Levy Corrêa**..................165

Equipe autodirigível
**Lídia Batista**..................173

Potencializando a capacidade de realização através do *coaching*
**Marcos Esteves**..................181

Conversa de *coaching*: aprendendo a desenvolver a equipe
**Mari Martins**..................................................................................................189

Gestão de franquias - Qual é seu estilo de liderança e gerenciamento?
**Maria de Lourdes Maran Deliberali**...................................................197

A arte de liderar com a essência do amor
**Marluy Nogueira**..............................................................................203

O desafio dos líderes - Como a maturidade profissional e a disciplina podem ajudar a gerar resultados valorosos
**Noberto Ferreira**..............................................................................211

O que é felicidade para você?
**Norimar José Tolotto**......................................................................219

*Leader* e *team coaching*: o poder da transformação
**Patricia Barbosa da Silva**.................................................................227

*Coaching* para o desenvolvimento da nova geração
**Pedro Eduardo Rodrigues**................................................................233

O poder e a responsabilidade do *leader coach*
**Philip Mark Magrath**........................................................................241

*Coaching* e PNL – Pontos de partida para o sucesso de todo líder
**Reuque Milke**...................................................................................247

Liderar pelo exemplo. Seguir pelo modelo
**Rodrigo Belmonte**............................................................................255

Decidi ser líder!
**Rosangela Ojuara**.............................................................................263

*Leader coach* e estratégia Disney
**Rosaura Fontoura & Wendell Araújo**...............................................271

O *leader coach* e o diagnóstico do perfil comportamental: entendendo o colaborador
**Sandra Bini & Gilbertto Barrouin**..................................................................................279

O que aprendi com meus *coachees*
**Sandra Lúcia Freitas do Nascimento**.......................................................287

*Coaching* e neurociência: *leader coach* no desenvolvimento da inteligência emocional financeira
**Sandra Regina Amaral Martinhago**.........................................................295

*Processo de coaching de liderança*
**Sergio Torrean**..............................................................................................303

*Coaching* de vendas: a arte de alcançar a excelência em vendas
**Suzete Mrozinski**..........................................................................................311

*Coaching* interpessoal
**Teka Jorge**......................................................................................................319

Construindo um grupo de apoio GOLD para proteger e prosperar sua vida e sua liderança
**Tommy Nelson**..............................................................................................327

Metodologia do triângulo equilátero
**Vanessa Freitas**.............................................................................................335

O *leader coach* educador
**Vania L. M. Marinelli**..................................................................................343

*Coaching* - Importante estratégia de transformação pessoal e profissional
**Weigma Bezerra**...........................................................................................351

Encerramento......................................................................................................359

## Apresentação

"No futuro todos os líderes serão *coaches*. Quem não desenvolver essa habilidade, automaticamente será descartado pelo mercado." Jack Welch,
**Ex-Presidente da General Electric.**

Esse pensamento do CEO mais admirado do mundo derruba mais um pedaço da barreira de que o líder nasce feito.

Mais do que nunca é possível e indispensável o desenvolvimento de novas competências para se atingir a excelência na liderança de pessoas.

Entendemos que o líder eficaz de equipes reúne todas as habilidades dos lideres servidores, assertivos, empreendedores, com foco em resultados etc., mas tem também de dominar as técnicas e ferramentas do *coaching*.

É disso que dezenas dos melhores *coaches* do Brasil tratam neste livro. Você, caro leitor, tem a conveniência de ler textos condensados, que contêm a essência dos conceitos. Conhecerá o que há de mais importante sobre cada tema.

Agradeço a todos os coautores pela contribuição que estão dando à literatura de *coaching*.

Orgulhamo-nos de ser a editora que publicou o maior número de títulos sobre *coaching* no Brasil.

Agradeço também ao grande mestre do *coaching* André Pércia, por ter somado comigo na coordenação editorial e pelo cuidado com que revisa tecnicamente todos os artigos.

Este livro tem uma característica criativa e inovadora. Ele não termina na última página. Através do blog você se manterá atualizado, uma vez que todos os coautores têm sua página e darão continuidade ao tema. No blog você poderá interagir com todos, e tirar suas dúvidas.

Boa leitura!

Mauricio Sita
Coordenador editorial
Presidente da Editora Ser Mais

# 1

# Diferenciando um *leader coach* de um líder comum

Reflexões para autodefinição e propostas para mudança e melhoria contínua. Defina-se, se desafie, mude!

**Alexandre Giomo**

## Alexandre Giomo

Professor universitário por mais de dois anos nos cursos de graduação da FIA – Faculdade de Interação Americana na cadeira de Administração com ênfase em Marketing e Negócios, graduado em Ciências Químicas com Atribuições Tecnológicas com MBA em Gestão de Pessoas e em Marketing pela Fundação Getulio Vargas. Especialista na ferramenta DISC/VALORES pela Success Tools. *Coach* formado pela Sociedade Brasileira de Coaching. Há mais de 20 anos de atuação corporativa nas áreas de marketing e vendas em grandes empresas do ramo de varejo farmacêutico, sou atualmente proprietário da Evolution Training&Coaching, facilitador em projetos corporativos de Desenvolvimento de Líderes e Equipes, Gestão e Diagnóstico de Clima Organizacional com metodologia própria no desenvolvimento de fatores e questionários, Implantação e Orientação de Gestão por Competências, Avaliação de Desempenho. *Coach* com mais de 350 *coachees* desenvolvidos, sólidos conhecimentos em todos os subsistemas de recursos humanos.

**Contatos**
www.evolutiontc.com.br
alexandregiomo@evolutiontc.com.br
comercial@evoltiontc.com.br
(11) 95909-1276

# Alexandre Giomo

Estamos vivendo um momento no mundo dos negócios em que a crise mais grave não é a instabilidade econômica, a disparada do dólar ou a fase ruim da América e da Europa, mas sim a escassez de líderes preparados e estruturados, os intitulados "grandes líderes" ou *"leader coach"*, aqueles que, por maior que seja a crise, conseguem, com suas habilidades e experiências, construir, motivar, dar foco em resultado e gerir uma equipe com a maestria de um "afinador de pianos".

O mundo corporativo então sofre com a carência de liderança; equipes se desfazem ou, até mesmo, não conseguem se formar, pois o mercado está mais preocupado em preparar profissionais eficientes – técnicos, gerentes – do que líderes eficazes. Entretanto, sabemos da grande importância de termos líderes morais, líderes "treinadores" à frente de grandes times, líderes com habilidades especiais de tornar as equipes coesas, com caráter definido e paixão pelas pessoas. Dificilmente um grupo de pessoas trabalhando juntas sem a regência de um *leader coach* consegue se estruturar e se tornar uma equipe grande e forte.

Sabemos que a equipe é o espelho de seu líder, portanto, um *leader coach* ou um grande líder só terá sua equipe muito bem preparada, trabalhando focada em resultados com comportamentos muito bem delineados e alinhada com a empresa e com as pessoas que nela trabalham, quando conseguir transmitir a humildade, o compromisso de desenvolver pessoas e de se desenvolver, a vontade de ouvir e conhecer os desejos e os anseios de seus liderados, ser a causa da motivação de cada um na equipe, implantando ferramentas e formas de trabalho inovadoras, sempre com o intuito de agregar valor aos seus, levando-os rumo à excelência com melhorias contínuas e sólidas, caso contrário, o "líder formal" aparecerá.

E por falar em "líder formal/comum", quem já não se perguntou: *O meu líder é um líder formal ou moral? Um leader coach ou um líder comum? Como conseguir diferenciar um do outro?* Essa é uma questão bastante corriqueira, acontece praticamente todos os dias, em todas as empresas, basta haver uma equipe e um líder para que esse sentimento tramite entre os profissionais. Isso ocorre porque as pessoas não têm os mesmos comportamentos, pensam de forma diferente e têm expectativas e desejos individuais.

A cada situação nos deparamos com reações diferentes e, por consequência, com comportamentos diferentes. Daí, basta não ter um *leader coach* em cena para que esse sentimento, essa dúvida, venha à tona assombrar o dia a dia dos profissionais que formam as equipes. Ao pensarmos qual seria a melhor resposta para essa pergunta, verificamos que a situação parece fácil de ser resolvida, porém não é bem assim. Nem sempre constatamos comportamentos coerentes com cada forma de liderança, pois o discurso dos líderes às vezes pode ser contraditório à prática de sua função.

Para nos ajudar a identificar de maneira rápida e objetiva a diferença entre um líder comum/formal e um *leader coach*/moral, trazemos algumas características dessas duas formas de liderança.

Vamos interpretar alguns pontos do líder formal:

- O poder é obtido pelo "peso" do crachá ou pelo "tamanho da caneta". Sustenta sempre a posição de "manda quem pode, obedece quem tem juízo", isso por ter medo de perder o posto e por se encontrar numa zona de conforto que o impede de querer se desenvolver e se libertar destes pensamentos ultrapassados. Não estabelece um vínculo de confiança com a equipe, nem gera credibilidade ao buscar resultados.
- Mantém a equipe em total "isolamento". Não dissemina a missão, a visão e os valores da organização. Não instaura uma mentalidade de "cliente/fornecedor interno", muito menos demonstra respeito com pares e profissionais de outras áreas. Jamais estabelece conexão emocional com os propósitos da organização, mantendo todos em "ilhas".
- É permissivo com o meio. Gera medo e um ambiente desagradável a fim de deixar a equipe insegura, entendendo que só desta maneira conseguirá manter seu lugar. Isso acontece porque o próprio "líder" é inseguro e despreparado, sem o perfil ideal para liderar uma equipe.
- É centralizador, não confia em ninguém, nem em si próprio. Não dissemina informações, nem conhecimento, imaginando-se, assim, como o "detentor do poder". A arrogância impede que ele adquira novos conhecimentos. Não se disponibiliza a ensinar, pensa que quanto mais informações disponibilizar, mais ameaças terá por parte da equipe.
- Não reconhece talento, resultado ou superação das pessoas de sua equipe. O termo "não faz mais do que sua obrigação" não sai de seus discursos. Tem medo de parecer frágil ao dar *feedback* positivo.

- Não comemora os resultados obtidos com a equipe, acredita tê-los conseguido sozinho. Nunca pensa no todo, somente em sua "EUquipe". Sente-se autossuficiente, do contrário, teria que reconhecer suas "fragilidades" e dar créditos à sua equipe.

Podemos dizer então que o líder comum/formal ainda vive e gerencia pessoas como na era industrial, quando os trabalhos eram simples tarefas e precisávamos mais de "braços" do que de "cérebro", e os "subalternos" viviam com a percepção de monotonia, sentimento de insatisfação e resignação, conformados com a situação, pois, diferentemente de hoje, não tinham opção de escolher o trabalho que poderia fazê-los felizes.

Para o líder comum, a era do conhecimento só veio atrapalhar, tirá-lo da "zona de conforto" e "virar a cabeça" de seus subordinados, que começam a exigir e expressar vontades, desejos, necessidades reais do dia a dia de crescer e de se desenvolver, de buscar novos conhecimentos e formas diferentes de executar tarefas, a fim de focarem no aumento e excelência de resultados.

Em contrapartida, acredito que, nesses tempos, seja crescente o surgimento, ou melhor, o desenvolvimento do *leader coach*. Esse conceito vem sendo muito trabalhado. Empresas sérias, que valorizam o "material humano" e sabem que ele é o bem mais valioso em suas organizações, investem recursos financeiros e tempo no desenvolvimento de novos líderes, entendendo que somente dessa forma terão grandes equipes. Esses líderes não têm medo de serem superados, possuem conceitos inovadores, atuais. Não se restringem a olhar para si próprios, pensam no todo e não só na parte que lhes cabe. Sabem respeitar os colegas de trabalho, aceitando a característica de cada um. São flexíveis em suas ações, sabem diferenciar comportamentos para cada situação apresentada. Compreendem que a comunicação é uma ferramenta indispensável para entender e se fazer entender em busca de melhores resultados. E dividem os esforços para somar e focar nas soluções dos problemas.

O *leader coach*/moral tem diversas características que fazem as pessoas considerá-lo alguém que deva ser seguido, visualizado e por que não dizer "copiado". Ele sabe da grande responsabilidade que tem e busca, acima de tudo, deixar um legado, algo especial que nunca seja esquecido. Provoca conexões com sua equipe e com todos que o cercam. Diferencia a importância de enxergar a parte, ao mesmo tempo que cuida do todo. Sabe que tem muito poder, porém entende que a equipe tem ainda mais poder e em vez de ficar retraído, amedrontado, sai em busca da coesão, de somar forças, sempre com o objetivo de se tornar melhor e tornar a todos melhores ainda.

Vejamos algumas características que fazem do *leader coach*/moral um gestor diferenciado entre os outros:

- Sua competência é voltada para o relacionamento interpessoal com ênfase no respeito pelo próximo, por seus subordinados, pares e superiores. Não fazendo distinção quando se trata de hierarquia, se sente forte e confiante quando esses relacionamentos ficam sólidos.
- Promove em seu departamento um clima cordial, de confiança e de credibilidade. Valoriza e reconhece as pessoas, o que é um ponto crucial, pois a equipe tornando-se melhor a cada dia, ele automaticamente se torna melhor também.
- É um líder que incentiva, motiva e demonstra, por meio de comportamentos e valores, respeito a todos de forma incondicional, entendendo que nenhuma vitória é solitária. Sabe que um grande resultado é fruto do trabalho de toda a equipe e que a união traz a conquista de desafios cada vez maiores.
- É fortemente focado em resultados, porém não fica "míope" em relação às pessoas que lidera, apoia, dá atenção e se põe à disposição para ajudar no que for preciso, porque sabe das necessidades que todo ser humano tem e que ninguém está alheio a essa realidade.
- É agregador (dos valores das pessoas e da empresa) e disseminador de conhecimentos – "conhecimento parado é conhecimento morto". Utiliza todos os momentos disponíveis de forma incansável para treinar, motivar e incentivar sua equipe para novos desafios e resultados mais ousados.
- Seu poder de inteligência emocional é surpreendente. Anseia por ajudar e desenvolver pessoas, resolver problemas de forma simples e com propriedade, mantendo sempre o equilíbrio em seus gestos, atitudes, palavras e comportamentos. Transforma cada situação indesejável em oportunidades de melhoria e aprendizado.
- Tem a mente aberta para receber *feedbacks* e buscar o aperfeiçoamento constante e ininterrupto, além de oferecer *feedbacks* diários com o intuído de levar a evolução aos seus,

permitindo que a equipe tenha autonomia para construir planos de ações, assim assumindo responsabilidades pelo crescimento contínuo.

Enfim, poderia escrever por horas as boas características da liderança moral, contudo essa é a essência, uma "pitadinha" sobre esse inesgotável tema.

A ideia que gostaria de propor nesse artigo é que buscássemos a reflexão sobre o entendimento das diferenças entre as formas de lideranças (líderes comuns/formais e *leader coaches*/morais), permitindo que nos tornemos um *leader coach*, ou identifiquemos com clareza e destreza as nossas linhas de liderança, para que a pergunta que sempre nos fazemos seja sanada e deixe de povoar nossas mentes de uma vez por todas.

# 2

# *Coaching* como um processo de desenvolvimento

James Prochaska, John Norcross e Carlo Di Clemente (1994) estudaram mais de mil pessoas que conseguiram mudar hábitos com sucesso, tais como fumo, drogas e excesso de peso. Essas pessoas passaram por fases distintas, de acordo com a pesquisa que realizaram. Essas conclusões servem para pensar indivíduos dentro ou fora de um grupo, time ou equipe

**André Percia**

**André Percia**

*Master trainer* em programação neurolinguística e *master coach trainer* certificado internacionalmente pela I.C.I.

**Contatos**
www.ressignificando.com
www.youtube.com/Andrepercia
apercia@terra.com.br

## Fases distintas do processo de mudança

Processo não necessariamente linear:
1. Pré-contemplação: clientes ainda não estão considerando fazer a mudança.
2. Contemplação: já consideram mudanças, podem apresentar ambivalências e podem não saber o que fazer.
3. Preparação: o cliente se prepara para mudar.
4. Ação: fazer o que precisa ser feito.
5. Manutenção: prolongamento de ações e comportamentos para criar novos hábitos e integrá-los ao resto de sua vida.
6. Término: não mais é necessária uma abordagem programática.

## Fases da mudança

**1. Pré – contemplação**: nesta fase, as pessoas não estão conscientes da necessidade de mudar, e não têm nenhuma intenção de mudar o comportamento. Quando algo surge sobre o problema, tendem a culpar outros, e só fazem *coaching* por pressão de outros.

Podem existir atitudes defensivas ou tendências para evitar lidar com a questão, quando a mesma poderia ser tratada de outra forma. *Coaches* podem ajudar a quebrar este ciclo.

*Coaches* devem desenvolver confiança para que o cliente se engaje. Solicite que o cliente descreva sua perspectiva sobre a situação, para então escutá-lo e compreendê-lo.

Conforme a confiança aumenta, os clientes tornam-se preparados para buscar por informações que vão expandir suas perspectivas sobre a situação atual, o que pode estimular o desejo pela mudança.

*Coaches* agem como intermediários, juntando informação do "todo" e a compartilhando com o cliente. Muitos não se dão conta de como afetam outras pessoas, e reconhecer isso ajuda na continuidade do processo.

*Feedbacks* criam discrepância entre como o cliente se percebe e como outros o percebem. Eles podem ajudar na percepção de eventuais diferenças entre suas ações e seus valores, o que pode resultar num desejo de mudar.

Há três tipos comuns de defesa contra a contemplação para a mudança:
- **Negação**: remover o desconforto negando o que está acontecendo. Racionalizam afirmando que a fonte está comprometida, é irrelevante ou está errada, ou podem dizer que não há dados estatísticos que corroborem que aquilo esteja de fato acontecendo.

- **Culpa**: uma forma de não perceber sua contribuição para o problema é acusar outras pessoas, chamando a outra parte de imatura, supersensível, ignorante ou incapaz de apreciar o que se passa (na vida, nos negócios etc.).
- **Vergonha**: sentir vergonha pode evitar que pessoas examinem o próprio comportamento. É uma forma de autoacusação.
- **Aceitação**: *coaches* devem ajudar seus clientes a ir adiante em suas vidas, além da vergonha e das acusações, para um autoconhecimento. Pode-se amaciar as defesas apresentando as informações de forma menos ameaçadora.

**2. Contemplação**: aqui, já há consciência do problema ou de uma oportunidade e sabem como contribuem para isso. Pensam seriamente em mudar o comportamento, mas ainda não se comprometeram com uma ação. Esforços parecem ser intransponíveis ou existe algum senso de ganho com o velho comportamento.

Clientes podem perceber que suas defesas são, na verdade, uma entre muitas possibilidades de escolhas.

*Coaching* pode ser escolhido pelo cliente por conta de algo não preenchido ou um desafio nos negócios, assim como de um problema específico.

A mudança começa na fase de contemplação, quando a pessoa seriamente considera mudar comportamentos, com a consciência de que algo pode ser feito para mudar sua vida.

Alguns começam por si mesmos e procuram por um *coach* para ajudá-los a mudar. Outros clientes vão necessitar de *coaching* e *feedback* para chegar à contemplação.

A decisão de mudar pode vir de uma incongruência entre seus valores e seu comportamento, e aqui podem sentir uma mistura de medo e atração.

Mudanças mais significativas podem mexer profundamente com o cliente, e o processo de *coaching* pode inspirar seu crescimento pessoal.

Clientes começam a examinar o comportamento desejado com detalhes.

Exemplos de perguntas que podem ser feitas para ajudar o cliente fazer a si mesmo nesta fase:
- Quando eu ouço e quando eu negligencio ouvir o que é importante?
- A quem eu ouço e quem eu deixo de ouvir?
- O que acontece imediatamente após eu deixar de ouvir o que é importante?
- O que faço ao invés de ouvir o que é importante?
- O que é difícil sobre ouvir?

• O que poderia estar sendo percebido como recompensador sobre deixar de ouvir o que é importante?
• O que eu acredito sobre ouvir o que é importante?
• O que poderia ganhar ouvindo mais o que é importante?

Aumentar a consciência da percepção sobre os comportamentos faz com que os clientes possam se preparar para mudá-los, e, dessa forma, mais ferramentas poderão usar para o processo.

**3. Preparação**: na fase de preparação, as pessoas têm intenção de agir logo. Planejam novos comportamentos e antecipam situações disparadoras. Tentativas esporádicas para a mudança do velho comportamento são feitas com eficácia parcial. Há, muitas vezes, pouco entendimento da situação para uma ação subsequente.

Aqui, o cliente se prepara para mudar de fato, explorando, inventando e praticando alternativas.

Uma meta de desenvolvimento é definida e o cliente começa a trabalhar para incorporar novos comportamentos em seu repertório. Deve determinar exatamente como agirá diferente.

**Identificando novos caminhos e padrões**:

Faça perguntas sobre os novos padrões que o cliente pretende colocar em prática:
- Quando vão ocorrer?
- Quem estará presente?
- Estarão relacionados com quais tópicos?
- Com qual objetivo?

Responder a essas perguntas ajuda o cliente a preparar especificamente o contexto do novo comportamento. Quanto mais detalhada for a descrição, melhor será para tornar o comportamento mais real.

**Criando e ensaiando novos comportamentos**

Identificando a situação na qual vão agir, os clientes podem criar e ensaiar comportamentos novos.
• O novo comportamento deve conduzir à meta desejada;
• Deve ser diferente do velho comportamento.

O *coach* pode trabalhar usando modelos ou mentores para inspirar o cliente.

**4. Ação**: pessoas na fase da ação dão passos concretos para mudar seus comportamentos, e isso pode gerar ao mesmo tempo excitação e ansiedade.

O comportamento ganha vida, será mais familiar com os detalhes todos trabalhados anteriormente, e o *coach* deve ajudá-lo a motivar-se e engajar-se continuamente.

O cliente sentirá orgulho, mas pode sentir incerteza, super confiança ou sentir-se propenso a recair no antigo comportamento.

Nesta fase, *coaches* formados em programação neurolinguística podem fazer uma grande diferença para a consolidação positiva deste processo.

Trabalhos com reenquadramento, âncoras e sobre a zona de conforto são bem-vindos.

**5. Manutenção e término:** aqui, as pessoas procuram consolidar seus ganhos, reforçando os novos comportamentos e atitudes, agindo para evitar uma recaída. Quando os novos comportamentos se tornam hábitos, experimenta-se mais conforto.

Três tarefas para o cliente:
1 – Habituar-se ao novo comportamento;
2 – Evitar recair no velho comportamento
3 – Verificar o impacto da mudança em outras pessoas.

Vários trabalhos sobre fortalecimento de crenças, âncoras, criar estados de recursos e outros na PNL podem ajudar a consolidar esta etapa.

Perguntas poderosas:
O que você fez?
O que o ajudou a lembrar-se de fazer?
O que pensou imediatamente antes?
E no momento?
E depois?

**Perguntas poderosas para consolidar a consciência sobre o novo comportamento experimentado**:

A mudança de padrões de comportamento implica em passar por essa sequência, segundo os autores. Cada fase gera aprendizagem e a motivação propulsora para a próxima. Em cada uma existe um novo nível de consciência, um novo tipo de comprometimento e um tipo diferenciado de atividade. Cada fase traz conforto e impaciência, os quais contribuem para que a pessoa mova-se para a próxima fase.

O entendimento das fases faz com que *coach* e cliente determinem a agenda e acompanhem o processo do *coaching*, ajudando na seleção de estratégias que ajudam no progresso do cliente.

Procure pistas que definam a fase na qual se encontra seu cliente, o que pode ajudar que ele se conscientize de seu processo e eventualmente possa mover-se para a próxima fase.

**Referências**
CLUTTERBUCK, D. *Coaching Eficaz*. Editora Gente, Brasil: 2008.
DILTS, R. *From Coach To Awakener.* Meta Publications, CA. USA: 2003.
ELLIS, D. *Life Coaching: A Manual for Helping Professionals*. Crown House Publishing Limited. UK: 2006.
MARTIN, C. *The Life Coaching Handbook*. Crown House Publishing Limited. UK: 2001.
MAUPOINT, Murielle. *The Essential NLP Practitioner's Handbook: How To Suceed as na NLP Therapist and Coach*. Reino Unido.

# 3

# Mediação e *coaching*

Como gerenciar os conflitos? O que é mediação? O que a mediação e o *coaching* têm em comum? O que têm de diferente? Quais relações podemos estabelecer entre os processos de mediação e de *coaching*?
Encontre neste artigo algumas comparações...

**Ana Luiza Isoldi**

## Ana Luiza Isoldi

Sócia da Algi Mediação, Consultoria e Treinamentos. Mediadora capacitada pela Escola Paulista da Magistratura e pelo Centro de Mediación Mediaras. Advogada; mestre em Direito Urbanístico; mestranda em Mediação de Conflitos pelo Master Latinoamericano Europeo en Mediación. Especialista em Direito Público e em Métodos de Soluções Alternativas de Conflitos Humanos pela Escola Paulista da Magistratura; especialista em Dinâmica de Grupo pela Sociedade Brasileira de Dinâmica de Grupo. Treinadora em negociação pelo PON-Harvard e em mediação no ambiente de trabalho pelo Mediation Training Institute Internacional. Mediadora comercial pelo ADRGroup; *coach* pela Sociedade Latino Americana de Coaching. Mediadora da Câmara de Mediação e Arbitragem das Eurocâmaras; mediadora e membro do Comitê de Controvérsias sobre Registro de Domínio da Câmara de Comércio Brasil-Canadá. Foi diretora de Métodos Extrajudiciais de Solução de Controvérsias do Conselho Nacional das Instituições de Mediação e Arbitragem. Coordenadora do Grupo de Estudos de Mediação Empresarial Privada do Comitê Brasileiro de Arbitragem; diretora de Mediação da Ordem dos Advogados do Brasil – Subsecção Jabaquara.

**Contatos**
www.algimediacao.com.br
anaisoldi@algimediacao.com.br
(11) 5579 2787 / (11) 99214 5164

## Ana Luiza Isoldi

O objetivo deste artigo é traçar um breve paralelo entre a mediação e o *coaching*.

**O que é mediação?**

A mediação é um processo de tomada de decisões, indicado para situações de conflito em que as pessoas agem sob distintas perspectivas, conduzida por um ou mais mediadores, que trabalham para todos os mediandos, escolhidos pela legitimidade, neutralidade e imparcialidade que, sob confidencialidade e com foco na relação e visão de futuro e do possível, facilitam a comunicação entre as pessoas, estimulam o protagonismo e auxiliam na negociação, para que os mediandos possam fazer escolhas voluntárias e informadas, a partir do levantamento de opções e da eleição daquela que melhor atenda, qualitativamente e quantitativamente, aos interesses de todos os envolvidos, para construção de acordos sustentáveis.

**Vamos entender este conceito?**

*A mediação é um processo:* estruturado e flexível, que comporta uma sequência de atos estudados, planejados e que vão sendo construídos conforme o campo vai se abrindo, ou seja, as informações vão sendo trazidas pelos mediandos. Como analogia, podemos imaginar uma pessoa recebendo uma visita em sua casa. A visita só entra nos cômodos em que o dono da casa autoriza. O mediador faz o mesmo, só entra no conflito a partir do que é sinalizado pelos mediandos, das questões que eles apresentam para serem trabalhadas. É um processo também no sentido de ser um movimento, passo a passo, emocional e prático em direção daquilo que se pretende para si, o contexto, e para a relação com os outros e a sociedade em que se está inserido.

*Indicado para situações de conflito:* a mediação lida com o conflito como oportunidade de mudança, ou seja, como ocasião para refletir e rever o que está funcionando, o que está bom, adequado e pertinente, e modificar o que necessita de ajuste.

*Em que as pessoas agem sob distintas perspectivas:* a mediação parte do pressuposto de que cada mediando está percebendo o conflito a partir de suas experiências e conhecimentos adquiridos ao longo da vida. Ou seja, cada um enxerga, sente e escuta a situação com referenciais próprios e expectativas diferentes, o que dificulta a compreensão mútua. O mediador auxilia as pessoas a se colocarem uma no lugar da outra para contextualizar a situação de forma mais ampla, utilizando vários referenciais, que permitem arejar a reflexão e pensar o que ainda não foi pensado.

*Conduzida por um ou mais mediadores, que trabalham para todos os mediandos:* o mediador é o condutor do processo de mediação. Escuta os mediandos, estuda a situação e planeja o processo, desenhando as intervenções e técnicas para cada momento. A escolha do mediador é importantíssima, pois ele é o condutor da orquestra que pondera ritmo, afinação, harmonia, para quem ouve a música por fim considerá-la linda, fluida e natural, e não perceber todo esforço, técnica e movimento que está por trás. Além de verificar se o mediador tem formação específica para exercer a mediação, devem ser levados em conta a prática, o conhecimento, a ética e a instituição a que pertence. Chamamos de *multiparcialidade* o fato de o mediador trabalhar para todos os mediandos ao mesmo tempo, nunca apenas para um dos mediandos. Independentemente de quem o indicou ou está pagando seus honorários, ele deve ser aceito, contratado e legitimado por todos.

*Escolhido pela legitimidade, neutralidade e imparcialidade:* a legitimidade expressa o reconhecimento de que o mediador está apto e é a pessoa adequada para conduzir o processo. A *neutralidade* refere-se a aspectos subjetivos do próprio mediador, que deve se sentir confortável para conduzir o processo sem se incomodar com questões ou valores pessoais, seja em relação ao objeto, seja em relação aos mediandos. Seria ingênuo acreditar que o mediador conseguirá despir-se de sua formação, origem, crenças, valores pessoais, visão de mundo, senso de justiça, ideologias sociais, políticas, econômicas, religiosas. Não é possível libertá-lo de seu inconsciente, de seus registros, de sua memória, de seus desejos, de sua vivência. Assim, o que se busca é a neutralidade possível, ou seja, aquela exercida de tal forma que não afete a mediação de modo evidente e impositivo, que não transcenda do mediador para o processo, que disponibilize um ambiente confortável para todos os participantes, favorável ao acordo. A *imparcialidade* refere-se à relação do mediador com os mediandos. Significa que deve atuar sem favorecimentos, sem privilégios, sem arbitrariedades, sem tomar partido ou formar alianças, mantendo equidistância e tratamento isonômico entre os mediandos, outorgando-lhes as mesmas oportunidades, o que compreende, também, a responsabilidade do mediador em garantir o equilíbrio da relação no processo, corrigindo-o quando necessário.

*Sob confidencialidade:* a confidencialidade é importante para que as pessoas sintam-se seguras e tranquilas para expressar seus sentimentos e pensamentos, sem receio de produzir provas contra si mesmas. Trabalhamos com duas vertentes: a confidencialidade externa, que significa que toda a informação obtida em razão do processo deve ser mantida em sigilo em relação às pessoas alheias à mediação, exceto se houver autorização expressa dos mediandos ou quando exceder aos limites da mediação, tais como em situações que envolvem abuso de incapazes. Ou seja, as informações obtidas em virtude do que foi falado, ouvido, conversado ou apresentado por meio de documentação, nas reuniões *conjuntas e privadas,* não poderão ser reveladas ou difundidas fora do processo de mediação, seja pelos mediandos, seja pelos mediadores, advogados ou procuradores. E com a confidencialidade *interna,* segundo a qual as informações obtidas nas reuniões privadas, somente poderão ser reveladas pelos mediadores aos outros mediandos, procuradores e advogados, com o consentimento expresso daquele que foi ouvido. Assim, na eventualidade de não se chegar a um acordo global na mediação, poderão ser levados ao juízo arbitral ou estatal somente as informações e documentos previamente existentes e de conhecimento do mediando antes do processo de mediação.

*Com foco na relação e visão de futuro e do possível:* a mediação leva em conta aspectos emocionais, trabalhando a relação entre os mediandos dali para frente, com enfoque bem realista, buscando restaurar, preservar ou melhorar a interação daquelas pessoas no contexto, dentro do que é viável, implementável e sustentável.

*Facilitam a comunicação entre as pessoas:* o mediador facilita a comunicação entre os mediandos, transformando o que normalmente costuma chegar como uma discussão calorosa, truncada, de difícil compreensão, carregada de emoções e sentimentos, acusações e exigências, em uma conversa em que todos têm igual oportunidade de colocar suas questões de forma ordenada, clara e compreensível, ensejando escuta dos diferentes pontos de vista, interesses, necessidades, opções e alternativas.

*Estimulam o protagonismo:* que é a capacidade de propor soluções, fazer escolhas e responsabilizar-se por suas próprias ações.

*E auxiliam na negociação, para que os mediandos possam fazer escolhas voluntárias e informadas, a partir do levantamento de opções e da eleição daquela que melhor atenda, qualitativamente e quantitativamente, aos interesses de todos os envolvidos:* sem induzir respostas ou sugerir resultados, o mediador contribui para a troca de informações relevantes para a tomada de decisão. Não há garantia de que no final do processo, os mediandos vão chegar a um acordo, por outro lado, é de responsabilidade do mediador aplicar filtros para verificar se o acordo feito satisfaz aos interesses de todos os envolvidos, ainda que não contemple cem por cento do que foi pedido ou imaginado inicialmente. Também incumbe ao mediador constatar se a vontade dos mediandos está sendo respeitada, sem qualquer tipo de pressão ou coerção.

*Para construção de acordos sustentáveis:* o mediador aplica filtros para constatar se o acordo proposto é implementável e poderá ser cumprido.

### O que é o coaching?

Segundo RUI TEMBE, *"Coaching* é um processo estruturado de apoio ao alcance de determinado objetivo, onde um *coach* acompanha uma pessoa ou grupo de pessoas para que elas apresentem os resultados desejados. Em resumo, o papel do *coach* é apoiar o *coachee* (cliente) a aceder os recursos que possui dentro de si, permitindo assim que ele explore ao máximo o seu potencial, para maximizar os seus resultados pessoais e profissionais, conseguido através do alinhamento do comportamento do *coachee* com os seus objetivos. O *coaching* funciona como uma parceria, em que há um compromisso de resultados entre duas partes envolvidas num processo estimulante que propicia uma transformação de dentro para fora".[1]

**O que a mediação e o coaching têm em comum? O que têm de diferente? Quais relações podemos estabelecer entre os processos de mediação e de coaching?**

Tanto a mediação quanto o *coaching* são processos para gestão de impasses, utilizados quando a pessoa sente-se diante de alguma dificuldade que não consegue resolver sozinha. Nada mais são do que processos de negociação.

E como brilhantemente ensina ENRIQUE FERNÁNDEZ LONGO, *"negociar é pedir ajuda para superar nossos limites" (p. 38, 2004)*. Tanto o *coaching* quanto a mediação podem servir como processos nessas negociações que estabelecemos, conosco mesmo e com os outros, em busca da realização de projetos e sonhos.

O processo de *coaching* tem como objetivo o desenvolvimento das pessoas, em diferentes áreas: vida, profissional, pessoal, espiritual, etc. Trabalha com metas gerais e específicas, buscando superação, uma após outra.

---

1 PERSIA, MATTEU, MARQUES e SITA (Coord.). In Master Coaches, p. 348.

O processo da mediação pressupõe duas ou mais pessoas, físicas ou jurídicas, em conflito. Tem como objetivo gerir o conflito, em diferentes áreas: empresarial, familiar, escolar, civil, ambiental, etc. A meta geral é educativa, ensinar as pessoas a negociarem e a lidarem melhor com situações de conflito, inclusive no futuro. A meta específica é transformar a situação de conflito numa situação que compatibilize interesses.

Tanto o processo de *coaching* quanto o da mediação são conduzidos por um terceiro facilitador, baseado na voluntariedade, no protagonismo e na confidencialidade.

A mediação trabalha o conflito que relaciona duas ou mais pessoas. O *coaching* trabalha não só o conflito com o outro, mas também o conflito consigo mesmo.

A mediação ajuda duas ou mais pessoas a criarem opções e encontrarem um acordo mutuamente aceitável. O *coaching* ajuda a pessoa a identificar o que quer, elaborar plano de ação com os recursos disponíveis para alcançar a meta, e mensurar o resultado auferido.

A mediação prefere reuniões presenciais. O *coaching* oferece, além desta via, o telefone, skype, e-mail, etc.

**Quando utilizar a mediação e quando usar o coaching para gestão de conflitos?**

Em situações de conflito, o método mais indicado é a mediação, por ser mais amplo.

Alternativamente, se nem todos os envolvidos no conflito aderirem à mediação, ou até mesmo como preparação para a mediação, é possível utilizar o *coaching* para ajudar o *coachee* a ter mais clareza sobre o conflito, desenhar estratégias e buscar habilidades que facilitem a comunicação e interação com o outro para melhor gerenciamento da situação. O *coach* apoia o *coachee* (acolhimento), ouvindo-o (escuta ativa), auxiliando-o a ver o conflito sob diferentes perspectivas (colocar o sapato do outro) para que busque opções e informações para a tomada de decisão.

Além do uso como processo independente, o *coaching* pode ser inserido no processo de mediação, com diferentes finalidades, especialmente nas reuniões privadas (sem a presença do outro mediando), tais como:

- Estabelecer *rapport*, para gerar confiança e facilitar a comunicação.
- Identificar pontos fortes e fracos para negociação.

- Identificar a "melhor alternativa sem acordo", que corresponde ao "plano B", ou seja, o que um dos mediandos pode fazer sem a colaboração do outro, caso não se consiga chegar a um acordo.
- Identificar, desenvolver e treinar habilidades que facilitem e abram campo para negociação, bem como identificar e evitar situações e formas de comunicação que fecham a negociação.
- Identificar o que é possível fazer para convencer o outro a colocar-se de acordo.
- Fortalecer emocionalmente o mediando e colocá-lo em condições de negociar de forma equilibrada.
- Equilibrar as emoções.
- Explorar tema que um mediando não queria tratar diante do outro.
- Identificar interesses.

**Breve quadro comparativo entre mediação e coaching**

|  | *Coaching* | Mediação |
|---|---|---|
| Objetivos | Gestão de impasses, desenvolvimento, superação, clareza, *insights*. | Gestão de conflitos, atendimentos dos interesses, compreensão do outro. |
| Relações | Principalmente consigo mesmo. | Principalmente com o outro. |
| Terceiro facilitador | Neutro. | Multiparcial. |
| Voluntariedade | Relativa, o *coach* pode eventualmente sugerir ou indicar soluções. | Essencial, o mediador não sugere nem indica soluções. |
| Confidencialidade | Externa. | Interna e externa. |
| Áreas de atuação | Vida, profissional, pessoal, espiritual, etc. | Empresarial, familiar, civil, escolar, ambiental, etc. |
| Atores | Pessoa física. | Pessoa física e jurídica. |
| Resultado possível | Clareza, realização. | Acordo, transformação da situação de conflito em compatibilização de interesses. |

**Referências**

CARAM, María Elena; EILBAUM, Diana Teresa; ROSOLÍA, Matilde. *Mediación: diseño de una práctica*. Buenos Aires: Histórica, 2006.

SITA, Maurício (Org.) et al. *Master coaches: técnicas e relatos de mestres do coaching*. São Paulo: Ser Mais, 2012.

LONGO, Enrique Fernández. *La negociación inevitable: conmigo – contigo*. Buenos Aires: Grupo Abierto Comunicaciones/Centro para um Nuevo Liderazgo, 2004.

# 4

# Promovendo mudança de hábitos do líder

Para manter a sustentabilidade e perpetuação das organizações, os líderes necessitam questionar seus hábitos de liderança. A mudança de cultura inicia-se no executivo, que ao refletir sobre seus hábitos de liderança e consequências para a organização, passa a atuar e permitir o desenvolvimento da cultura *coach*. Assim, evolui o seu comportamento de líder atuando nos três papéis fundamentais para o processo de formação de equipes de alta performance

## Ana Paula do Nascimento Vivian

## Ana Paula do Nascimento Vivian

*Executive coach* e consultora de estratégia e marketing. Diretora proprietária da Mappa Desenvolvimento Empresarial. Atua com Programas de *Coaching* de Negócio e *Executive Coaching*, sendo certificada pelo Behavioral Coaching Institute (BCI), Sociedade Brasileira de Coaching (SBC) e Wort Ethic Corporation. Com mais de 8.000 horas de consultoria aplicada e 2.500 de instrutoria, é especialista em estratégias empresariais, elaboração de projetos, marketing e gestão da força de vendas. Possui MBA em Gestão Estratégica do Conhecimento Organizacional.

**Contatos**
www.mappa.net.br
mappa@mappa.net.br
(49) 3331-5066

## Ana Paula do Nascimento Vivian

"Quando Carlos olha para seu histórico como executivo, os indicadores lhe apresentam uma história de liderança que foi conquistada, sendo hoje respeitado como uma personalidade que com sua visão e capacidade de execução, movimentou por anos pessoas e gerou resultados. Através de seu perfil de líder comandante, visionário e executor, seu comportamento de liderança foi alicerçado pelo pensar em como fazer, mandar fazer e quando fazer, e com isso obteve grandes resultados. Sua liderança construiu uma organização reconhecida por seu desempenho e qualidade de serviços prestados a seus clientes e comunidade.

Hoje, quando para e avalia o cenário empresarial e o comportamento das equipes, não tem dúvida que na última década todos passaram por diversas transformações e ao avaliar o futuro da empresa, estremece. Está claro que a cultura de liderança que ele implantou no passado não levará a empresa à perpetuação e sustentabilidade. Surgem perguntas e questionamentos. Algumas causam medo sobre o futuro. Como esta organização se manterá sem minha presença? Quem são os líderes que construí? Quem pensa pela empresa hoje? Quem tem liberdade de trazer soluções?" Esse é o exemplo de um executivo, que como muitos outros com o mesmo perfil e características, construiu muitas das grandes empresas brasileiras que estão com problemas para efetivar a sucessão empresarial.

É chegado o momento de os líderes pararem de querer fazer tudo sozinhos e adotarem uma nova estratégia de liderança. A liderança de time e tornar-se um *leader coach*, em vez de lhes dizer o que fazer e como fazer. Para isso, é necessário que o líder aprenda a abrir mão dos seus critérios únicos de qualidade e tempo e passe a envolver as pessoas na construção do futuro da empresa, implantando uma cultura de colaboração, inovação e sustentabilidade empresarial, através do trabalho em equipe.

Quanto você controla e quanto você contribui? Quanto você decide e quanto você questiona? Como avaliar em qual situação deve-se agir de uma maneira ou de outra? Para iniciar este processo de transição entre o que o líder diz como e quando fazer, para o que constrói lideranças inteligentes, um bom caminho é se perguntar: quanto esta decisão contribui com os objetivos estratégicos da organização? Esta decisão é relevante para as metas? Se não, esta é uma excelente oportunidade para começar a exercitar o processo de mudança e se tornar um *leader coach*. Em vez de definir o caminho neste momento, faça perguntas aos seus líderes como: o que você acha? Que alternativas temos?

Este é o momento de deixar a massa crescer, com ideias, alternativas, possibilidades e plano de ação, mesmo que a decisão tomada pelo

# Team & Leader Coaching

time seja diferente da decisão de sua preferência. Inicia-se neste momento um time que pensa, busca soluções e que num futuro próximo alavancará os talentos e novos líderes capazes de gerar o crescimento e a sustentabilidade da empresa. Lembre-se, é preciso paciência e muito *coach* para despertar os talentos que fazem parte de sua equipe, sendo esta atualmente a principal atividade de um líder construir novos líderes.

**Questionando os hábitos organizacionais**

O líder quando não monitora e trabalha seu autoconhecimento acaba atuando através dos seus hábitos o que o torna ultrapassado em poucos anos. Este é um comportamento que não é mais aceito na ambiente empresarial.

Um pesquisador da Duke University em 2006 publicou que 40% das ações que as pessoas realizam diariamente não são tomadas a partir de decisões de fato e sim hábitos. Os cientistas da neurociência afirmam que os hábitos surgem porque o cérebro busca poupar esforços. O cérebro busca transformar rotinas em hábitos, pois desta forma a mente fica com facilidade de desacelerar. Há grandes vantagens em ter hábitos, podemos realizar todas as pequenas coisas sem ter que pensar como andar, escovar os dentes e dirigir até o trabalho.

Sem os hábitos, nossas mentes entrariam em pânico, sobrecarregadas com detalhes da vida cotidiana. Por outro lado, da mesma forma que criamos hábitos com coisas simples que facilitam nossas vidas, também desenvolvemos esta tendência para as coisas importantes que requerem mudanças e novas tomadas de decisão. O que causa a estagnação do aprendizado.

A ciência está provando que os hábitos, a memória e a razão são os responsáveis por nossas tomadas de decisões. Sendo os hábitos muito poderosos, pois nos apegamos a eles e passamos a repeti-los de forma automática e inconsciente, mesmo quando estes não nos beneficiam para a tomada de decisão, interferindo diretamente na percepção da necessidade de mudança e no processo de liderança.

Ao aprender a observar a sua atuação, o líder pode trocar as rotinas e com isso alterar os velhos hábitos. Para que a mudança aconteça é necessário que o líder reconheça e acredite que novas formas de atuação são necessárias para o fortalecimento e desenvolvimento de sua equipe.

A mudança de hábito na organização inicia no líder que, ao analisar o cenário organizacional, deve identificar os hábitos que são disfuncionais e que devem ser modificados, para desencadear um processo de mudança.

**Como alterar os hábitos?**

1º passo: o líder deve avaliar a cultura organizacional e identificar quais são os hábitos que estão disfuncionais, para a realidade atual da empresa. A maioria das empresas carregam hábitos que funcionaram no passado e continuam sendo repetidos de forma automática.

2º passo: identificar quais são as situações que deflagram o hábito disfuncional, analisar como são disparados, que tipo de emoções gera na equipe e quais são os comportamentos que o alimentam.

3º passo: desenvolver, aprender e incorporar novas formas de atuação e rotinas para substituir o padrão disfuncional.

Parece simples, mas quando o líder está ciente de como o hábito disfuncional é ativado e alimentado, está a meio caminho de modificá-lo.

**Implantando uma cultura de leader coach**

No mercado de hoje as organizações precisam gerar mudanças de forma acelerada e a cada ano torna-se exponencial o ritmo do desenvolvimento da tecnologia da informação e transformações do comportamento social. O resultado é que os líderes precisam de equipes cada vez mais transfuncionais, autogeridas o que direcionem o processo decisório para os níveis hierárquicos inferiores.

Diante desta realidade, nos últimos anos, as organizações passaram a reconhecer outros métodos como meios mais efetivos para o desenvolvimento de equipes do que os treinamentos pontuais. Ocorre uma mudança cultural no processo de aprendizado organizacional preparando todos para uma nova era, onde se combinam métodos tradicionais com projetos de *coaching* contínuo e personalizado para as organizações, equipes e líderes.

A organização que implanta a cultura *coaching*, da mesma forma que define suas metas e objetivos estratégicos, elabora planos para o desenvolvimento de líderes e equipes de alta performance, valoriza o desenvolvimento de suas lideranças como uma prioridade para a obtenção da sustentabilidade do negócio.

Na cultura *coaching* 80% do desenvolvimento de lideranças ocorre durante o trabalho. Os programas de aprendizado deixam de ser tratados como um evento e passam a ser um processo de melhoria contínua, permitindo a personalização do aprendizado, por meio de planos de desenvolvimento específicos, para alavancar as competências de cada líder e membro do time. A implantação da cultura *coaching* passa a fazer parte dos objetivos estratégicos da organização e facilita aos líderes a definição de técnicas e do tempo a ser investido no plano de desenvolvimento de cada membro de sua equipe, conforme as expectativas da organização em relação ao desempenho e produtividade.

Para o *leader coach*, a mudança faz parte do processo de vida, o que torna o viver um processo de aprendizado contínuo e não um evento. Este novo estilo de liderança tem a função de trazer o que há de melhor nas equipes e pessoas.

**Como evoluir na liderança coach?**

Há um ditado que diz que "liderança não é dada, mas conquistada". O líder quando implanta a metodologia *coaching* na gestão de sua equipe galga com velocidade a escada da liderança. Ele compreende que o cargo que lhe foi destinado é apenas o primeiro nível para seu reconhecimento.

Para conquistar seu espaço, o *leader coach* precisa desenvolver relacionamentos. Neste estágio deve conhecer e diagnosticar cada um dos seus liderados, para poder atuar como um líder que orienta de forma adequada ao perfil e necessidades de cada membro de sua equipe. Avalia os processos que apóiam a equipe e implanta mudanças construtivas e percebidas por todos, traz inovação para o processo de treinamento e aprendizado da equipe. Neste estágio conquista seus liderados que passam a segui-lo pelo exemplo.

O próximo passo é atuar de forma ativa, fortalecendo a cada dia o plano de desenvolvimento contínuo, isto irá alavancar as potencialidades de sua equipe e valorizar a diversidade de talentos, personalidades e habilidades. Neste estágio o líder eleva a performance de sua equipe e garante o crescimento e a evolução da empresa.

O *leader coach* que se mantém em processo de aprendizado, amplia sua atuação como um líder de mudanças. Com o tempo passa a ser reconhecido como uma personalidade na história da organização e sua comunidade. Este líder é respeitado pelo que fez e gerou durante sua trajetória de liderança.

**Papéis do líder dos novos tempos**

"Marina assumiu a gestão da empresa familiar tendo que coordenar uma equipe de gerentes regionais. Foi preparada por seus sucessores para realizar uma gestão administrativa baseada em processos, qualidade e indicadores empresariais. Logo que iniciou suas atividades, percebeu que seu tempo e sua gestão não estavam atingindo as metas e objetivos que traçou. Identificou que o problema se acentuava porque a equipe de gerentes não atuava como um time, cada um traçava seu plano de ação para sua região. Com isso não acontecia sinergia e aprendizado pelas melhores práticas dentro da empresa e muito conhecimento se perdia. Traçou um plano imediatamente e decidiu que seria uma *leader coach* dentro da sua organização. Para isso, o primeiro passo foi redefinir todas as ações que passariam a fazer parte de sua agenda de alto impacto. Valendo a regra dos 20/80. A agenda de alto impacto tem 20% do tempo responsável por 80% dos resultados. Implantou um programa de *coaching* em que daria o exemplo na liderança de sua equipe de gerentes regionais."

O *leader coach* administra seu tempo dividindo e valorizando os três papéis distintos de gestão para a liderança nos novos tempos. Desenvolve seu potencial para exercer a liderança, administrar e ser *coach* (treinar) de sua equipe e membros.

**Triângulo dos papéis do leader coach**

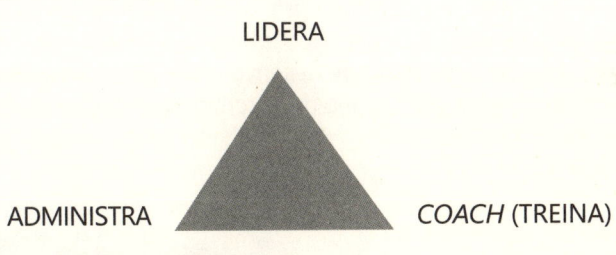

LIDERA

ADMINISTRA          *COACH* (TREINA)

**Quando acontece a liderança?**

Sempre que o líder reúne sua equipe para conversas sobre missão, visão, valores e objetivos da organização. Também quando apresenta aspectos de modelagem comportamental da equipe e da cultura da organização, está atuando com seu potencial de liderança. É neste momento que o líder: inspira, motiva, alinha sua equipe, define os objetivos em comum, tira as dúvidas, define os limites e os benefícios. No processo de liderança, as reuniões devem ter objetivos e temas diferenciados focados nas metas, em busca de soluções, melhores práticas, desenvolvimento de estratégias. Estes momentos acontecem nas reuniões de equipe e devem ter uma agenda com a frequência necessária para manter a energia da equipe. O *leader coach* sabe que ele é a fonte de energia do seu time.

**Quando ocorre a administração?**

Após definir as metas e objetivos da equipe, é necessário o estabelecimento de metas individuais e departamentais, criar e apresentar os planos de desenvolvimento pessoal, harmonizar as atividades e processos com as funções individuais, recrutar novos membros, realizar reuniões individuais de *feedbacks* e aprendizados e avaliar os indicadores de desempenho de cada membro da equipe. A administração deve acontecer dentro de uma rotina mensal, semanal ou diária conforme o fluxo das atividades da empresa. É durante a administração individual que o *coach* consegue identificar as necessidades e demandas de treinamento para a equipe e membros.

**Quando o líder é o coach (treinador)?**

O *coaching* acontece durante o trabalho e as atividades, quando o líder atua aplicando *feedbacks* construtivos e positivos, faz sugestões e oferece conselhos. O treinamento no próprio trabalho é a metodologia que vem diferenciando o resultado das equipes que performam. É durante as atividades que o *leader coach* atua para alavancar o desempenho de seus liderados. Este papel possibilita a aplicação de um programa contínuo e personalizado de desenvolvimento, onde o líder está constantemente atualizando o plano de desenvolvimento da sua equipe.

# 5

# A metodologia do Psicodrama auxiliando no papel do *leader coaching* e do *coaching* grupal

Apresenta o *coaching* grupal e o desenvolvimento do *leader coaching* com a metodologia do Psicodrama. O Psicodrama é um dos métodos de trabalho da Socionomia, ciência desenvolvida pelo médico romeno Jacob Levy Moreno, que aqui surge adaptada para o *coaching*, e o *leader coaching* devido a sua eficácia. Apresentamos a teoria e a prática com ferramentas especiais de trabalho

**Andréa Claudia de Souza
& Joceli Drummond**

## Andréa Claudia de Souza & Joceli Drummond

Andréa Claudia de Souza é Psicóloga pela Universidade Metodista de São Paulo. Doutoranda em Psicologia pela Universidade Autônoma de Lisboa. Mestre em Psicologia da Saúde, pela Universidade Metodista de São Paulo. Psicodramatista Didata Supervisora pela Potenciar Consultores Associados e pela Federação Brasileira de Psicodrama e *coach* pela Potenciar Consultores Associados. Autora de Sociodrama nas Organizações e diversos artigos publicados em livros, revistas e jornais.

Joceli Drummond é Pedagoga e Psicóloga Educacional. Mestre em Administração e doutoranda em Psicologia pela UA. *Coach* há mais 30 anos em diversas empresas. Didata Supervisora pela Potenciar Consultores Associados e pela Federação Brasileira de Psicodrama e *coach* pela Potenciar Consultores Associados. Autora de *Sociodrama nas Organizações e Coaching com Psicodrama*, diversos artigos publicados em livros, revistas e jornais. Doutorado em Psicologia - Universidade Autónoma de Lisboa UAL.

**Contatos**
(11) 3815-8877
andrea@potenciar.com.br
potenciar@potenciar.com.br

## Andréa Claudia de Souza & Joceli Drummond

Este capítulo apresenta o *coaching* grupal e o desenvolvimento do *leader coaching* com a metodologia do Psicodrama. O Psicodrama é um dos métodos de trabalho da Socionomia, ciência desenvolvida pelo médico romeno Jacob Levy Moreno, que aqui surge adaptada para o *coaching* e o *leader coaching* devido a sua eficácia.

Psicodrama tem como etimologia as palavras: psico = alma, eu; e drama = ação. É uma teoria humanista que enfoca o homem integral e integrado, que pensa sente e age integrado em um grupo. A ação é demonstrada na vivência da teoria dos papéis e na inversão de papéis. A teoria de papel é, portanto, um dos eixos da metodologia psicodramática e sustenta o trabalho de *coaching* com Psicodrama.

A proposta socionômica é investigar as relações: como esta se estabelece e qual dinâmica relacional entre pessoas/pessoas e pessoas/coisas, pessoas/ função, cultura da empresa, novos processos, entre outros vínculos relacionais vividos dentro dos papéis de um indivíduo. A partir da realidade dos dados e fatos relacionais, orienta os envolvidos para atuarem da melhor forma possível nas relações e assim terem realização pessoal e profissional, resultando em uma melhor qualidade de vida. (Drummond e Souza, 2008).

Qualidade de vida é o principal objetivo das pessoas em todas as dimensões de sua vida. O ser humano visto como um ser bio-psico-social precisa encontrar equilíbrio em todas estas dimensões. Ser saudável não é apenas não ter nenhuma doença e sim estar em harmonia consigo mesmo, com os outros e com o meio em que vive. Ter o corpo físico saudável, as necessidades básicas sociais saciadas e as necessidades emocionais nutridas com relacionamentos positivos que estimulam o próprio desenvolvimento e o dos outros.

O *coaching* grupal e pessoal vem sendo comprovado em nossas pesquisas e experiências por meio da prática contínua em diferentes empresas e demandas. Mesmo o papel profissional sendo o foco, ao trabalhar um papel, a mudança ocorre no indivíduo como um todo. A liderança *coaching* busca resultado estimulando a saúde da equipe a partir da reflexão do seu desempenho e possíveis soluções de problemas.

Como diz Bareicha, "um problema nunca ocorre por acaso, há um contexto; nunca é isolado, mas é sempre plural (problemas) nunca é individual, mas é sempre coletivo (nosso)" (1998, p.132). A complexidade disto pode ser minimizada com soluções grupais.

A busca é o desenvolvimento da espontaneidade, entendida como a capacidade de dar novas respostas a problemas, inovar e recriar o ambiente e as respostas a este ambiente de forma adequada para todos.

A teoria de papéis oferece inúmeras possibilidades de investigação sobre a relação indivíduo e sociedade. Moreno define "papel" como a menor unidade observável de conduta; tangível para atuar de forma saudável nas relações pessoais, com a função, metas e de equipe. Papéis em Psicodrama têm o significado da forma de atuação diante dos conflitos; ações e reações de cada um.

Outra importante contribuição de Moreno é a teoria da Matriz de Identidade, que é a aprendizagem de respostas que são perpetuadas durante a vida. A espontaneidade fortalece a rematrização e possibilita novas respostas.

### Coaching com Psicodrama

Estabelece-se a partir da percepção das ações dos *coachees* no cotidiano e a projeção para o futuro. Refletir amplia o autoconhecimento e os critérios de escolha que levam à ação ou à inação. Revisitar a intenção das ações facilita alcançar resultados cada vez melhores, pois se tornam mais autores de seu *script* de vida (Drummond, Boucinhas e Bidart, 2012).

O foco é centrado no grupo, o poder está com ele, bem como as respostas às situações no processo de *coaching* são as encontradas com ele, para ele e por ele. A ideia é que a ação seja uma resposta do pensar e do sentir a situações e à possibilidade da concretização do pensamento e das emoções. Quando a ação é norteada apenas pela razão pode se tornar fria e sem emoção. Quando norteada somente pela emoção, a ação pode ser inadequada ao estímulo vivido. Assim, no *coaching*, alinhar razão e emoção é o primeiro desafio. Este alinhamento é que permite concretizar os desejos de forma sustentável. (Drummond e Souza 2008; Drummond, Boucinhas e Bidart, 2012). Ressaltando que a emoção é que torna a pessoa carismática ao falar ou liderar.

A escolha de agir é de cada indivíduo. Independentemente dessa escolha ser consciente ou não, convida para a ação e reflexão dessa ação. Não é um método prescritivo, nele o conhecimento e a ação são construídos em conjunto pelo grupo para buscar saídas saudáveis para a situação-problema em questão. Agir significa ser capaz de tomar a iniciativa e exercer a liberdade interna.

Elevar os padrões de competência auxilia a saúde da empresa e das pessoas. Ao conhecido CHA (Conhecimento + Habilidades + Atitudes

= Competência), foram acrescentados mais dois elementos: Reflexão e Métrica (Drummond, 2006). Resultando, assim, o **CHARM®**: **C**onhecimento (saber fazer), **H**abilidade (poder fazer), **A**titude (querer fazer), **R**eflexão (refletir a atuação) e **M**étrica (medir a partir de *feedback*) que serve de norteador para desenvolvimento pessoal e profissional.

Em resumo o *coaching* grupal tem como objetivos: (1) Desenvolver o SER e o SABER por meio das competências; (2) Proporcionar, de forma sistemática e planejada, oportunidade para desenvolvimento dos conhecimentos, habilidades e atitudes que o profissional necessita para dar *feedback*; (3) Planejar e explorar as competências como recursos concretos para o autodesenvolvimento e o desenvolvimento do papel profissional; (4) Ampliar o fluxo de comunicação – *feedback*; (5) Fortalecer a liderança como catalisadora das expectativas individuais e coletivas; (6) Fortalecer a equipe para o encaminhamento direcionado das expectativas individuais e coletivas; (7) Facilitar perceberem os pontos fortes e os que devem ser desenvolvidos para buscarem eficiência e eficácia; (8) Detectar possíveis dificuldades e/ou bloqueios no desempenho pessoal e profissional; (9) Instrumentalizar os líderes para acompanhar, motivar e dar *feedbacks* para a equipe de colaboradores e pares; (10) Realinhar a capacidade de gestão e de liderança (Potenciar, 2013).

Durante o processo em grupo, a metodologia se utiliza de técnicas como a dos participantes que fazem o papel de *leader coach* e de *coachee*. Desta maneira treinam o que dentro da empresa será seu papel, de comunicação com seus colaboradores, gestores ou pares. Esta troca com outros pares enriquece o *coaching*, com o cuidado da escuta ativa para não dar conselhos (Drummond, Boucinhas e Bidart, 2012). Estimula-se o compartilhar das experiências para que sejam acrescidas ideias e emoções. O grupo funciona como um laboratório onde se amplia o repertório de experiências rematrizando o cotidiano. Todo conceito é amplamente discutido pelo próprio grupo. Reflete-se o passado, sonha-se o futuro e se organiza o presente.

O processo contempla:

(1) Diagnóstico, indagar o que querem, o que estão vivendo e o que desejam. Pesquisar as dificuldades e facilidades para enfrentar as situações.
(2) Fechar o contrato de trabalho.
(3) Analisar as situações não resolvidas – conflitos – divisão interna, onde aparece, quando iniciou e para que serviu.

## Team & Leader Coaching

(4) Levantar valores, mandatos, figuras internas, cobranças; transpor obstáculos e limitação.
(5) Realização do TREM® – plano de ação.

**Etapas dos encontros**

**(1) Aquecimento, reflexão ou jogo, compartilhamento, reflexão final, tarefas ou planos**

O aquecimento serve como um diagnóstico, não se resumindo ao olhar das doenças ou dos problemas e sim a um retrato do momento. Verifica se o resultado desejado está sendo alcançado, isto é, se sente sua atuação adequada e apta à realização do que é necessário para o desenvolvimento do próprio grupo e para a organização. O trabalho grupal estimula a integração da equipe para melhor produtividade. Na medida em que os encontros acontecem, o que era emergente pode se acalmar e novas demandas surgem como as verdadeiras causas dos entraves e da falta de saúde. É esperado que o contexto do grupo interfira no contexto da organização e do social.

**(2) Reflexão ou jogos**
Citaremos algumas técnicas psicodramáticas mais utilizadas:
- A mandala de papéis: é a proposta de perceber tempo e energia dispendida nos vários papéis e em como se pode lidar de diferentes formas. Observa-se a prioridade dada a determinados papéis e a pessoas complementares.
- A linha da vida: levanta momentos passados, presentes e futuros e aquece o grupo para entender suas amarras e o momento de mudanças de paradigmas e rematrização de cenas vividas que o impedem de evoluir. Também reforça e relembra situações que o fortaleceram para o momento atual. Somos o que vivemos.
- O átomo social: como na física, percebemos as pessoas ao nosso redor se posicionando de forma positiva (atração), negativa (repulsão) ou neutras (indiferença). Muitas são as percepções provocadas que funcionam como um espelho, refletindo a vivência do *coachee* e com o qual se depara de forma nova, refletindo e esclarecendo o que atrai ou repele pessoas e quais as possibilidades de mudança neste campo magnético. Confronta suas responsabilidades, adequações e inadequações, e as dificuldades para atuar junto a diferentes perfis e/ou posições hierárquicas. Também reflete a intensidade como este campo magnético

interfere em outros átomos ligados ao seu, como a família ou amigos. Assim, o grupo vai mergulhando cada vez mais em uma pesquisa interna, buscando saídas mais saudáveis para suas relações. A partir da pesquisa intrapsíquica pode-se rever as ações, as emoções, os valores e os pensamentos, permitindo explorar as possibilidades do indivíduo e de diferentes pontos de vista potencializar seus papéis na vida real, percebendo, de forma clara e transparente, quais as nuances que interferem no seu desenvolvimento. As ações a partir da reflexão devem ser focadas no objetivo a ser alcançado no *coaching*.

### (3) Compartilhamento

Chega o momento de o grupo compartilhar percepções, sensações e histórias do que foi vivido e sentido durante o encontro para se perceber. Para os trabalhos grupais este é um momento rico onde cada participante diz o que sentiu, pensou, refletiu acerca do ocorrido. À medida que cada participante percebe a diferença entre a sua resposta e a de outras pessoas, aumenta seu autoconhecimento e sua posição diante de suas escolhas.

### (4) Reflexão final

É hora de traçar um Plano de Melhoria focado nas necessidades e dificuldades do grupo e da empresa, realçando tudo que houver de mais saudável.

O plano deve ser desafiador, mas planejado com metas claras, objetivas, de curto, médio e longo prazo. Elaborado pelo próprio grupo que estabelece O QUE fará, COMO, QUANDO e quais recursos serão necessários.

O TREM (Drummond, 2006; Drummond e Souza, 2008), uma ferramenta da Potenciar Consultores associados, ajuda a preparar o Plano de Melhoria. No acompanhamento do plano de ação, as competências devem ser reforçadas até o resultado ser alcançado.

A ferramenta **TREM®** dá ao grupo o subsídio necessário para traçar seu plano de ação.

**T**ransformar (fazer pequenas mudanças);
**R**ealçar (algo que está bom e quer dar destaque);
**E**liminar (aquilo que não mais interessa, está desatualizado);
**M**anter (deixar assim como está).

Quando o plano de ação chega ao término (resultado alcançado ou prazo estourado), uma nova avaliação e reflexão deve realinhar o TREM® para voltar a andar.

### Avaliação e autoavaliação

Uma avaliação não só precisa ser bem executada, mas também digerida e elaborada de forma profunda para provocar mudanças. O trabalho de *feedback* é feito em Psicodrama usando de uma *avaliação sociométrica* para aferir o desenvolvimento das relações interpessoais. A autoavaliação atinge um determinado ponto, mas sem perceber, através dos olhos dos outros, oferece um salto no entendimento de quem se é e de como se apresenta. Assim, em vários momentos do *coaching*, o *feedback* é estimulado e orientado para que o CHARM® se desenvolva.

### Finalizando

O que facilita o processo do *coaching* com Psicodrama, demanda clara da empresa; contrato grupal esclarecendo o ganha-ganha-ganha da empresa do grupo e do indivíduo, disponibilidade interna dos participantes ao perceberem a chance de mudança como um ganho pessoal.

Os resultados que estamos encontrando em trabalhos grupais reforçam a crença de que investir nas relações é o melhor caminho para atingir resultados de produtividade.

Um ambiente que favorece a comunicação favorece o bom desenvolvimento de um trabalho de qualidade. A metodologia psicodramática favorece o desenvolvimento de papéis de liderança através da teoria de papéis e do despertar da espontaneidade.

### Referências

BAREICHA, P. *Psicodrama, Teatro e educação: em busca de conexões.* Linhas Críticas, v.4, n.7-8, jul/98 a jun/99, p.121-136, 1998.
FONSECA, M.C. B. *O Psicodrama no universo empresarial: fazendo diferente e quebrando paradigmas.* Departamento de Psicodrama, Instituto Sedes Sapientiae, São Paulo, 2008.
DRUMMOND, J. , 2006 CHARM®.
DRUMMOND, J. , 2013 http://www.potenciar.com.br/coaching.php.
DRUMMOND, J. ; BOUCINHAS, F. e BIDART, M. C. N.
DRUMMOND e SOUZA.
MORENO, J.L. *Psicodrama.* São Paulo: Cultrix, 1974.
MORENO, J. L. *Quem sobreviverá?: Fundamentos da Sociometria, Psicoterapia de Grupo e Sociodrama.* São Paulo: Daimon, 2008.
MORENO, J.L. O Teatro da espontaneidade. São Paulo: Summus, 1984.
MORENO, J.L. *Paz universal em nossos tempos.* In: MORENO, J. L; MORENO. Z. *Psicodrama: terapia da ação e princípios da prática.* São Paulo: Daimon, 2006.

# 6

# Tornando-se um *leader coach*

Para uma organização conviver no clima competitivo hoje, ter conhecimento e desenvolvimento das habilidades de seu *staff* é vital para sua sobrevivência. Isto auxilia no manejamento de mudanças constantes; escassez de habilidades e mantém as pessoas motivadas

**Carla Valente**

## Carla Valente

*Master Coach* pela Graduate School of Master Coaches (EUA/UK/Austrália), ICI (International Association of Coaching-Institutes (EUA), ECA (European Coaching Association (Alemanha/Suiça), GCC-Global Coaching Community (Alemanha) e Metaforum International. Formação em Hipnose Ericksoniana pelo IBC/ECA/GCC e METAFORUM. Analista Comportamental Certificada. Licenciada em Letras Português e Inglês pela UTPR, Graduada em Serviço Social pela PUC-PR. Pós-graduada em Administraçao de Pessoas pela UFPR. Diversos cursos de extensão ligados a desenvolvimento de pessoas. Professora de Língua Portuguesa e Inglesa. Experiência em consultoria de projeto inovador, na área comercial e gestão de pessoas. Foi consultora responsável pelo projeto do Stroham Group (Holanda), no Paraná e presidente da Associação C3 Paraná. Atua com *coaching* de carreira, *coaching in company*, *coaching* de vida e avaliação comportamental.

**Contatos**
www.carlacoach.com
carlacoach8@gmail.com
Facebook: Carla Coach
(41) 8414-9800

## Carla Valente

Todos falam sobre liderança. Poucas pessoas falam sobre *coaching*. Este é o paradigma que estava faltando, o qual faz com que bons líderes sejam extraordinários. Se você deseja aceitar o desafio de desenvolver, estimular e empoderar a sua equipe a descobrir seus potenciais e talentos, gerando crescimento e aumento da performance, este artigo será muito valioso para você.

Escrito de forma clara e concisa, tem como objetivo despertar o potencial *coach* e flexibilizá-lo em beneficiar todos, através de conselhos, dicas e ações práticas, para se obter o melhor de seu talento e de sua equipe.

Abaixo algumas perguntas a serem feitas para os líderes organizacionais:

1. Eu tenho demonstrado um alto nível de competência no meu papel de gerente ou líder? Estou fazendo o meu melhor?
2. Qual minha visão e missão de vida? Meus comportamentos pessoais e profissionais estão alinhados com minhas convicções?
3. Eu consigo colocar em prática minhas convicções, propósito e visão com a equipe?
4. Consigo dividir estas questões de maneira estratégica, clara e consistente com todos?
5. Normalmente falo mais do sucesso do grupo do que do meu próprio?
6. Eu consigo de forma metodológica e intencional desenvolver as pessoas?
7. Eu tenho um método de *coaching* para meu grupo?
8. Tenho sessões de *coaching* agendadas com cada um do grupo?
9. Eu conheço os sonhos de minha equipe?
10. Eu conheço seus medos?
11. O que realmente motiva cada pessoa da minha equipe?
12. Eu me sinto satisfeito em auxiliar as pessoas a alcançar objetivos na vida e carreira?

Se você respondeu "SIM", para a maioria das perguntas, você está realmente atuando como *leader coach*, este artigo pode afirmar seus esforços neste processo. Se a maioria foi marcada como "NÃO", este artigo vai contribuir para seu desenvolvimento.

**O que é coaching?**

*Coaching* é um aproximação comportamental, de mútuo benefício para indivíduos e organizações. Não é meramente uma técnica ou evento único, é um processo estratégico que adiciona valor tanto para os seres humanos, como para organizações.

# Team & Leader Coaching

Desenvolve relações saudáveis de trabalho, nas questões superficiais (coleta de dados), questões pertinentes (*feedbacks*), solução de problemas (planejamento de ação) e obtenção de objetivos (foco nos resultados). Oferece um processo onde as pessoas se desenvolvam e superem obstáculos. *Coaching* pode também ser visto como uma linguagem para o aprendizado contínuo.

**O que é coaching em grupo?**
É um processo de pequenos grupos, através dos quais há aplicação dos princípios de *coaching*, tendo como intenção a combinação de energia, experiência, e sabedoria dos indivíduos, maximizando suas potencialidades a fim de atingir objetivos pessoais e profissionais.

*Coaching* é transformador. O estilo *coach* é apropriado para promover o sucesso de equipes de trabalho, gerar alta produtividade das pessoas e funções, e ser bem-sucedido na estrutura organizacional. A prática de *coaching* foca na habilidade das pessoas aprenderem, mudarem e fazerem um novo futuro para elas mesmas.

A responsabilidade do *coach* é:

- Descobrir, clarificar e alinhar o que o cliente quer atingir;
- Encorajá-lo ao autoconhecimento;
- Estimulá-lo a procurar soluções e estratégias
- Incitá-lo para atingimento de novas competências e habilidades.

**O que é liderança coach?**
Entende-se como de suma importância aplicar o *coaching* na Liderança em organizações, isto é liderança *coach*, pois através da mudança de comportamento nos indivíduos, ganha-se comprometimento, e por consequência, um líder pode transformar a organização.

Um líder, hoje em dia, precisa desenvolver as competências que motivem suas equipes a superar-se, aproveitar ao máximo seu potencial a favor de si mesmos e da sua organização, pois não funciona apenas "mandar o que fazer", líderes precisam saber como conseguir desenvolver o melhor de sua equipe, e a chave para essas competências é o *coaching*.

"Líder é o melhor, quando as pessoas raramente sabem que ele existe; não tão bom quando pessoas obedecem e aclamam-no, e pior quando eles desprezam-no. Mas, um bom líder é o que conversa pouco, e que quando tem seu trabalho terminado, seu objetivo satisfeito, todos dizem: Nós fizemos juntos!!" LAO TSÉ.

Existem seis espécies de líder:

1. Educador (*coach*), que realiza junto com o liderado a ação.

2. Democrático, aquele que ouve e aprende com quem sabe realizar
3. Liberal, que deixa realizar quem já sabe realizar.
4. Autocrático que apenas determina o que e como tem que ser realizado.
5. Popular, que é carismático e mantém bom relacionamento com todos.
6. Ausente, ou seja, aquele que não acompanha de perto seus liderados.

O tema liderança pode ser aprendida e/ou desenvolvida por:

- Livros
- Cursos
- Chefes (boas e más lições)
- Papéis desempenhados (dentro e fora do trabalho)
- Colegas
- Experiências pessoais

Podemos juntar todas estas fontes de conhecimento em uma pessoa, e não poderá garantir que ela será um bom líder. Como o objetivo do gerente é desenvolver equipe, ele pode estar julgando e aprendendo com todos, o tempo todo, e os colaboradores, da mesma forma.

Todos as espécies e características acima citadas, com exceção do ausente, compõem o perfil da liderança, pois tange ao líder adaptar-se ao grupo e ao momento. Cabe uma atenção especial ao *leader coach*, o qual informa e treina seus subordinados, age de forma que seus liderados desenvolvam suas capacidades e competências, visando o autodesenvolvimento de seus objetivos.

**A melhor forma de aprendizagem não é aquela que é falada "o que fazer", e sim é àquela que é dada a oportunidade para as pessoas descobrirem qual é melhor opção.**

O *leader coach* apresenta as seguintes características técnicas e conhecimento de habilidades:

- Utiliza a disciplina como motivação e estímulo, valoriza muito a sinergia;
- Estimula o *feedback*, transforma os erros em aprendizados para o desenvolvimento;
- Canaliza os conflitos na direção do crescimento, e incentiva o trabalho em equipe;
- Constrói uma atmosfera de confiança através de perguntas, respostas e sabe escutar de forma empática. Exemplo: o que

# Team & Leader Coaching

você acha que poderia ser feito? Por que você acha que isso aconteceu de novo?;
- Traça metas para a equipe, permitindo as próprias pessoas terem influência sobre as metas, empoderando-as e insistindo para que façam mudanças úteis;
- Dá as instruções para o trabalho em equipe estimulando criatividade e posicionando desafios e apoiando os colaboradores;
- Identifica os erros na performance e dá apoio auxiliando que os membros da equipe encontrem seus erros e os identifique;
- Permanece tranquilo, através de relações amistosas e calorosas;
- Dá avaliações pela performance, promovendo um *feedback* positivo, a fim de aumentar a motivação e performance;
- Aprende com seus erros e acertos.

Estimula a utilização das seguintes perguntas

1. O que eu estou fazendo e que não precisa ser feito?
2. O que eu estou fazendo e que poderia ser feito por outra pessoa menos qualificada?
3. O que eu estou fazendo e que só eu posso fazer?
4. O que eu deveria fazer e que não estou fazendo e qual o motivo?

**O comprometimento com o desenvolvimento de pessoas é o que separa bons líderes de líderes excepcionais**

Não há manual para negociar ambiguidade, conflitos, e o que funciona em equipes hoje, pode não funcionar amanhã, as regras estão sempre mudando. É onde entra o *leader coach*, pois fará a diferença. O seu papel é auxiliar equipes a acelerar sua jornada para descobertas. A ênfase é na descoberta, não na instrução. Pois quando é dito algo, podemos ou não acreditar, mas quando descobre-se por si mesmo a verdade, não se esquece. O líder, em geral, gosta de revelar a verdade porque ele pode parecer mais esperto. Um *leader coach* ajuda a pessoa a descobrir as respostas por ela mesma.

Em tempos passados, no mundo do comando e controle, gerentes não precisavam ser *leader coach*. Por outro lado, hoje, *coaching* é essencial por três razões:

- Trabalho está tornando-se mais ambíguo e incerto: o treinamento já não é mais suficiente;
- Empregados são mais bem educados e esperam mais: eles não esperam se sujeitar a comando e controle;

- A maneira como se aprende habilidades "como fazer" é através de descoberta e experiência, não através de treinamento.

O maior argumento contra o *coaching* é que leva mais tempo, pois é mais fácil ensinar e mais rápido falar às pessoas a resposta, que liderá-las através do *coaching*. Este é o mesmo argumento usado para os gerentes que não querem delegar, é mais rápido e fácil fazer sozinho. E isto é verdade em parte, pois *coaching* não é custo, é investimento. Investindo tempo agora, criam-se capacidades e competências para o futuro. A longo prazo, é possível ter uma equipe que tenha uma performance melhor e que precise menos apoio: **consegue-se um melhor resultado, com menos esforço.**

O segundo argumento é que, na crise, é necessário ser rápido. De novo, isto é verdade. Há gerentes que parecem sempre estar em estado de crise, eles metaforicamente estão sempre "matando os jacarés". Isto pode parecer ato heroico, mas não é atitude de um bom gerente. Eles nunca têm tempo para delegar, liderar com *coaching* ou apoiar a sua equipe. Um bom gerente deve estar no controle, não em crise.

No papel de gerente não é suficiente apenas ser *coach* dos outros. É necessário ser *coach* de si próprio, o que acelera aprendizado e carreira, resultando, portanto, em um melhor *coach* para a equipe.

*Coaching* é algo que todos gerentes devem praticar. Todos podem fazer, e quanto mais se praticar, melhor se tornará!

A transformação que o *leader coach* estimula, começa dentro de um processo pessoal, e depois ocorre a transformação dos grupos e organizações, a qual deve ser construída conforme a habilidade de crescimento de cada membro, a fim de achar as respostas para um número de questões significantes: por exemplo, por que estou aqui (propósito)?; Onde estou indo (visão)? Como eu sei que estou fazendo progresso (mensuração)? Quais são minhas fronteiras escolhidas (valores)? Como posso focar em criar um futuro poderoso? Estas questionamentos são totalmente norteadores em várias situações nos grupos, organizações, e sociedade como um todo.

Este comprometimento do verdadeiro *leader coach* em ser útil, em fazer a diferença na vida das pessoas, favorece o aparecimento da sabedoria, intuição e *insights*, durante todo o processo, e principalmente onde as meras técnicas são mais superficiais.

Um líder precisa se autoconhecer, fazer um mergulho em si próprio, na sua essência, a fim de conhecer seus pontos fracos e fortes, suas habilidades, competências, seu momento atual de vida, e alinhar seus principais propósitos com os da organização, para poder ter condições de iniciar o processo de *coaching* com os colaboradores.

# Team & Leader Coaching

Dentro da prática gerencial, *coaching* tem quatro características distintas:

1. Descobrir, não ensinar. Gerentes dão a resposta; *Coaches* ajudam as pessoas a descobrirem as respostas. Descobrir inicialmente demora mais, mas a longo prazo, tem-se vantagens com o desenvolvimento de uma melhor performance e habilidade do grupo.
2. Uma boa relação de *coaching* é um processo o qual o gerente *coach* ajuda cada membro da equipe a adquirir mais e mais capacidades sempre. Um bom processo de *coaching* tem sempre um propósito claro e direção, não é um caminhar aleatório.
3. Alguns *coaches* baseiam-se no princípio "responda cada pergunta com uma pergunta" Na posição de gerente é esperado que tenha *insights* e experiência. A sugestão seria dividir os *insights* com a equipe, sem dizer o que fazer.
4. Requer mudança do contrato psicológico com a equipe. É preciso mover da hierarquia pura em direção à parceria, mesmo que a hierarquia nunca desapareça em uma organização.

O propósito do *coaching* é adicionar mais valor às pessoas lideradas e auxiliá-las a melhorar.

Um líder que pretende agir como *coach* precisa ter conhecimento de tudo o que foi falado anteriormente, mas acima de tudo deve ter em mente a importância do diálogo e do *feedback* franco e bem intencionado. Nos *feedbacks* positivos ou com pontos a melhorar, o líder entrega o que há de melhor nele, com a intenção positiva de contribuir genuinamente com o desenvolvimento contínuo do colaborador.

O *feedback* consiste em enfatizar as características positivas de quem o está recebendo, citar os pontos críticos, com suas respectivas sugestões de melhoria e, finalmente, fornecer novo apoio e palavras de afirmação e reconhecimento. Importante ressaltar que o que está sendo avaliado é o comportamento da pessoa, assim, evitando que se leve para o lado pessoal.

E a partir do momento que os *coachees* entendem que fazer uso constante desta ferramenta é o ponto fundamental de todo o processo do *coaching*, o crescimento gerado será ascendente e ilimitado.

Enfim, por meio do *coaching* pode-se levar a equipe a descobrir e acessar seu potencial infinito e, sobretudo, promover um clima organizacional que valorize as habilidades interpessoais, levando-as a lidar melhor com a pressão e *stress*, aumentando assim a satisfação pessoal e profissional, o que reflete diretamente no padrão competitivo da empresa no mercado.

# 7

# Mais (ou menos?) do mesmo

Os passos para a mudança comportamental são simples e conhecidos há muito tempo. Os grandes desafios estão na tomada de consciência e disciplina para fazer a mudança

## Carlos Hoyos

## Carlos Hoyos

Carlos Hoyos é *personal & professional, executive & business coach* formado pela Sociedade Brasileira de Coaching. Engenheiro pela UNICAMP com Especialização em Administração pela FGV, contribuiu por mais de 16 anos em multinacionais no Brasil e Estados Unidos em posições de liderança e gestão em diversos segmentos da indústria. É sócio fundador da Thomazelli & Hoyos Desenvolvimento Humano, atuando como *life* e *executive coach*, palestrante e facilitador de treinamentos abertos e *in company* de alto desempenho.

**Contatos**
www.thomazellihoyos.com
carlos@thomazellihoyos.com
(19) 98144-8894

## Carlos Hoyos

Sun Tzu é muito conhecido no mundo corporativo por ter influenciado gerações de gestores e estrategistas por conta de seu livro a "Arte da Guerra" (500 a.C). Dentre tantos ensinamentos valiosos de sua obra, vamos destacar aqui apenas um capítulo: pontos fortes e pontos fracos.

Metodicamente, o mestre chinês da estratégia militar explica como os pontos fortes do exército aliado podem ser alavancados em combate, quais oportunidades estão à disposição do comandante, como os pontos fracos do exército inimigo podem ser explorados e que riscos estas fraquezas geram ao exército não precavido. Portanto, há muito tempo, bem antes da sigla SWOT (*Strengths, Weakenesses, Opportunities, Threats*) fazer qualquer sentido na esfera corporativa, a avaliação consistente de forças e fraquezas permitiu a clãs, tribos e nações, não só potencializar as qualidades de "nosso bando" bem como explorar as fraquezas de "nossos inimigos", ou em uma visão mais moderna, maximizar os talentos de "nossa organização" e aproveitar as limitações de "nossos concorrentes".

Em geral, os líderes em ascensão conhecem (ou deveriam conhecer!) suas forças e fraquezas. E em muitos casos podem contar também com a análise de pontos fortes e pontos fracos, senão de todos, ao menos de seus principais subordinados. A questão é: o que acontece com essa informação? Infelizmente, muitas vezes, esta preciosa informação é engavetada, e nada de concreto é feito. Parte da razão desta inação se deve à enxurrada de modelos, processos, metodologias, caixas de ferramentas, estruturas, sistemas, livros, blogs, fóruns, fórmulas mágicas (e não tão mágicas). Com tantas opções, o que podem fazer os líderes?

Nas raras exceções em que um plano de desenvolvimento individual e organizacional existe, sua execução beira o risível e os vilões costumeiros são: demandas de produzir resultados imediatos e a "boa e velha" burocracia. Não é coincidência que equipes de alto desempenho são a exceção, e não a regra.

O desenvolvimento humano é de fato simples, ainda que não seja fácil. É simples porque o conjunto de passos necessários para forjar a mudança é muito bem conhecido. Crianças de 8 ou 9 anos conseguem entender perfeitamente o processo (se você ainda não faz isso com seus filhos, fica aqui a sugestão).

Veja este simples roteiro para efetivar a mudança (baseado nos modelos Skilled Helper de Gerald Egan e Transteórico de James Prochaska):

1. Observe seu comportamento (momento presente, ou situações anteriores).
Isso é bom ou ruim para você e para os demais? (tomada de consciência)
2. Então você concorda que é necessário mudar algo. O que

você gostaria de mudar?
3. O que vai acontecer se você não mudar? (motivação pela dor)
4. Quais as vantagens de mudar? (motivação pelo prazer)
5. Então, por que a mudança é importante para você e para os demais? (relevância, valores)
6. O que você pode fazer de diferente de agora em diante? (opções)
7. O que vai funcionar melhor para você? (Princípio de Pareto, melhor custo/benefício)
8. Você se compromete com a mudança? (comprometimento)
9. Quando você vai começar? (data específica, ação)
10. Coloque em prática consistentemente até a mudança acontecer! (mudança de hábito)

Há duas partes críticas no processo de mudança. A primeira é a tomada de consciência de que a mudança é necessária (do estágio de pré-contemplação para contemplação no modelo Transteórico de Prochaska). Ou utilizando o modelo das fases do processo de aprendizagem amplamente difundido pela PNL (Programação Neurolinguística): saindo da incompetência inconsciente para a incompetência consciente.

O segundo aspecto desafiador da mudança comportamental (e possivelmente o mais difícil) é a substituição de um hábito que não produz os resultados desejados por um novo capaz de gerar os resultados que você deseja. No seu livro "O Poder do Hábito", Charles Duhigg informa didaticamente como os hábitos funcionam, se formam, podem ser substituídos e acabam por influenciar a vida dos indivíduos, organizações e sociedades. Para os leitores ávidos de Brian Tracy, o Poder do Hábito é de leitura obrigatória, pois adiciona novas camadas de comprovação científica, simplicidade e efetividade naquela que é considerada uma das maiores qualidades do ser humano: a disciplina.

Parafraseando Elbert Hubbard, disciplina é a habilidade de ser capaz de fazer o que deve ser feito, no momento que deve ser feito, você gostando ou não. Disciplina é o grande diferencial no processo de mudança. Não basta saber o que mudar. Não basta identificar como mudar. Não basta estar consciente das consequências de não mudar. Não basta conhecer os benefícios de médio e longo prazo da mudança. É preciso, mais que tudo, estar disposto a pagar o preço da mudança, ou seja, o preço da disciplina.

Apresento aqui uma sequência simples que se levada a cabo será extremamente eficiente no desenvolvimento pessoal e de equipes. Esta sequência está no cerne da mudança e desenvolvimento que acontece em processos modernos de *coaching*:
1. Pegue sua análise de forças e fraquezas mais recente. Se ela

tiver mais de seis meses, refaça-a. Você é um ser humano em desenvolvimento, dinâmico e em constante mudança.

2. Para cada força, faça uma avaliação da contribuição desta qualidade para sua vida pessoal e profissional, numa escala de zero a dez, onde zero seria irrelevante (por exemplo: a importância da escova de dentes elétrica na sua vida) e dez seria absolutamente fundamental (por exemplo: a importância do ar que você respira).

3. Para cada fraqueza, faça uma avaliação de quanto esta limitação impacta negativamente sua vida pessoal e profissional, numa escala de zero a dez, onde zero é impacto nulo na sua vida (por exemplo: sua preferência por roupas coloridas) e dez seria um impacto altamente imobilizador (por exemplo: o hábito de dirigir após beber três cervejas).

4. Utilizando o Princípio de Pareto, selecione de duas a três forças que dado o menor incremento de intensidade, darão o maior aporte na sua vida pessoal e profissional. Por exemplo, se você elevar sua habilidade de apresentação em público do nível três para o nível quatro, trará um benefício na sua vida maior do que se você focar na sua competência de negociação saindo do nível nove para o nível dez.

5. Utilizando o Princípio de Pareto novamente, selecione apenas a fraqueza onde o menor decremento de intensidade eliminará as maiores limitações na sua vida pessoal e profissional. Por exemplo, reduzindo seu descontrole emocional de sete para seis terá um maior benefício na sua vida do que reduzindo sua inabilidade política de dois para um.

6. Para cada força selecionada, crie um plano de ação para potencializar esta força. Se possível, considere como aplicar esta força a outras áreas de sua vida profissional ou pessoal.

7. Para a fraqueza, crie um plano de ação de minimização dessa influência. Se possível, considere como transformar esta fraqueza numa força. Sim, em muitos casos, isso é possível.

8. Execute o plano com disciplina até as mudanças acontecerem e novos hábitos se desenvolverem.

# Team & Leader Coaching

Note que selecionamos apenas uma fraqueza para duas ou três fortalezas. A Psicologia Positiva indica que se focarmos mais naquilo que funciona em nossas vidas (aspectos positivos) do que naquilo que não funciona (aspectos negativos) em nossas vidas, teremos uma maior chance de sucesso, felicidade e satisfação. Por outro lado, não podemos negligenciar comportamentos nocivos que causam grandes danos a nós mesmos, aos demais e à organização.

Depois de fazer sua autoavaliação e definir o plano de ação para si mesmo, o líder deve trabalhar com seus liderados para que façam o mesmo juntos.

Em resumo, para promover a mudança comportamental em você mesmo e na sua equipe:

1. Entenda pontos fortes e pontos fracos.
2. Descubra os aspectos da mudança que com o menor esforço causem o maior impacto positivo.
3. Crie um plano de ação para cada aspecto (pontos fortes e ponto fraco).
4. Execute os planos até obter os benefícios de maneira permanente e novos hábitos se formem.

**Para saber mais**
- A arte da Guerra – Sun Tzu.
- Análise SWOT (Strengths, Weakenesses, Opportunites, Threats) – Trabalho desenvolvido por Albert S. Humphrey no Instituto de Pesquisa de Stanford nos anos 60-70.
- Modelo Transteórico de James Prochaska.
- Skilled Helper Model de Gerald Egan.
- Princípio de Pareto de Vilfredo Pareto.
- The Power of Self-Discipline (O poder da disciplina) – Brian Tracy.
- Florescer - Marting Seligman.
- Flow - Mihaly Csikszentmihalyi.
- Manual de Programação Neurolinguística (PNL) - Joseph O´Connor.

# 8

# Desmistificando nossos limites

Aprender tem seus caminhos misteriosos. Primeiro, desconhecemos que ignoramos, então sabemos que não sabemos, depois percebemos que podemos aprender, então descobrimos que pouco sabemos, logo aprendemos muito bem, então esquecemos que já sabemos tão bem

**Carlos Nascimento**

## Carlos Nascimento

Treinador, *Master Practitioner* em PNL, *Coach* de Vida e Executivo, Constelador Sistêmico Empresarial, com excelência em equipe. Diretor da Instituição CCADC-Idiomas, Fundou a instituição, que tem se expandido e conta agora com três unidades. Uma em São Paulo, uma em Curitiba e uma em São José dos Pinhais – Paraná – Brasil.
*Coaching* pelo Núcleo Pensamento & Ação. Completou todo o treinamento de *Coaching* com Sra. Arline Davis, formada na segunda geração de treinadores de PNL (Programação Neurolinguística) a ser certificada por Richard Bandler, cocriador da PNL. *Master Practitioner*. Metaprocessos Avançados .Completou todo o programa de treinamento desde o *Practitioner* ao *Master Practitioner* de PNL com o Sr. George Vittorio Szenészi (NLP Trainers Trainer - International Association of NLP Institutes – IN).

## Carlos Nascimento

**Aprendizagem de idiomas**

O aprendizado tem sido tema de pesquisas na área da Neurociência ainda sem muita compreensão pelos cientistas. Mais recentemente, porém, estudiosos da Universidade Duke de Medicina têm aberto um leque de compreensão da estrutura neurológica humana que nos possibilita entrar de forma cada vez mais profunda no labirinto do conhecimento do aprendizado e da memória.

Pesquisas mais recentes demonstram que a degeneração neurológica começa aos oito ou dez anos com queda de 10% a 25% a cada década. Varias áreas do cérebro são afetadas, algumas delas são as que possibilitam a aquisição de novos idiomas.

Bem, com um quadro destes podemos pensar em desistir, não é mesmo? Porém a ciência evolui e hoje podemos contar com o conhecimento da plasticidade cerebral para reverter o nosso quadro. O que é então esta plasticidade?

Segundo ainda estudos dirigidos pela Universidade Duke de Medicina, a plasticidade já está sendo melhor compreendida. Podemos determinar a plasticidade como sendo Expressiva ou Depressiva. Quando depressivas encontram quadros que nos levam a estados baixos de consciência, e enquanto expressiva podemos encontrar quadros elevados de consciência ativa.

Ex. Um jogador de futebol alcança seu primeiro estado de sucesso marcando um gol com habilidade incomum. Quando é capaz de reproduzi-lo, envia então um segundo estímulo neurológico que permite ao cérebro compreender que aquele estado é muito apreciado e após alguns outros estímulos, com a mesma precisão, o cérebro então propicia a construção de novas conexões neuronais mais intensas e permanentes, marcando assim uma memória definitiva dos estímulos, tornando-os disponíveis em situações de jogos futuros.

Conhecendo o poder da plasticidade, da cognição e memória humana, um intenso trabalho de campo foi colocado a cabo por nossa equipe de professores de idiomas, durante treze anos, buscando os segredos do intrínseco labirinto do mundo do conhecimento.

Depois de muitos resultados negativos e positivos, chegamos à contemplação da memória ativa a nível profundo do inconsciente.

Você pode estar imaginando o que isso significa ou para que serve. Bem, sabemos que muitas de nossas memórias de infância continuam vivas e vívidas. Sabemos também que durante a fase de gestação a criança recebe estímulos cognitivos que permitem à criança alcançar um alto nível de fluência do idioma materno após alguns anos.

Isso ocorre graças aos estímulos e a grande habilidade plástica da criança. Quando adulto, podemos dizer que nossa cognição é moldada nos atributos socioculturais e econômicos do nosso sistema enquanto cidadãos de uma sociedade humana. Tal situação parece exercer pressão, positiva enquanto sociedade, para que saibamos mais e mais sobre as necessidades, leis, costumes e até cultura de nossa origem, enquanto nos distancia da aquisição de novas estruturas de costumes, necessidades e de outras culturas.

Portanto, para reativarmos a nossa plasticidade de criança, precisamos nos conscientizar do estado receptivo que nós encontramos, quais nossas limitações e qual a nossa real intenção de aprender.

Enquanto aprendizes devemos estar também conscientes do que realmente queremos, pois o nosso cérebro está programado, pela natureza, para descartar tudo aquilo que não é útil.

Assim, se aprender um idioma é apenas uma necessidade imposta pelo seu chefe ou para melhorar seu salário, seu cérebro provavelmente preferirá degustar uma boa pizza, assistir ao jogo de futebol ou ler algum romance, sabotando assim todo o seu esforço para aprender. Sem contar que muito possivelmente as novas palavras, estruturas e regras gramaticais apresentadas nas aulas irão se perder num espaço de tempo muito curto.

A nossa mente (cérebro) precisa de estados apropriados para o aprendizado, se não você poderá estar apenas perdendo seu tempo. Pergunte a alguém que fala um segundo idioma fluentemente o que é preciso para falar um outro idioma fluentemente, e ele provavelmente lhe dirá que você precisa aprender a pensar no idioma em questão.

Então o que é pensar num outro idioma? Muito bem, uma criança aprende seu idioma materno tendo vários estímulos externos enquanto processa em sua mente tais estímulos para que um dia comece a falar papai ou mamãe, etc. O adulto, diferente da criança, já está com grande parte de seu processamento formado pelo seu idioma materno e sua cultura. Isso pode ser um obstáculo ou uma ferramenta poderosa para o aprendizado de um novo idioma.

Para que usemos esta ferramenta a nosso favor, precisamos saber suas características negativas e positivas. Sem dúvida podemos imaginar que nossos conhecimentos anteriores podem interferir na aquisição de novos conhecimentos, assim como também podem ajudar a acelerar o processo de aquisição do novo idioma.

Aquisição, me parece a palavra mais adequada para o aprendizado

de idiomas. Se pensarmos numa criança aprendendo a falar seu idioma nativo podemos perceber que:
- A criança não está ainda provida do intelecto.
- A criança adquire o idioma por exposição linguística.
- A criança repete o que ouve.
- A criança não questiona até ter aprendido o bastante para manusear o idioma.

Com isso, podemos agora comparar com o adulto que já tem um grande processamento formado:
- O adulto tende a traduzir para seu idioma nativo.
- O adulto já tem o intelecto questionador.
- O adulto cria expectativas quanto ao aprendizado.
- O adulto tende a criar métodos de aprendizagem baseado naqueles que lhe trouxeram melhores benefícios em outros aprendizados (ex. estudos tradicionais como ciências, matemática, química, etc.)
- O adulto pode buscar informações anteriores para comparar.

Com isso em mente, podemos começar a traçar algumas coordenadas e desenvolver nossas técnicas para aprender idiomas.

Vejamos agora o que acontece quando falamos nosso idioma nativo e esperamos aprender um novo idioma a partir dele.

Naturalmente o nosso idioma nativo se encontra instalado na "Estrutura Profunda do Inconsciente" e por isso se torna disponível sempre que queremos ou precisamos expressar um sentimento, pensamento ou ideia.

Por que o mesmo não acontece com o idioma que começamos a estudar?

Uma possível resposta é que ainda precisamos traduzir, ou fazer referências ao nosso idioma nativo e isso impede que o novo idioma se instale na estrutura profunda do inconsciente.

Se colocarmos o foco em como aprendemos o nosso idioma nativo, poderemos perceber que estruturas, verbos e outros vocabulários não nos foram traduzidos de parte alguma. Então como foi que aprendemos tão bem o nosso idioma materno?

Uma das respostas está na estrutura profunda do inconsciente. A mente tem um idioma próprio, com seus símbolos e suas próprias referências. Em geral uma palavra está "ancorada" em uma imagem na mente, essa imagem, por sua vez, encontra-se ligada "ancorada" a um som, cheiro ou sensação. Imagine a palavra (amor), o que lhe vem à mente quando fala essa palavra? Sem dúvida é uma palavra abstrata que nos remete a imagens e sensações que dificilmente podemos explicar. Assim funciona a linguagem em nós. Podemos sentir e até lembrar de situações que contenham a representação da palavra "amor" mas não podemos traduzi-la de volta para o português. O máximo que podemos fazer é buscar outras palavras para defini-la, o que não é em absoluto uma tradução.

Pois bem, se agora temos os códigos da mente podemos nos conectar diretamente com ela. Assim como você fez um dia quando criança.

Como podemos então reativar essa naturalidade em nós? Para isso iremos sincronizar os dois hemisférios cerebrais para que trabalhem em harmonia, assim como no seu idioma nativo. Quando falamos, logo sentimos, vemos e ouvimos o queremos transmitir através das palavras. Usaremos então estes códigos mentais para ancorar "conectar" as novas fazes do novo idioma, enquanto aprendemos os sentidos das frases e vocabulários, os ligamos também à nova cultura.

**Técnicas**

A primeira técnica que iremos explorar é de fundamental importância para se alcançar a fluência do idioma. Essa técnica está ligada principalmente aos meses de gestação da criança e tem a ver como ritmo do idioma.

Escolha uma música clássica para começar e aprender como observar e acompanhar ritmos. Com essa música você poderá identificar o ritmo de vários instrumentos e então acompanhá-los usando as digitais dos dedos. Experimente fazer este exercício por várias vezes com intervalos para descanso até que você seja capaz de perceber e seguir o ritmo de todos ou quase todos os instrumentos.

Quando tocamos as digitais dos cinco dedos da mão esquerda no ritmo da música com as digitais dos cinco dedos da mão direita, criamos a multiplicação de estímulos neurológicos necessários para criar a plasticidade que nos permitirá obter maestria nos ritmos. E então podemos migrar para, por ex., uma música popular em inglês onde você poderá identificar e seguir o ritmo dos instrumentos e então da música vocalizada.

Lembre-se que este processo deverá ser repetido várias e várias vezes até que se sinta capaz de processar os ritmos naturalmente em sua mente.

A segunda técnica nos leva a níveis ainda mais profundos na aquisição da nova linguagem. Você agora deverá ser capaz de seguir os toques silábicos das palavras. Experimente primeiro com o português. Use os dedos das mãos da mesma forma que fez com os ritmos. Ex. por-tu-guês nos propicia três toques silábicos, portanto você irá tocar os dedos três vezes enquanto pronuncia a palavra por-tu-guês. Fale algumas frases em português para se acostumar com os toques de seus dedos.

Lembre-se de evitar a tentação de traduzir qualquer texto em inglês nesse momento. Veremos como tirar um bom proveito desta ideia um pouco mais à frente.

Diferente do português, você talvez comece a perceber que os toques silábicos na língua inglesa se diferenciam pelas pequenas palavras encontradas. Estima-se que necessitamos 30% menos ar para falarmos a mesma ideia no inglês do que no português. Ex. "Quais os problemas que você vai encarar hoje?" – "Which matters will you face today?" Lembre-se que o toque silábico é marcado pela saída de ar necessária para a produção do som da palavra e não é necessariamente as sílabas demarcadas no dicionário.

Faça agora também este exercício com a música vocalizada em inglês, várias e várias vezes até perceber que pode identificar os toques silábicos em inglês quase tão bem quanto em português. Lembre-se que assim como a criança não estamos preocupados em saber o significado das palavras e sim seus sons.

A terceira técnica nos leva a entrar em nossa mente para observar que temos uma voz interior que pode nos ser muito útil no caminho da precisão e perfeição. Esta voz é o nosso *coach* interior. É ela que nos guia quando falamos. Estima-se que uma criança tenha usado essa voz interna cerca de 5.000 vezes antes de tentar a primeira vocalização de papai ou mamãe.

Quando usamos essa voz para falar em nossa mente uma verdade irrefutável, ela pode ser bastante imperativa, clara, verdadeira, etc. Porém quando falamos uma mentira para nós mesmos essa voz pode soar relutante, vaga, sem força, etc. No entanto, se insistimos na mentira, podemos começar a acreditar, não é mesmo? Ex. "Não consigo aprender essa língua.", ou "Tenho certeza de que não vou conseguir aprender..."

Existe ainda a imaginação, a voz usada com a imaginação pode ser muito potente em auxiliar na aquisição de um novo idioma. Você pode querer imaginar qualquer coisa, por mais absurda que possa parecer, não pode? Pois bem, quando você se imagina agora falando o idioma escolhido como um nativo, essa voz pode atendê-lo e começar um processo de aquisição do idioma por você. Você pode se imaginar agora cantando no lugar daquele cantor famoso com tanta habilidade quanto ele, e é possível que a sua mente responda à altura. Essa voz poderá soar surpreendente, inspiradora, confiável, etc.

Use esta técnica acompanhada dos toques silábicos ou ritmos por bastante tempo até que os sons estejam bem sincronizados na mente.

A quarta técnica pode se comparar com o ver para crer. Este é um bom momento para usarmos a tradução a nosso favor. Se falarmos; "Vi um canguru pulando na piscina do vizinho!", podemos imaginar a cena, talvez algum som e até sentirmos algo a respeito. O fato é que o nosso cérebro tem codificado as interpretações que estão ligadas às palavras em português. Agora se ligamos as palavras do inglês nos mesmos códigos teremos dois idiomas para os mesmos códigos, não é mesmo? Ex. *"I saw a canguru jumping into the neighbour's swimming pool!"*.

Com isso em mente, pegamos a letra de uma música em inglês e logo pegamos também a tradução (versão mais próxima) em português. Através da tradução iremos acompanhar as imagens e outros códigos mentais que se formam em sua mente enquanto segue a versão em inglês. Ligando as frases do inglês as imagens criadas pela tradução.

Lembre-se de usar a tradução apenas como guia para transferir as imagens ou você estará apenas reforçando o português e se distanciando do inglês.

Use esta técnica acompanhada ainda dos toques silábicos e ritmo, enquanto arrisca um cantarolar guiado pela sua voz interna e vendo aquelas cenas que você criou durante o acompanhamento da tradução. Repita até que o som e as imagens comecem a fazer sentido em inglês.

A quinta técnica é para você sentir. Sentir no idioma é essencial para o amadurecimento do novo idioma. Use as imagens enquanto sente as palavras expressarem maior e maior sentido para você. É bom que você escolha uma música que lhe agrade e traga algumas emoções.

Use esta técnica acompanhada de ritmo ou toque silábico enquanto sente tudo que vê e canta. Aperfeiçoe sua pronúncia enquanto pratica.

A sexta e última técnica, não menos importante. Está relacionada a um bom falante do idioma. Enquanto tivermos o idioma em um papel ou livro, não assumimos a nossa responsabilidade pelas palavras e seus significados. Portanto agora podemos unir todas as técnicas anteriores e assumirmos o papel do cantor ou cantora em questão. Lembre-se de realmente sentir-se o único cantor enquanto acompanha a música.

Use também esta técnica acompanhada de toques silábicos, ritmos, voz interior e voz exterior, imagens, sentimentos e em primeira pessoa!

Bem, com isso concluímos este capítulo que pretende trazer à luz uma pequena amostra da plasticidade cerebral humana. A ciência neurológica está apenas começando a tatear esse potencial.

Estamos vivendo um momento muito especial na história humana, no qual a tecnologia e a natureza nos dão as ferramentas para nos autoexplorar. Sem este impulso natural que dá ao nosso cérebro a curiosidade de se autoexplorar certamente não teríamos alcançado este estágio de compreensão e autoconsciência.

# 9

# O que é ser *coach* para VOCÊ?

Um time bem produzido e preparado tem as competências e capacidades elevadas de forma equilibrada. O maestro é o líder que desenha o roteiro e conduz seus liderados aliciando o que há de melhor em cada um. O planejamento, as estratégias e ferramentas quando compartilhadas e divididas de maneira onde todos têm participação em todas as etapas de um trabalho, tornam-se mais produtivas, eficazes e valorizadas por todo o time

**Daniela Mello Ferreira**

## Daniela Mello Ferreira

*Professional master coach*, palestrante, escritora e treinadora, formada em Administração de Empresas, pós-graduada em Marketing pela Fundação Armando Álvares Penteado, *coach* certificada pela ICC (Internacional Coaching Community), ICI (Internacional Association of Coaching Institutes) e *master coach* certificada pela SLAC e IAC (International Association of Coaching), *leader coach* certificada pela Corporate CoachU (USA), Professional SixSeconds Certification e Professional DiSC Certification e MBA em *Coaching* e Gestão Empresarial, pela SLAC e FESPSP. *Practitioner* em PNL certificada pela MSI – Master Solution Institute. Experiência de mais de 15 anos no mercado de varejo, varejo de luxo e serviços. Coautora dos livros *Team & Leader Coach, O segredo do sucesso pessoal e A arte da guerra* pela Editora Ser Mais.

**Contatos**
www.unitasconsultoria.com.br
dmello@unitasconsultoria.com.br
Linkedin: Daniela Ferreira- Grupo Falar de Negócios
(11) 3528-4557

# Daniela Mello Ferreira

Para mim, ser *coach* é escutar, olhar nos olhos, observar e estar em constante aprendizado com as diversas experiências da vida. É conduzir com a menor interferência possível (se possível nenhuma) é oferecer a possibilidade do cliente sentir a sensação de conquista, é ser parceiro, é respeitar a meta estabelecida, é deixar fluir a música que o cliente toca e entrar no ritmo.

Ser *coach* é amar pessoas, amar ensinar, ser paciente e ter a humildade de orientar e conduzir o cliente para onde ELE deseja ir. É mostrar ao cliente que ele é capaz de fazer suas próprias escolhas com segurança sendo responsável pelo caminho que deseja trilhar. É ser fonte inspiradora do autoconhecimento e autodesenvolvimento do cliente.

Ser *coach* é acreditar no potencial, capacidade, superação, realização, na possibilidade de se reinventar e acreditar que cada um é responsável pelas próprias escolhas.

Ser *coach* é vida, é luz!

Por acreditar e vivenciar escrevo esse artigo onde compartilho algumas experiências que me ensinaram e me ensinam a melhorar como pessoa e como profissional.

### Team e *leader coach*

Com foco... Com corpo... Com alma... É exatamente assim que me sinto ao escrever esse artigo tão importante que fala sobre o time e seu *leader coach*. *(nesse instante minha voz interior cruza os braços e faz cara de interrogação).*

Eu sei, eu sei, é um assunto delicado, recheado de informações, e como sempre digo, ``Lidar com pessoas é uma arte a qual cada um interpreta a seu modo``. Ser um *leader coach* é estar em sintonia com o que está acontecendo à sua volta, é olhar para seu time e reconhecê-lo mesmo no escuro, a energia de um *leader coach* é a luz que brilha e inspira seus liderados. *(agora minha voz interior relaxou e fez cara de feliz para mim.)*

Eu gosto de escrever, estudar, escutar as histórias das pessoas e verdadeira paixão em ensinar e desenvolvê-las. Neste quesito em especial fico bem feliz quando recebo *feedbacks* de clientes e mais ainda de meu time.

Quando falo em "meu time", refiro-me aos que estão ligados a mim pelo trabalho que desenvolvo e aos meus clientes, pois todos fazem parte do time; de maneiras diferentes posso orientá-los no planejamento e desenvolvimento de seus objetivos. Minha função é desenvolvê-los em suas competências, ajudá-los a identificar e minimizar seus fatores limitantes, maximizar os motivadores, energia, fazê-los pensar, pensar e pensar no caminho e soluções de seus quebra-cabeças.

Sou a parceira que abre espaço para escutá-los quantas vezes se fizer necessário sem criticá-los ou colocar minha opinião. Uso muito a técnica do poder de escolha e assumir riscos.

# Team & Leader Coaching

O *leader coach* sabe verdadeiramente escutar qual a música que cada um de seu time está tocando, essa sensibilidade gera respeito recíproco, fator vital para um time saudável.

**A voz interior** *(Minha voz interior deu piruetas agora!).*
Claro que ela está feliz, dando piruetas, estou escrevendo sobre minha principal companheira! Ela dorme, acorda, toma banho, vai para o trabalho comigo, aliás, ela grudou em mim, acho até que nasceu comigo! Seu repertório preferido é interferir na minha vida, seja qual for o assunto! Nossa relação precisou sofrer umas modificações já faz um bom tempo, decidi que a melhor opção é viver civilizadamente com ela, onde tenha entendimento e consentimento de minha parte, é claro! Às vezes ela tenta palpitar demais e eu logo a coloco de lado. Isso tudo, pois as rédeas de minha vida quem decide SOU EU, as escolhas SÃO MINHAS, as metas SÃO MINHAS, DEPENDE DE MIM e de MEU esforço sair do lugar em que estou e andar para frente.

A voz interior é importante para me fazer pensar no que realmente desejo e debater com ela sobre as possibilidades e assim decidir por onde começar. Esse diálogo interno é muito eficaz para olhar as opções e focar nas soluções que fazem sentido para mim.

Diante de algumas situações entramos em um diálogo mais ou menos assim:
- O que eu faço para resolver essa situação? (eu)
- O que você quer fazer? (voz interior)
- Eu quero resolver.... (eu)
- O que você resolve então? (voz interior)
- Hum, estou pensando... (eu)
- O que eu faço? (eu)
- Pensa, você sabe o que é melhor para você (voz interior).
- Estou com a minha cabeça confusa! (eu)
- Quais opções você tem? (voz interior)
- Bem, algumas.... (eu penso nas possibilidades)
- Diante das possibilidades que você tem, o que é mais favorável? (voz interior)
- Ok, já sei por onde começar... (eu)

Com alguns treinos, consegui manter um diálogo com minha voz interior, onde ela faça a menor interferência possível e evite suas opiniões pessimistas. Na verdade, se eu deixar, minha voz interior tem ideias destrutivas e desastrosas onde todo seu esforço está em fazer acreditar nos meus medos, inseguranças e certeza de que tudo dará errado.

Com o tempo, estudando e lendo bastante sobre o assunto, aprendi que ela pode ser uma boa aliada e me fazer pensar de maneira positiva, coerente, onde eu consigo arrumar minhas ideias e muitas vezes encontrar a solução. *(agora ela ficou feliz e sorridente!).*

Pude perceber que manter um diálogo interior claro e objetivo com a voz interior é uma boa maneira de saber lidar com a interferência, essa técnica me ajuda muito na condução de orientação e capacitação de meu time. Ensiná-lo a conversar com a voz interior e fazê-lo entrar em fluxo é fantástico, esse exercício ajuda muito nas suas percepções e tomadas de decisão.

**Time e *leader coach*: Vamos lá! A hora da verdade**
Algumas perguntas para autoconhecimento e autodesenvolvimento do *leader coach*:

1. Qual a meta do meu time?
2. Quais os desejos e metas individuais de cada um de meu time?
3. Quem sou eu?
4. O que eu desejo, quais são minhas metas?
5. Como é minha gestão?
6. Eu ensino ou eu faço?
7. Quais são minhas habilidades?
8. O que pretendo melhorar?
9. Quais são as habilidades de meus liderados?
10. O que cada um faz de melhor?
11. De que maneira irei orientá-los em seus pontos de melhoria?
12. Como lido com os conflitos?
13. Como eu resolvo os conflitos?
14. O que posso fazer para melhorar minha atitude diante de situações de pressão?
15. O que faço para conhecer os objetivos de cada um de meu time?
16. Qual (is) ferramentas posso implantar/desenvolver para melhorar a performance de meu time?
17. Onde busco inspiração e recarrego minhas energias?
18. Como eu inspiro meu time?
19. Como planejo com meu time o que vamos fazer durante a semana/mês/ano?
20. De que maneira faço o *feedback* de cada um de meu time?
21. Como lido ao receber *feedback*?
22. Como me relaciono com meu time?
23. O que aprendo com meu time?
24. O que meu time aprende comigo?
25. Qual o sentido que o trabalho tem na vida e carreira de cada um de meus liderados?
26. O que é trabalho em equipe?
27. O que cada um de meus liderados pensa sobre o significado de trabalho em equipe?
28. Qual a contribuição de cada um para ser um trabalho em equipe?
29. Como lido diante de um fracasso?

30. Que tipo de liderança eu exerço?
31. Como meu time me enxerga?
32. O que é ser um *leader coach*?
33. Eu sou um *leader coach*?
34. Como eu sou como *leader coach*?
35. O que vou fazer de hoje a uma semana para caminhar em direção ao que desejo?
36. Ler essa pergunta no final do artigo

*(Ufa! Minha voz interior está exausta e eu também! Vamos descansar um pouco... ).*

**Aprendendo com as crianças**

Quando fui ensinar minha filha Pietra a andar de bicicleta sem rodinhas, foi um grande aprendizado para mim.

Como uma mãe bastante cuidadosa, coloquei na Pietra capacete, joelheira, cotoveleira e luvas. Ah, detalhe, ela estava de calças e mangas compridas para proteger seu corpo de um eventual arranhão. Estava muito bem protegida caso ela caísse da bicicleta.

Começamos então a andar, ela na bicicleta e eu segurando na traseira da magrela de duas rodas. Andamos pela pista tempo suficiente para minhas costas adormecerem de dor, pois a posição que eu estava era bem desconfortável; mesmo assim continuei firme e forte na minha função de mãe zelosa.

Passou algum tempo ela parou a bicicleta e pediu para que eu a deixasse andar sozinha, minha barriga gelou! Nossa, ela vai cair, vai se machucar! Pensei.

Mesmo com o coração batendo forte, eu soltei a bicicleta e puf, ela caiu! Nossos olhares se cruzaram, ela com os olhos assustados e eu com expressão de Eu te disse!

Para minha surpresa, Pietra levantou e continuou tentando e assim fez várias vezes, demonstrava uma força e segurança que eu fiquei chocada! Eu mesmo me sentindo contrariada fiquei ali parada observando a cena que se repetia inúmeras vezes.

O interessante é que mesmo caindo ela estava sem nenhum arranhão! Claro, com a armadura que eu coloquei nela... (Agora, minha voz interior deu um sorrisinho um tanto irônico).

Dei de ombros e continuei observando a cena de levantar e cair! Foi então que veio um estalo e um gelo na minha barriga!

- Meu Deus! O que eu estou fazendo com minha filha? Posso ajudá-la a andar de bicicleta da mesma maneira que ajudo meus clientes e meu time! Sou uma *coach*!!!

Neste instante, pulei para frente da bicicleta, segurei o guidão e olhei nos olhinhos assustados de Pietra e disse:

- Filha, o que você quer fazer?
- Andar de bicicleta mamãe, eu já aprendi a cair sem me machucar, andar está difícil!
- Legal filha, você conseguiu aprender algo bem importante que é ter coragem e força de vontade para seguir em frente mesmo com as dificuldades. Fale-me agora o que você percebeu que pode ajudá-la a ficar de pé com a bicicleta?
- Se eu colocar os dois pés no chão ela fica de pé e posso ir andando desta forma sem que ela caia.
- Você já aprendeu tantas coisas; como andar, falar e está aprendendo a ler e a escrever, me fale o que sente quando consegue ler uma palavra nova?
- Hum, eu fico feliz! (seus olhinhos brilham e ela abre um sorriso)
- Pois então imagine que você já consiga andar de bicicleta, o que você sente?
- Ah, mamãeê! Fico feliz né! (um sorriso ainda maior).
- Filha, estou aqui e sei que você vai conseguir andar de bicicleta, é questão de tempo e esse tempo é você quem determina. Estou aqui com você, sou sua parceira! Agora, vou te contar como eu aprendi a andar de bicicleta, foi bem engraçado, também cai algumas vezes até eu conseguir andar.

Esse diálogo entre nós duas foi o ponto onde ela confiou em mim e eu me senti segura em orientá-la em sua meta, neste momento consegui fazer *rapport* com`` minha cliente´, consegui fazê-la sentir a sensação de sua conquista.

Compartilho essa experiência, pois foi riquíssima para meu aprendizado. Uma questão que aparentemente seria fácil, pois afinal eu como mãe sei o que é melhor para minha filha e sei como fazer para orientá-la. Essa é a certeza que me moveu a tomar tais decisões, porém pude perceber que a forma de ensinar e orientar pode ser bem diferente da que eu estava fazendo.

**Percepções e aprendizado**
- Com todo excesso de zelo, coloquei medo e insegurança quando paramentei minha filha dizendo que era para protegê-la quando caísse da bicicleta. (Eu foquei no insucesso dela). Pude perceber que os itens de segurança são importantes para sua proteção, a maneira como explicar sobre eles é que faz a diferença. O que realmente importa é que ela pode sim cair, até se machucar e vai sobreviver a tudo isso. A possibilidade de conseguir é a força que irá fazê-la seguir em frente com sabedoria e coragem em suas decisões.

## Team & Leader Coaching

- Com o time: ao incentivar e acreditar no potencial de cada um estou deixando-os livres para tentar, errar e acertar. Observar as dificuldades e oferecer a oportunidade de desenvolver o potencial e capacidade de cada um para melhorar a performance profissional.
- Percebi que ao segurar a bicicleta estava dizendo a ela que somente comigo ela estaria segura. Ao soltá-la ela ficou livre para perceber o que queria fazer, como iria fazer e como melhorar sua performance. Ela pode sentir o que era melhor e buscar alternativas, pode tomar suas próprias decisões.
- Com o time: ao orientar de maneira mais clara, objetiva e respeitando os desejos e limites de cada um, abro espaço para que todos compartilhem opiniões, experiências e juntos possamos tomar decisões mais acertadas para uma meta comum. Desta maneira escutar novas ideias e incentivá-los a andar para frente e sintam a responsabilidade de seus atos e decisões.
- Ao fazer o exercício em que faço minha filha lembrar de suas conquistas e levá-la à meta conquistada elevo sua energia e maximizo seu fator motivador.
- Com o time: conversar sobre desejos, metas e objetivos com cada um do time, a energia fica elevada e cada um inicia um processo de planejamento e consciência em desempenhar seu papel com importância e comprometimento.
- Quando falei "Estou aqui com você, sou sua parceira" foi o momento da confiança recíproca, ao contar minha história de quando aprendi a andar de bicicleta e que também caí até que consegui andar, estabelecemos *rapport* e tudo ficou mais fácil para nós duas.
- Com o time: olhar nos olhos, construir um elo de confiança, compartilhar experiências, escutar seus desejos, identificar e minimizar suas crenças limitantes e maximizar sua energia, fazer *rapport* com cada um do time.

Compartilho essa experiência, pois foi muito rica para meu aprendizado, transformei esse fato em um laboratório onde pude separar cada etapa e ficar de observadora.

O *leader coach* antes de tudo é um ser humano com falhas, crenças limitantes e muita vontade de acertar, com a vantagem do conhecimento, experiências vividas e muitas ferramentas.

O *leader coach* é força motivadora e inspiradora de seu time, onde capacita respeitando e iluminado cada um de seus liderados. Acreditar no possível é a possibilidade de seguir em frente e na direção que deseja.

37- O que levo de aprendizado para minha vida com o que acabei de ler?

38- Depende de quem chegar aonde desejo?

# 10

# O *coaching* como elemento essencial na liderança

O *coaching* vem tomando um espaço cada vez mais intenso no mundo corporativo e as empresas têm notado que os resultados são realmente vantajosos, principalmente ao desenvolvimento de líderes. A proposta do artigo é justamente discutir sobre esse perfil de *leader coach*, presente no cenário brasileiro, e destacar algumas principais características que diferem positivamente esse perfil do estilo tradicional de liderança

## Danilo Fernando Olegario

## Danilo Fernando Olegario

*Coach self* e *professional*; analista comportamental (*behavioral analyst*) com certificação internacional pelo Instituto Brasileiro de *Coaching* (IBC). Graduado em Administração pela UNIMEP, MBA em Gestão Estratégica de Pessoas pela FGV. Atua há mais de 15 anos com Gestão de Pessoas, onde trabalhou em grandes empresas nacionais e multinacionais em todos os subsistemas da área. Especialista em desenvolvimento de Programas de Desenvolvimento Organizacional e Treinamentos Comportamentais. Atuou como instrutor de treinamentos comportamentais, foi propulsor e responsável por diversos programas de formação de pessoas em posições operacionais e liderança. Possui grande experiência em programas de Aprendiz e Pessoas com Deficiência, do recrutamento ao treinamento. Participou e construiu grandes projetos de RH, visando movimentação estratégica de pessoas, retenção de talentos, projeções de carreira e desenvolvimento de equipes. Atua como *coach* comportamental e escritor de diversos artigos sobre o comportamento humano no site RH.com.

**Contatos**
dfolegario@yahoo.com.br
(19) 3427-1714
(19) 98259-8833
Skype: danilo_olegario1

## Danilo Fernando Olegario

O assunto *coaching* vem tomando um grande espaço no cenário corporativo brasileiro. Em alguns países como os EUA e a Inglaterra o termo já é utilizado há mais tempo.

Faz-se jus à intensificação do profissional de *coaching*, ou seja, o *coach*, a eficiência do processo, quem já teve essa oportunidade de fazer uma sessão de *coaching* sabe disso.

O termo equivocadamente ainda se confunde com outros como: consultoria, treinamento, terapia, *mentoring*, quando na verdade o *coaching* tem uma finalidade bem diferente dos demais processos, pois parte do princípio que as respostas estão no cliente (*coachee*). Com isso o profissional (*coach*) não orienta quanto ao que o cliente deve ou não fazer, tampouco expressa opiniões ou julgamentos. Essa é a base fundamental de um processo de *coaching*.

O objetivo do *coach* é conduzir o seu cliente a alcançar o objetivo dele, sair de um "estado" atual para um desejado, buscar alternativas que ainda não foram exploradas, potencializar as habilidades por meio de atitudes e comportamentos poderosos. O processo de *coaching* utiliza diversas técnicas, metodologias que foram e são empiricamente estudadas pelas ciências humanas e todas, se bem utilizadas, trazem resultados extraordinários para o lado pessoal e profissional.

Então se o *coaching* parte do princípio Socrático de que as respostas estão dentro de cada um, então por que pagar um profissional para lhe dizer isso? Porque temos a necessidade de sermos estimulados e motivados. Muitas vezes as coisas são tão óbvias que não enxergamos porque estamos totalmente inseridos no contexto e com isso limitamos o nosso campo de visão, não criando ou buscando alternativas. Daí a importância do *coach* com o papel de inspirar e de motivar o *coachee* a encontrar suas respostas.

O ambiente corporativo, cada vez mais ciente da relevância do assunto, vem utilizando o *coaching* para aprimorar o seu perfil de liderança, visando potencializar o desenvolvimento das pessoas e dos resultados. É o chamado *leader coach*, que tem um perfil inspirador, com atitudes de comportamentos motivacionais, levando as pessoas a atingirem marcas cada vez melhores.

Esse perfil de líder prima pelo respeito às pessoas. Sua função não é de comandar, muito menos de dar ordens ou controlar, mas de servir.

Todo líder deveria buscar conhecimentos sobre *coaching* para aprimorar a sua gestão, pois seus principais fundamentos são desenvolver competências nas pessoas e, na atualidade, é inegável que o líder precisa saber e fazer isso.

Jamil Albuquerque, o grande autor do livro *Líder com mente de mestre*, entre outras obras, traz um pensamento reluzente sobre o assunto: "a lógica nos leva a concluir que todo *coach* é líder, mas nem todo líder é um *coach*". Esse pensamento faz muito sentido pois o *coaching* é um processo que demanda uma grande liderança, logo o profissional *coach* tem características de um líder. Para ilustrar esse exemplo, Jamil traz um quadro com algumas comparações:

| O GERENTE TRADICIONAL EM AÇÃO | UM *LEADER COACH* EM AÇÃO |
|---|---|
| Está empenhado no futuro a ser criado. | Mantém o foco no futuro de uma pessoa ou de um grupo. |
| Mantém o foco maior nos resultados numéricos. | Mantém o foco maior nas pessoas responsáveis pelos resultados. |
| Analisa o desempenho do negócio. | Ajuda a pessoa a analisar seu próprio desempenho. |
| Antecipa problemas e necessidades do negócio. | Ajuda a pessoa a criar, analisar e usar os próprios recursos. |

Fonte: OLIVEIRA, Júlio R; ALBUQUERQUE, Jamil. *Líder com mente de mestre*. Ribeirão Preto, SP: Editora Napoleon Hill, 2010. 2º ed. P. 121.

Com essas comparações fica possível afirmar que o *leader coach* está genuinamente focado nas pessoas e tem como base um princípio fundamental do *coaching*: as pessoas são responsáveis por seus próprios resultados, cabe ao líder ser um instrumento de desenvolvimento de suas competências.

Hoje as mudanças ocorrem com uma velocidade assustadora, as empresas têm que diariamente se adaptar a elas. Antigamente as empresas tinham seus sistemas mais burocráticos, fechados, estruturas hierarquizadas que favoreciam o sistema de comandos e obediência. A relação entre líder e liderado era, portanto, uma relação hierárquica onde um exercia o poder de comando e o outro a sanidade do juízo, da obediência.

No mundo atual a relação entre líder e liderado é mais direta, existe, sim, a hierarquia, no entanto, a necessidade é, cada vez mais, de interdependência, ou seja, um contribui com o outro. Nessa relação moderna o líder tem o desafio de influenciar o seu liderado, sem deixar de exercer sua autoridade, o seu respeito.

As pessoas buscam razões para fazerem as coisas, buscam motivos, e quando o líder consegue germinar essas ideias, ele consegue fazer com que as pessoas produzam resultados, essa é uma das filosofias da liderança.

Fazer com que as pessoas produzam os resultados não tem a ver com dar ordens, mostrar o caminho, "dar o peixe", é um processo de influência, de inspiração e esse é o papel de um *leader coach*.

Um *leader coach* contribui para o desenvolvimento do capital humano, estimula o aperfeiçoamento de habilidades e a busca contínua pelo aprendizado. Esse líder consegue extrair aprendizados dos seus liderados mesmo quando os resultados não são satisfatórios. Por meio de "perguntas poderosas" ele consegue estimular as pessoas a adquirir experiência com os erros e a ressignificar suas atitudes para buscar melhorias.

É no momento do erro que o *leader coach* entra em ação. Nessa hora ele precisa ter equilíbrio para fazer as perguntas certas e utilizar uma grande arma do *coaching* que é o "não julgamento". Quando uma pessoa sente que está sendo julgada, ou vigiada, sua capacidade de produção reduz e vem à tona o sentimento de medo do fracasso, e o *leader coach* precisa estabelecer a confiança na relação.

Uma matéria publicada recentemente (10/09/2013) no site Exame com o tema *11 sinais de que você é um líder nato*, traz algumas características que, segundo especialistas, são determinantes em um líder.

O fato intrigante é que todas as características citadas no artigo são também comuns em um processo de *coaching*, com isso fica claro o quanto o líder pode se beneficiar com o *coaching* e, principalmente, potencializar outras pessoas. Seguem as características citadas no artigo:

1. **Capacidade de influência** – é o pontapé do *coaching*. Influenciar, motivar a pessoa a buscar o melhor dela.
2. **Sem medo de se expor** – impossível não se expor em um processo de *coaching*, exposição no sentido de não se acanhar, de se abrir. Havendo confiança esse estágio é certo.
3. **Iniciativa** – ação é o que define se um processo de *coaching* está ou não sendo efetivo.
4. **Excelente capacidade de comunicação** – um *leader coach* tem que saber se comunicar com clareza se quiser fazer com que as pessoas tenham grandes performances. Em uma sessão de *coaching* também.
5. **Disposição para ajudar e ouvir** – essa é a essência do *coaching*, saber ouvir, que é diferente de escutar. É estar genuinamente interessado em ouvir, entender e ajudar a pessoa.
6. **Multitarefa** – estar atento às diversas oportunidades, ter a capacidade de realizar várias coisas ao mesmo tempo mas não perder o foco.
7. **Curiosidade** – um *leader coach* está sempre com curiosidade

para aprender novas coisas, é a base do seu aprendizado.
8. **Empatia** – no processo de *coaching*, o *coach* tem que saber se colocar no lugar do seu *coachee*, e não somente isso, mas perceber e sentir o que ele sente. Essa é a grande empatia, muitos sabem, poucos conseguem fazer, esse é um grande desafio para o líder.
9. **Responsabilidade pelos atos** – um *leader coach* tem a maturidade de se responsabilizar pelos seus atos, bem como de não interferir na responsabilidade dos outros.
10. **Foco na solução** – essa é uma característica forte do *coaching*, o tempo todo o foco é no resultado, na solução do cliente. Nunca desviar o foco do objetivo. Se quiser atingir o resultado tem que ampliar a visão para as soluções.
11. **Senso de justiça** – o *coaching* é sem duvida um processo justo, onde o cliente atinge o resultado na medida em que se dedica para aquilo. Um l*eader coach* tem senso da justiça, sabe cobrar resultados e perceber o grau de esforço de cada liderado.

O *coaching* é uma liderança refinada, e o líder que deseja implantar na cultura esse modelo deve sobretudo conhecer as pessoas. Esse é um estágio inicial e fundamental do processo. Se o líder não conhece as pessoas com quem trabalha, não poderá cobrar resultados efetivos, pois não sabe a aptidão de cada um e muito menos exercerá um papel de influência e respeito. As pessoas admiram quem se interessa por elas e uma cena que ilustra muito bem essa afirmação é a do filme *Invictus* onde o ator Morgan Freeman interpreta o grande Nelson Mandela.

Na cena em questão o presidente Nelson Mandela, a caminho do treinamento da seleção da África do Sul de Rúgbi, estuda minuciosamente cada atleta do time e quando os encontra, chama respeitosamente cada um pelo nome. Um fantástico processo de inspiração. Com esse pequeno gesto ele conseguiu incentivar ainda mais cada jogador que a princípio não tinha grandes chances de ganhar o campeonato mundial.

É preciso conhecer as pessoas, estudá-las, saber de suas capacidades, incentivar a explorarem seus talentos, esse é o papel do l*eader coach*.

A partir do momento que o líder conhece as pessoas, assim como em processo de *coaching*, ele precisa estabelecer um plano de ação com o seu liderado, considerando o seu estado atual e explorando o estado desejado. O plano de ação servirá como uma grande ferramenta de gestão para o líder acompanhar, orientar quando necessário e desenvolver novas habilidades no seu liderado. Esse plano deverá conter "tarefas" que possam ser mensuradas e acompanhadas, definidas em comum acordo pelo líder e liderado. E a cada *feedback* o líder deve explorar sempre um "algo a mais" do seu liderado, é assim em processo de *coaching*.

Dentre as inúmeras ferramentas que o *coaching* proporciona, o líder deve sempre considerar em primeiro lugar o desenvolvimento da sua equipe, das pessoas, visando sempre o resultado maior da organização. O *coaching* pode ser muito bem aproveitado pelo líder que deseja aprimorar a sua gestão. É uma poderosa oportunidade para que o líder faça algo a mais na vida das pessoas, seja um instrumento de desenvolvimento e uma referência, essa é a grande arte da liderança: servir as pessoas. E servir não é ser submisso, mas pronto para ouvir, entender e atender, não o inverso.

Afinal todo líder precisa compreender que só é possível exercer o seu papel de liderança porque existe alguém para ser liderado, é uma lógica simples, pois todos os resultados são atingidos ou não por pessoas.

# 11

# Liberdade e escolha para a felicidade – o poder em suas mãos e de sua equipe

Está comprovado que mesmo com acesso à informação, liberdade de escolha e diversidade de possibilidades, há um grande percentual de pessoas que não são felizes no trabalho, e que não possuem planos efetivos de mudança. Esta é uma realidade a ser encarada por líderes e equipes que desejam ir além deste modelo e criar um ambiente que promova a felicidade. Neste texto, abordamos a estratégia e a prática para promover o melhor desempenho individual e de sua equipe

**Demetrius Levino & Elton Parente**

## Demetrius Levino & Elton Parente

**Demetrius Levino:** cofundador da Presence *Coach*. *Coach* Internacional pela International Association of *Coaching* Institutes (ICI) e *Master Coaching Premium* pelo Instituto de *Coaching* Financeiro (ICF). Graduado em Administração e especialista em Finanças, Auditoria e Controladoria. Palestrante e facilitador em cursos de educação financeira e técnicas de aprendizagem. Atuou no desenvolvimento de Sistema Integrado para Gerenciamento do Orçamento do Tribunal de Justiça de Rondônia, onde permaneceu por cinco anos. Exerce desde 2008 o cargo de auditor do Tribunal de Contas de Rondônia.
**Contatos:** demetriuslevino@gmail.com, facebook.com/demetriuslevino (69) 9316-8448

**Elton Parente:** cofundador da Presence *Coach*. *Master Coach* Premium pelo ICF, consultor, facilitador e palestrante em Estratégia e Finanças. Mestre em Administração, especialista em Gestão Estratégica e Qualidade, Bacharel em Administração. *Master Practitioner* em Programação Neurolinguística. Membro do Conselho Regional de Administração de Rondônia gestão 2013/2016. Auditor de Controle Externo no TCE-RO. É também professor de graduação e pós-graduação, consultor e facilitador credenciado do SEBRAE.
**Contatos:** eltonparente@gmail.com, facebook.com/eltonparente (69) 8112-7521

## Demetrius Levino & Elton Parente

*"Só existe um sucesso – ser capaz de viver à sua própria maneira."*
**Christopher Morley**

Veja o seu dia a dia de trabalho e perceba como hoje você se envolve em diversas atividades simultâneas e acaba navegando em um turbilhão de acontecimentos, o que requer esforço e concentração para manter o foco nos resultados e superar cada um dos desafios da agenda do dia, e, se não fosse o bastante, sofre uma avalanche de informações, a exemplo dos vários canais de notícias e das mídias sociais.

E não é estranho notar que muitas pessoas acabam levadas por esta rotina, faltando ferramentas para superação e alcance de resultados.

Esta realidade está intimamente ligada ao quanto conseguimos alcançar felicidade naquilo que fazemos.

O Instituto Gallup em uma pesquisa realizada com 86 mil colaboradores ao redor do mundo chegou às seguintes conclusões: 85% das pessoas estão infelizes e insatisfeitas em seu trabalho e isso explica porque muitas das empresas são piores do que as suas equipes.

Outros dados interessantes vêm da pesquisa feita pela Accenture Consultoria com cerca de 3.900 trabalhadores de 31 países, incluindo o Brasil: 57% das mulheres e 59% dos homens entrevistados responderam que não são felizes no trabalho. Apesar disso, 69% destes disseram que não possuem planos para deixar a empresa em que trabalham, seja por falta de oportunidade ou por comodismo.

Neste ponto, a pergunta que fica é: O que estamos fazendo com a liberdade e o poder de escolha que temos hoje?

Certamente você já deve ter ouvido que um colaborador feliz traz mais retorno para a empresa, certo? Para quem tem dúvidas, as pesquisas compiladas pelo portal FastCompany demonstram os números:

33% mais rentabilidade (Gallup)
43% a mais de produtividade (Hay Group)
37% de aumento nas vendas (Shawn Acor)
300% mais inovação (HBR)
51% menos *turnover* (Gallup)
50% menos incidente de segurança (Babcock Marinha Clyde)
66% de diminuição em licença médica (Forbes)
125% menos o *burnout* (HBR)

Isso é muito significativo em qualquer equipe e mais ainda para o desempenho pessoal em relação a seu próprio objetivo.

O que está se demonstrando cada vez mais é a importância do alinhamento pessoal com objetivos e valores que nos mobilizem à ação e, sobretudo, para agregar valor nos relacionamentos ao longo da vida.

**Caminho para a verdadeira liberdade**

Neste processo de autodescoberta em direção à felicidade e realização, nossa verdadeira liberdade, é importante citar a pesquisa do Dr. Otto Scharmer sobre a Teoria U, em que demonstra o processo de realização como um contínuo resultante de se estar conectado ao fluxo de acontecimentos. Nesta teoria se denomina como "presenciar" o momento central de deixar vir à superfície da realidade o melhor potencial futuro que se pode alcançar, um estado de atenção profundo que facilita a inovação.

De forma convergente o estudo do Dr. Mihaly Csikszentmihalyi sobre a Teoria do Fluxo, difundida como "Estado de Flow", descreve o fluxo como um estado onde a concentração e a motivação se encontram, resultando em uma espécie de harmonia produtiva.

O que podemos perceber é que um dos principais fundamentos dos estudos sobre felicidade e criatividade está no processo de autoconhecimento, e neste ponto destacamos a ferramenta que tem se demonstrado de extrema eficácia para o desenvolvimento pessoal e de equipes, o processo de *coaching*.

Dentro deste processo, o trabalho do *coach* está baseado na sua capacidade de questionar e orientar o seu *coachee*, propondo análise, reflexão e ação quanto às suas escolhas, os objetivos que quer atingir e, de maneira prática e direta, trabalhar com foco na instalação e desenvolvimento das competências necessárias para o atingimento do sucesso, ou seja, à descoberta do seu melhor que há de vir a partir de seus valores, um processo contínuo de autodescoberta.

O *coach* tem como premissa que todas as pessoas possuem todos os recursos que precisam internamente e que, ao ajudarem os mesmos na descoberta de tais recursos e do que realmente desejam, poderá auxiliar o seu cliente a obter o que quer, de uma forma mais rápida e simples, com domínio do processo que é ao mesmo tempo transferindo seu conhecimento e permitindo ao *coachee* (cliente) replicá-lo ao longo de sua vida.

Neste sentido um *coach* trabalha auxiliando o cliente e equipes a:

- Fixar e alcançar metas;
- Realizar seus objetivos e metas - o que sozinho seria difícil;
- Manter o foco e contração em resultados;
- Ter ferramentas, apoio e estrutura para conseguir mais da "roda da vida".

Neste processo, podem ser focadas etapas e cada situação requer do *coach* a sensibilidade para adequar as técnicas a cada situação e até mesmo a cada pessoa.

**Coaching de equipes – Escolha focada em resultados**

O papel do *coach* para o desenvolvimento de equipes de alto desempenho é principalmente ouvir com atenção, direcionar energia para alterar a realidade para melhor, comprometendo-se com os *coachees*, sem interferir quanto ao poder de decisão, sem competir com eles ou tentar superá-los. Assim, o *coach*, de forma objetiva, ajuda a criar, observar e usar o potencial dos envolvidos, a superar limites.

O *coaching* atua com resultado e realização, e influencia no desenvolvimento de padrões éticos, comportamentais e de excelência individual e coletivamente. O *coaching* dá apoio aos novos sistemas e ao processo de mudança profunda e sustentada.

A metodologia do *coaching* usada para o desenvolvimento da liderança e de equipes representa um processo de construção de um ambiente e de um relacionamento de trabalho que colabora com a melhoria de desempenho e o crescimento pessoal e profissional.

Entre os benefícios esperados na aplicação da metodologia do *coaching* pode-se citar, principalmente, a melhoria da produtividade e do desempenho, o aumento do envolvimento dos indivíduos no processo decisório, enfatiza a responsabilidade de liderança compartilhada, sem citar os reflexos positivos nos relacionamentos pessoais e familiares, traduzindo-se na felicidade que se busca, não como meta final, mas como uma vivência diante dos desafios diários.

**Planejamento e aplicação de *coaching* para equipes**

Para que a aplicação da metodologia do *coach* obtenha resultados positivos, é fundamental a elaboração de um planejamento estratégico do processo, considerando que nessa abordagem deve ser feito a partir da visão do futuro da organização. É essa visão que deverá moldar as ações, desde o momento presente, com vistas ao que se pretende alcançar.

O *coach* ajudará as pessoas e equipes a: manter o foco na visão e nos resultados, comunicar claramente a visão, cumprir a palavra (especialmente nos prazos e datas) e administrar bem talentos e competências, utilizando muito bem o seu tempo e seus recursos. Além de ter como indicadores dessas competências o entusiasmo, a determinação e a autoconfiança, além de ferramentas já comprovadas de diagnóstico sobre o alcance de resultados e mudanças de percepções e comportamentos.

Quando a organização decide usar o *coaching* como ferramenta para o desenvolvimento de pessoas e equipes, elevando potencial e resultados, deve considerar as seguintes etapas apresentadas pela metodologia:

1. Construção de uma parceria sólida consciente e consistente, fundamentada na confiança mútua e maturidade para assumir e cumprir as responsabilidades acordadas.
2. Visão de futuro do cliente (o que ele deseja realizar) - o *coaching* pode ajudar a transformar a visão da organização na visão pessoal do cliente, assim como contribuir na convergência das visões pessoais à visão organizacional.
3. Análise da bagagem do cliente (trajetória) e realização - exploração dos talentos, com identificação e análise de dificuldades e limitações atuais e definição do que precisam ou desejam.
4. Plano de ação - identifica o *gap* entre visão, situação e competências atuais e, assim, construir ponte para que intenções se transformem em resultados; é essencial estabelecer o plano para acompanhar bem o desenvolvimento, garantindo o sucesso do projeto.

Para elaboração do plano de ação, o *coach* deverá analisar cuidadosamente aspectos como: cultura, ambiente e estrutura da organização e proceder um estudo criterioso do *coachee*, seja ele indivíduo ou equipe, suas características profissionais e pessoais.

O plano de ação propriamente dito deve conter:

- a visão de futuro (enunciado);
- resultados pretendidos (especificar padrões de qualidade);
- análise do *gap* (o que falta);
- ações: estratégias e táticas;
- competências em uso (para facilitar o desenvolvimento);
- definição das pessoas envolvidas;
- prazos; e
- agenda de acompanhamento (para facilitar o *feedback* e eventuais redirecionamentos.

A aplicabilidade da metodologia do *coaching* envolve um fluxo contínuo de instrução, demonstração, diálogo, prática, suporte e *feedback*. Exige ainda uma criação de uma parceria entre *coach* e *coachee*, com base no respeito e na confiança mútuos.

Para que possa ser implementada com sucesso, é necessário que os líderes de equipes estejam sempre reconstruindo suas habilidades e polindo suas ferramentas.

A utilização da metodologia do *coaching* implica no conhecimento e na capacidade do uso, por parte do líder, de seis ferramentas básicas:

1. capacidade de ouvir;
2. capacidade de observar;
3. capacidade de entrevistar;
4. capacidade de firmar acordos;
5. capacidade de analisar;
6. capacidade de dar e receber *feedback*.

Com o desenvolvimento e a aplicação dessas ferramentas, o líder colabora para organizar e manter um ambiente propício ao desenvolvimento profissional e pessoal dos membros da equipe, obtendo como resultado altos níveis de desempenho, e de outro lado pessoas proativas frente aos desafios e que se sentem realizadas em atuar em um ambiente colaborativo.

**Como dar o primeiro passo**

O modelo apresentado corresponde a uma forma prática de intervir e elevar o nível de realização pessoal e da equipe de uma organização, fundamentado em um processo ético de valorização do indivíduo, possibilitando a descoberta das melhores possibilidades.

Neste caminho o principal resultado alcançado é a própria felicidade, não a felicidade como meta, mas aquela como estado mental de equilíbrio e foco, o que chamamos "Estado de Flow" ou "presenciamento", onde estamos conscientes do todo e passamos a perceber as inter-relações existentes em todas as coisas.

Um aprendizado constante apoiado pelo *coach* traduz-se em estratégias definidas e ferramentas eficazes para avançar sempre como indivíduo e equipe.

E nós, Demetrius Levino e Elton Parente, acreditamos no poder transformador do processo de *coaching* e buscamos expandir o potencial de cada um em *coaching* de performance individual e de equipes, e ainda *coaching* financeiro. Atendemos *online* a clientes de todo Brasil com sessões de *coaching*, treinamentos e palestras. Saiba mais no portal www.presencecoach.com.br.

Nosso papel é apoiar seu desenvolvimento e oferecer as melhores técnicas para o alcance de suas metas e de sua equipe, para que você possa ter qualidade de vida pessoal e profissional, de forma próspera e sustentável. Aguardamos seu comentário sobre este artigo e sua opinião sobre o processo de *coaching* para evoluirmos juntos na descoberta de novas possibilidades. Seu contato será o primeiro passo para realizações muito maiores diante das já obtidas até hoje.

# 12

## Os segredos do *leader coach* evolutivo

Imagine ser um líder reconhecido, aclamado e que, realmente, consiga mobilizar a mente e o coração dos liderados. Pense, visualize, ouça e sinta você atuando como um *leader coach* evolutivo que oferece às organizações resultados extraordinários. Descubra agora algumas características e técnicas que podem mudar sua forma de liderar

**Douglas de Matteu &
Wilson Farias Nascimento**

## Douglas de Matteu & Wilson Farias Nascimento

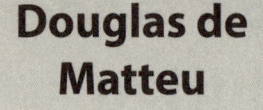

**Prof. Me Douglas de Matteu** – Ph.D. (c): Doutorando em "Business Administration" pela Florida Christian University. Mestre em Semiótica, Tecnologias da Informação e Educação, especialista em Marketing, Educação a Distância e em Gestão de Pessoas com *Coaching*. Bacharel em Administração de Empresas. *Master Coach* pelo Metaforum com reconhecimento internacional. Docente na Fatec de Mogi das Cruzes, Faculdade Unidade de Suzano - UNISUZ e em cursos de pós-graduação. Coordenador do Grupo de Ensino e Pesquisa em Liderança e *Coaching* – GEPLICO da FATEC. Presidente da Associação Brasileira dos Profissionais de Marketing. Diretor do Instituto Evolutivo – *Coaching* & Marketing. Desenvolve treinamentos *in company*, palestras, *coaching*. Coautor de mais de quinze livros pela Editora Ser Mais.

**Prof. Me. Wilson Nascimento** - Ph.D. (c): Doutorando em "Business Administration" pela FCU. MBA em *Coaching* pela FAPPES. Especialista em Gestão de Negócios e Empreendedorismo. Pós-graduado em Marketing e Propaganda, Bacharel em Administração de Empresas. *Master coach* e *executive coach* com reconhecimento internacional pelo BCI – Behavioral Coaching Institute – ICPA – Institute of Coaching Professional Association. Analista comportamental: *Assessment Training I* – Pela Success Tools, Alfa Coach e SOAR. *Trainer* em PNL. Coautor do livro: Ser+ com Equipes de Alto Desempenho. Docente na Faculdade Unida de Suzano. Trainer do World Coaching Council. Sócio Diretor do Instituto Evolutivo.

**Contatos**
www.institutoevolutivo.com.br
www.douglasmatteu.com.br
douglas@institutoevolutivo.com.br
wilson@institutoevolutivo.com.br
(11) 3419-0585

## Douglas de Matteu & Wilson Farias Nascimento

Um dos maiores desafios das organizações é desenvolver uma equipe de líderes que realmente possa fazer a diferença para os colaboradores e para os resultados organizacionais.

Para alcançar os objetivos organizacionais, a empresa enfrenta a necessidade de mobilizar os funcionários a atuarem com comprometimento, dedicação, responsabilidade, energia, sintonia e muita motivação para encarar as adversidades e transformá-las em oportunidade de crescimento e de desenvolvimento. O principal maestro que deverá sensibilizar e influenciar os colaboradores da organização é o líder.

Este maestro atuará como um regente musical. Dotado de sensibilidade e acuidade, tem a tarefa de identificar os talentos e as competências individuais e organizá-las para produzir uma melodia que atenda às necessidades do mercado, da empresa e dos colaborares. Essa música deverá integrar tanto os aspectos racionais como os emocionais, enaltecer os diferenciais e garantir a harmonia, bem como a sincronia entre as pessoas e o trabalho a ser entregue.

É publico e notório que a atuação do líder é um dos fatores críticos para o sucesso organizacional, porém surgem grandes questões: Como liderar as pessoas com maestria? Qual modelo empregar? Atuar de forma coercitiva ou liberal? Ser democrático ou autocrático? Será mesmo necessário adotar um modelo de liderança servidora, emocional, liberal? O que realmente as pessoas esperam de um grande líder?

Diante de tantos questionamentos, aqui e agora, dois *master coaches*, especialistas em perguntas, mas principalmente mestres em desenvolvimento humano, com sólida experiência e balizados em referenciais acadêmicos, irão descrever comportamentos e estratégias que vão subsidiar poderosos e importantes referenciais para que você se torne o maior e o melhor *leader coach* evolutivo que você pode ser.

Existe uma ampla gama de livros publicados sobre o fascinante tema liderança, porém, aqui vamos traduzir em termos práticos os principais pontos que desenvolvemos na metodologia *leader coach* evolutivo.

Para começarmos esta jornada, é relevante pensar que o papel do *leader coach* evolutivo consiste em se comunicar e influenciar positivamente a atuação dos liderados, ofertando questões poderosas para que os mesmos encontrem motivação, (re)pensem crenças limitantes e desenvolvam a confiança para desempenharem suas atividades e atingirem as metas. Recomenda-se que seja calmo para ponderar e compreender os comportamentos, no sentido de percepção de qualidades e verdadeiras intenções, sendo também proativo e focado em resultados.

## Team & Leader Coaching

Um grande líder além de se comunicar com clareza deve desenvolver a capacidade de dar e receber *feedbacks* de forma habilidosa, ouvir e confiar em seus liderados e, principalmente, ter maestria na arte de se relacionar em diversos níveis da organização. Mais que isso, deve desenvolver sua percepção e visão sobre o que acontece no seu setor, na empresa, no mercado e no mundo.

É necessário que o líder seja dotado de valores como humanidade, sinceridade, lealdade, honestidade, capacidade para enfrentar e solucionar as adversidades. Seja em nível de relacionamento humano ou de questões organizacionais e mercadológicas, ele tem a tarefa de transformar cada adversidade em oportunidade de crescimento e desenvolvimento.

O *leader coach* evolutivo recorre aos referenciais do *coaching*, para que cada indivíduo desenvolva sua capacidade de liderança tendo como base o seu próprio conhecimento interno, ou seja, acessando sua sabedoria interna somada às experiências de vida e às técnicas de *coaching*. Para tanto, recorre principalmente às perguntas.

O *coaching* aplicado no contexto da liderança pode ser compreendido como "*coaching* é contribuir para que o liderado ou a equipe encontre as respostas" (Di Stéfano, 2011, p. 50), ou seja, o papel do *leader coaching* é ampliar a percepção e consciência do líder e de sua equipe para as mudanças que acontecem de dentro para fora. Ao utilizar as perguntas, promovem-se reflexões quanto sua atuação profissional e suas experiências. É relevante destacar que a experiência em si pode não ensinar nada, porém, a avaliação das experiências pode ensinar tudo (Maxwell, 2011). Nesse sentido convidamos você a refletir sobre as seguintes questões:

- Como você quer ser percebido como líder?
- Qual seu estilo de liderança?
- Quais são suas principais habilidades? Quais são as principais habilidades dos membros da sua equipe?
- Qual o seu propósito? E o propósito da organização e dos colaboradores? Eles estão alinhados? O que você pode fazer para conectá-los?
- O que gera para você satisfação no trabalho? E o que gera satisfação na sua equipe?
- Como você pode acelerar o seu desempenho? E como pode acelerar o desempenho da sua equipe?

Os questionamentos anteriores promovem uma reflexão e uma viagem dentro do seu "eu" buscando resgatar o melhor de você em você mesmo. Como seria vencer as armadilhas da mente, o conformismo, o 'coitadismo', o medo de errar e o medo de reconhecer os erros (Cury, 2010) e olhar verdadeiramente para as questões e respondê-las uma a uma rumo à descoberta e ao seu autodesenvolvimento que deve ser constante. John Maxwell destaca que "a liderança se desenvolve diariamente e não em um dia" (Maxwell, 2007 p. 42). Permita-se vencer os medos e avançar. A seguir apresentaremos algumas variáveis envolvidas no modelo de *leader coach* evolutivo para sua reflexão:

**1- Percepção: quais são os limites e as oportunidades?**

Nesse contexto o líder é convidado a refletir sobre o ambiente em que está inserido. No que tange ao setor em que atua é necessário considerar também a organização e o mercado para desenvolver sua percepção. A realização com apoio de técnica de posições perceptuais (O'Connor, 2011), permite ao líder analisar sobre quatro ângulos diferentes, o seu, o do outro, de uma terceira e uma quarta posição de fora.

**2- Comportamentos: quais são seus comportamentos?**

Um fator determinante para eficácia da liderança e da sua equipe é determinada pelos seus comportamentos. Não adianta saber o que é certo ou errado, apropriado ou não, se o seu comportamento não estiver de acordo com o cargo. Questões do tipo: Na sua percepção, quais os comportamentos recomendados para um líder de sucesso? Quais eram os comportamentos dos seus melhores líderes? E dos piores? Faça uma lista e pense como isso impacta nos resultados da equipe. Agora analise como é o seu comportamento como líder. Quais são pontos fortes na liderança e quais você pode desenvolver? Quais os comportamentos esperados de você perante sua equipe?

**3- Você está preparado para ser um grande líder?**

Quais são suas principais habilidades e capacidades como líder? Pense, de zero a dez qual é a sua capacidade de se comunicar? Dar *feedback*? E de receber? Como está sua capacidade de se colocar no lugar do outro (empatia)? De gerenciar suas emoções? De ser resiliente? Automotivado? Qual sua capacidade de engajar as pessoas em prol de um objetivo e o quão verdadeiramente você tem se dedicado para desenvolver habilidades de um líder? Quantos livros já leu sobre o tema? Quais cursos já fez? O que você pode fazer para potencializar suas habilidades e capacidades para tornar-se um *leader coach* evolutivo?

**4 - Você acredita que é um grande líder?**

Outro fator determinante para liderar é a autoconfiança que está alicerçada em suas crenças. Você acredita verdadeiramente que é um líder? Sente-se seguro para dar *feedbacks* e se posicionar proativamente e positivamente diante das adversidades? Sente-se capaz, merecedor do cargo de líder? Quais as crenças que potencializam e o limitam a ser o melhor líder possível? O que você pode fazer para superar as crenças limitantes? Quais os seus valores pessoais? Como estes valores podem fazer parte da sua gestão?

**5 - Qual é a sua identidade como líder?**

Se tivesse que responder qual é a sua identidade de liderança, como responderia? Você se vê, se ouve e se sente como realmente um líder? Quais são seus propósitos como líder? Por que você quer ser e/ou é um líder? Qual a sua missão como líder? Quem é você como líder?

**6- Quem são os pares?**

Quem são as pessoas em que você se espelha para ser líder? Quem são as pessoas que comungam dos mesmos desafios que você? Quem são os líderes com os quais você se relaciona e como é a troca de experiência entre vocês? Se você não tem contato próximo com pessoas, o que lhe impede de compartilhar experiências com pessoas que enfrentam os mesmos desafios que os seus? Quem é o seu *coach*?

Todos nós podemos ser líderes. Para tanto, primeiro devemos ser líderes de nós mesmos.

A liderança do futuro será a liderança *coaching*, uma liderança customizada, que entrelaça diversos métodos de liderar e personalizar as abordagens com cada liderado, ora mais flexível, ora mais vertical, porém sempre com identidade e filosofia *coaching*, ou seja, primeiro acreditando de verdade na capacidade do ser humano, sem fazer julgamentos, promovendo reflexões e desenvolvimento de dentro para fora. Focalizando sempre a solução em detrimento do "problema", munido de grandes capacidades de liderar, com a crença e a identidade de um *leader coach* evolutivo que acredita realmente que as pessoas podem dar resultados fantásticos quando lideradas com sabedoria.

A sabedoria do *leader coach* evolutivo tem como alicerce o *coaching*, a filosofia, a metodologia e suas ferramentas. Isto é, atuando sempre com foco, tomando ações necessárias em prol do resultado, valorizando e respeitando as pessoas, suspendendo o julgamento e introduzindo uma linguagem positiva e transformadora. Destaca-se aqui que o *leader coach* evolutivo utiliza sua percepção de identificar variáveis controláveis e as incontroláveis, de efeitos positivos e negativos, e centraliza suas ações em variáveis controláveis positivas. E você, como se comporta?

O *leader coach* evolutivo estimula e apoia a equipe para atuar com entusiasmo na conquista dos resultados almejados; fomenta a reflexão, a conscientização e o desenvolvimento de competências comportamentais, psicológicas e emocionais capazes de despertar o potencial humano.

Liderar consiste em envolver a habilidade de se comunicar e influenciar as pessoas para alcançar um determinado objetivo. Por isso é necessário desenvolver competências para comunicação e principalmente influenciar as pessoas consciente e inconscientemente.

Para tanto, o *leader coach* evolutivo tem como objetivo influenciar as pessoas de forma customizada para realizarem determinada meta de forma entusiástica, permitindo a autorreflexão e o autodesenvolvimento.

Mais que oferecer respostas, o *leader coach* evolutivo ouve a essência e fornece perguntas poderosas para que o seu liderado consiga resolver os desafios, contribuindo desta maneira para a liberação do potencial humano. Ao mesmo tempo, atua como um treinador de elevado desempenho, incentivando para a obtenção de resultados maiores e melhores, utilizando o potencial do próprio liderado.

Realiza sua liderança de forma contextualizada e customizada, isto é, considera o ambiente que está inserido, adota um comportamento diferenciado para cada pessoa, respeitando sua individualidade, focalizando a aceleração de resultados. Compartilha a responsabilidade pelo resultado e serve como agente facilitador ao oferecer ferramentas e apoio técnico, emocional e a energia necessária para evocar a excelência pessoal, alcançando as metas organizacionais (Matteu, 2011).

Para finalizar lembre-se de afinar constantemente sua capacidade de liderar. Autorrenovação é um fator determinante, use o modelo de aspiração ascendente de Stephen R. Covey (2011), aprenda, dedique e entre em ação. O que aprendeu com essa leitura? De zero a dez, quanto vai se dedicar para colocar em prática? Como, onde e quando vai colocar em prática? Os resultados sempre repousam em nossas atitudes, qual será a sua após essa leitura?

**Referências**
COVEY, Stephen R. *Os 7 hábitos das pessoas altamente eficazes*. Rio de Janeiro: BestSeller, 2011.
CURY, A. *O código da inteligência e a excelência emocional*. Rio de Janeiro: Thomas Nelson Brasil, 2010.
DI STÉFANO, Rhandy. *O leader coach: líderes criando líderes*. Rio de Janeiro: Qualitymark, 2011.
GOLEMAN, Daniel. *Inteligência Emocional*. Rio de Janeiro: Objetiva, 1995.
O'CONNOR, Joseph. *Manual de programação neurolinguística: PNL: um guia prático para alcançar os resultados que você quer*. Rio de Janeiro: Qualitymark, 2011.
MATTEU, Douglas. *Desenvolva as competências do leader coach com a Roda da Liderança Coaching*. In: SITA, M; PERCIA, A. *Manual completo de Coaching*. São Paulo: Ser Mais, 2011.
MAXWELL, John. *As 21 irrefutáveis leis da liderança: uma receita comprovada para desenvolver o líder que existe em você*. Rio de Janeiro: Thomas Nelson Brasil, 2007.
_____. *O livro de ouro da liderança: o maior treinador de líderes da atualidade apresenta as grandes lições de liderança que aprendeu na vida*. Rio de Janeiro: Thomas Nelson Brasil, 2011.

# 13

# Potencializando poderes, formando super-heróis

O desafio de um verdadeiro líder é identificar e lidar com suas forças e fraquezas e, assim, aproveitar de maneira inteligente o potencial de sua equipe para que juntos construam resultados extraordinários e sejam lembrados por seus grandes feitos

**Elidiane Melo**

## Elidiane Melo

*Professional & life coach, leader coach* e analista comportamental pelo Instituto Brasileiro de Coaching (IBC), certificada pelo International Association of Coaching (IAC), Behavioral Coaching Institute (BCI), Global Coaching Community (GCC) e European Coaching Association (ECA). Psicóloga e especialista em gestão de pessoas, atua como facilitadora em cursos, palestras e *workshops*. Experiência na área de desenvolvimento humano e organizacional, com ênfase em captação de talentos, treinamento & desenvolvimento e clima organizacional. Coautora do livro *Team & Leader Coaching* (Editora Ser Mais). Como sócia-diretora de potencial humano na consultoria Duque Treinamentos, professora e apaixonada por arte e gente, desenvolve projetos estratégicos na área de cidadania, *coaching* de vida, carreira, liderança e equipes, visando a criatividade como estratégia inteligente para o alcance de mudanças positivas na vida, sociedade e organizações.

**Contatos**
www.elidianemelo.com
www.duquetreinamentos.com
elidiane@duquetreinamentos.com
(81) 3082-9554

## Elidiane Melo

O desafio dos verdadeiros líderes é identificar e lidar com suas forças e fraquezas, aproveitando de maneira inteligente o potencial de sua equipe, para que juntos construam resultados extraordinários, além de serem lembrados por seus grandes feitos.

Estamos vivendo mudanças significativas em vários aspectos. Isso evidencia a necessidade de se pensar sobre os objetivos e estratégias de muitos profissionais ou empresas que buscam destaque, assim como dos líderes que possuem a grande responsabilidade de influenciar equipes a construir resultados de sucesso.

Essas novas circunstâncias têm exigido cada vez mais dos profissionais e muitos percebem a necessidade de não serem guiados por oportunidades oferecidas pelo mercado, sem antes terem significativo conhecimento de suas competências e como aplicá-las de maneira inteligente na vida.

Diante do novo cenário, cada vez mais as empresas buscam saídas para o melhor aproveitamento de seus talentos humanos diante do exercício profissional. Sendo assim, diferente de antes, esta relação de interesses precisa ser orientada e acompanhada para que os resultados de curto prazo sejam excelentes.

Para alcançar tais soluções, a metodologia do *coaching* tem despertado interesse e provocado significativas mudanças na maneira de liderar e desenvolver equipes. Como muito se discute, o sucesso de uma organização está no melhor e maior investimento em pessoas. Para isso, é preciso vencer algumas crenças limitantes.

### Compreendendo melhor o *coaching*

Compreendo que *coaching* é o processo de parceria que possibilita ações transformadoras na construção de um projeto de vida ou organizacional, desenvolvendo competências, com o objetivo de acelerar e alcançar resultados extraordinários, considerando a pessoa como um ser de alto potencial.

O processo de *coaching* desperta o melhor do ser humano, com um trabalho que visa descoberta e transformação. O *coachee* (cliente) é convidado a vislumbrar novas possibilidades em sua história de vida, considerando experiências únicas de autoconhecimento.

### Liderança *medíocre*

Ao pensar nos resultados rápidos exigidos pelas organizações, muitos líderes erram em sua maneira de gerir pessoas, provocando desconforto na equipe por suas decisões. Esses erros dão início a um grande desentendimento e desencanto no grupo, fortalecendo crenças limitantes sobre o potencial que cada um poderia exercer na organização e vida.

Sendo assim, listei o *TOP 10* de atitudes que representam bem uma liderança *medíocre*.

1. **Baixa competência emocional:** dificuldade de administrar as próprias emoções nos diferentes contextos da vida e trabalho;
2. **Subestimar e não incentivar o potencial criativo da equipe:** gerir uma equipe sem interesse em possibilitar *brainstorming (tempestade de ideias)* e sem acreditar no bom uso do potencial criativo de cada um;
3. **Coisificar as pessoas:** tratar as pessoas como simples recursos, desmerecendo os valores, objetivos e pensamentos da equipe;
4. **Indiferença com a ética:** agir sem verdade e transparência, ultrapassando os limites estabelecidos pela convivência entre as pessoas e atuação profissional;
5. **Desrespeitar a equipe em todos os aspectos:** importunar a equipe com situações, insinuações e propostas de caráter invasivo;
6. **Reforçar a desarmonia entre a equipe:** incentivar um ambiente de fofocas, promovendo desentendimento entre a equipe;
7. **Individualizar aprendizagem e resultados:** acreditar que não é possível aprender com um(a) liderado(a) e ainda transferir para si o mérito pelos acertos do grupo;
8. **Agir sem estratégia:** permitir-se dominar e guiar pelas circunstâncias do cotidiano, sem oferecer soluções criativas para as demandas de agora e do futuro. Não se preocupar com a formação de novos líderes;
9. **Pensar pequeno:** dificuldade de aproximar-se das mudanças e acreditar fortemente que melhorar algo é estragar o que já está bom;
10. **Desumanizar a comunicação:** estabelecer uma comunicação fria e sem interesse pelos outros, buscando apenas atender as próprias expectativas.

**Liderança *extraordinária***

Ao "comandar" com excelência uma equipe, a liderança precisa considerar fatores essenciais que envolvem ambas as partes nesta relação. O desafio do alcance de resultados para a organização deve estar coerente com o desafio de desenvolver e deixar viver o melhor das pessoas.

O(a) líder é inspiração e isso não significa exemplo de perfeição, mas de superação das limitações e vibração nas conquistas. Essa responsabilidade não pode ser percebida como um fardo, mas como uma oportunidade de provocar mudanças na vida das pessoas.

Sempre gostei das histórias em quadrinhos de super-heróis e posso afirmar que muitos modelos de liderança podem ser representados por esses personagens, porém quero fazer destaque a um deles: professor Charles Xavier, conhecido como Professor X.

Professor X é mentor e fundador dos X-Men, uma liga de super-heróis mutantes (*Marvel*). Ele tinha como missão de vida encontrar e desenvolver os poderes dos mutantes, promovendo a convivência pacífica entre eles e os humanos. Para isso, formou uma escola que visava reunir esses potenciais e oferecer-lhes um propósito maior de realização pessoal.

Na verdade, na história, os mutantes também são humanos, porém apresentam talentos excepcionais não necessariamente cósmicos. Muitos possuem tamanha força de vontade em realizar algo maior que se permitem explorar o que há de melhor em si.

Como neste exemplo, os verdadeiros líderes se preocupam em alcançar resultados, potencializando os poderes de cada um de sua equipe. Identificar talentos humanos e ajudá-los a viver a melhor versão de si não é tarefa fácil e, muitas vezes, requer "sacrifícios" para ambas as partes.

Voltando ao Professor Xavier, ele tinha uma missão de vida declarada, conhecia suas forças e fraquezas, lutava por uma causa maior que envolvesse o social. Muitos líderes atuam limitados a questões da organização em que trabalham. Podem até saber e acreditar na missão, visão e valores da instituição, mas não vivem aquilo que realmente acreditam intimamente.

O grande diferencial dos verdadeiros líderes está na construção de sua missão, visão e valores. Não é de se espantar que desenvolver pessoas deva fazer parte do seu objetivo de vida. Atuar como *leader coach* indica primeiramente um comprometimento consigo e com o sucesso da equipe. Nesta compreensão, assim como o Professor Xavier, o papel da liderança é potencializar os poderes de sua equipe e formar verdadeiros super-heróis, que busquem conquistar resultados extraordinários.

Para que este trabalho seja bem desenvolvido, é indispensável construir estratégias de desenvolvimento do potencial humano. No processo de *coaching*, uma das ferramentas fundamentais é a Roda da Vida e da mesma maneira, se o objetivo é potencializar, formar profissionais satisfeitos e de sucesso, o(a) líder precisa cuidar de si e da sua equipe, incentivando o melhor aproveitamento nas diferentes áreas da vida.

**Roda da equipe de sucesso**

Tomei a liberdade de adaptar a ferramenta *Roda da Vida*, com o intuito de alcançar também algumas competências e atitudes essenciais para a formação de uma verdadeira equipe de sucesso.

Para tratar destes pontos, considerei algumas características e habilidades de doze super-heróis, além dos X-Men, com o objetivo de representar os fundamentais aspectos da vida, que devem ser potencializados para que a equipe utilize bem seus poderes e atue verdadeiramente como um time. De 1 a 10, quanto está sendo investido em:

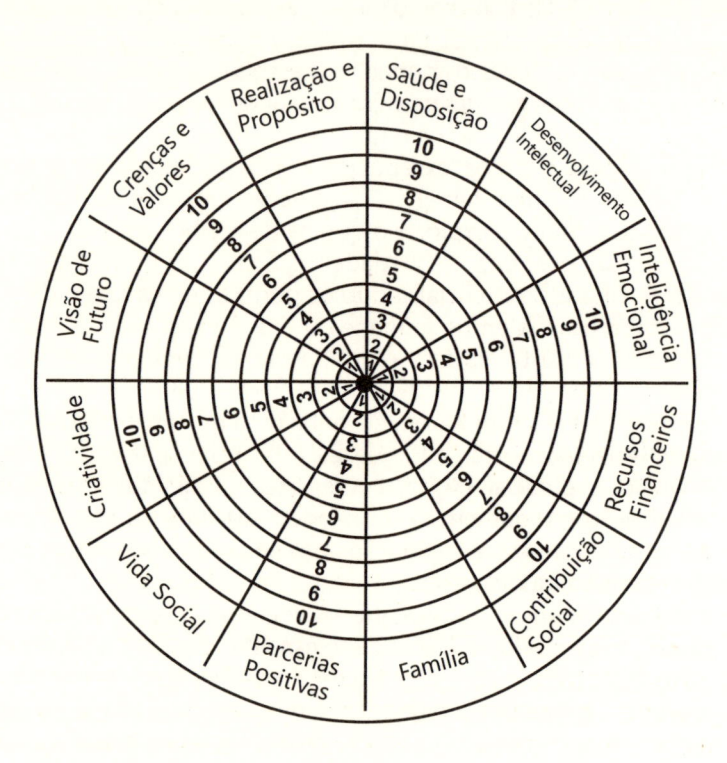

1. **Saúde e Disposição - WOLVERINE:** a principal característica deste mutante é a possibilidade de curar-se de ferimentos, doenças, envenenamento, podendo até reconstruir seus órgãos. Tratando do investimento em nossa saúde física e mental, cada um é responsável por suas ações, mas é importante que os líderes promovam estratégias para estimular o cuidado com esta área da vida e despertar reflexões sobre as causas e consequências de adoecer e a garra da perseverança na resolução dos problemas cotidianos, já que sem saúde e disposição, é mais difícil vencer as batalhas.
2. **Desenvolvimento Intelectual - FERA:** apesar da aparência felina e rude, este mutante apresenta grande interesse em am-

pliar o conhecimento. Uma equipe de sucesso precisa conhecer e aprender mais. Participar de encontros, treinamentos, cursos e outras capacitações. São estratégias para o desenvolvimento intelectual e da mesma maneira, este interesse e incentivo deve partir de ambas as partes, líder e equipe.

3. ***Inteligência Emocional* - TEMPESTADE:** o poder desta mutante é afetado por suas emoções e se não houver controle, as consequências poderão ser bem graves. Para uma excelente qualidade nas relações interpessoais e solução de problemas, líder e equipe precisam agir com inteligência emocional. O descontrole pode afetar negativamente o alcance dos resultados de sucesso.

4. ***Recursos Financeiros* - BATMAN:** este herói não é dotado de nenhum poder sobrenatural, porém desde pequeno herdou muito dinheiro. Ao traçar seu objetivo de salvar a cidade em que vivia, investiu fortemente em recursos que lhe ajudassem a cumprir a missão. Do mesmo modo, equipes e líderes precisam definir seus objetivos para que os recursos financeiros sejam bem aplicados, como investir na realização de um curso, evento ou material que contribuirá para o sucesso do resultado desejado.

5. ***Contribuição Social* - PROFESSOR XAVIER:** como já havia dito, este personagem tem a preocupação de acolher os mutantes rejeitados pela sociedade, promovendo a paz entre eles e o mundo. Sendo assim, seu papel é muito forte quando se trata de contribuição social. O desejo de ajudar as pessoas e a percepção de que sua atuação profissional pode alcançar um propósito maior, precisam ser despertados nas equipes de trabalho, tornando sua contribuição para a sociedade mais significativa.

6. ***Família* - QUARTETO FANTÁSTICO:** dentre outras características, é possível afirmar que este grupo de super-heróis representa o apoio e superação das dificuldades e indiferenças que surgem em uma família. É importante que a liderança incentive na equipe a valorização do convívio familiar, pois a vida profissional não deve superar a vida em família ou a busca por saídas inteligentes para os problemas do cotidiano.

7. ***Parcerias Positivas* - CAPITÃO AMÉRICA:** este herói, apesar de ser dotado de grandes habilidades e força, não desprezava uma boa companhia quando o assunto era salvar o mundo. Da mesma maneira, é importante que os líderes incentivem a construção de parcerias positivas. É preciso despertar para o fato de que trabalhar em equipe pode promover resultados mais rápidos e criativos.

8. ***Vida Social* - HOMEM-ARANHA:** o primeiro herói a utilizar o

seu poder também como "ganha pão". Apesar de ele falhar muito no equilíbrio entre vida social e trabalho, esta história pode servir de inspiração para muitos profissionais que vivem semelhante dilema. Os líderes devem promover ações que ajudem sua equipe a administrar melhor o tempo; para que além de cumprir metas, tenham disponibilidade para curtir mais a vida social.

9. *Criatividade* - **HOMEM DE FERRO:** o Homem de Ferro é considerado um herói irreverente e muito dedicado ao trabalho. Precisou desenvolver uma armadura que lhe ajudasse a continuar vivendo e mesmo diante de grandes impasses, este herói se mantém feliz com o que faz, acreditando sempre em novas soluções criativas para seus problemas. Os líderes devem estimular a criatividade em sua equipe, não permitindo a acomodação nas situações do cotidiano.

10. *Visão de futuro* - **CABLE:** este herói vem do futuro com o intuito de impedir que o mal aconteça por conta de decisões tomadas erroneamente no presente. A falta de visão estratégica prejudica muitas equipes na hora de fazer escolhas. É preciso que a liderança desenvolva em si e na equipe a competência de fazer escolhas melhores.

11. *Crenças e Valores* - **NOTURNO:** noturno é dotado de muitas habilidades e sua aparência "demoníaca" assusta. Porém, uma característica em destaque é o fato de ele fortalecer suas crenças e valores positivos, desprezando julgamentos feitos contra sua pessoa. Os líderes devem fortalecer a autoconfiança de sua equipe, ajudando-os a viver verdadeiramente o que acreditam.

12. *Realização e Propósito* - **SUPERMAN:** assim que o Superman descobriu seus poderes, iniciou o processo de construção da sua missão de vida, que era utilizar o seu melhor para salvar o mundo. A liderança precisa provocar reflexões profundas em sua equipe sobre a razão de existir e o que verdadeiramente a realiza, para que assim o caminho seguido por cada um tenha mais sentido.

E agora?

Uma citação de Stan Lee me faz sempre repensar o verdadeiro papel de um(a) líder, *"Com grandes poderes, se tem grandes responsabilidades"*. Não basta descobrir e potencializar os poderes de sua equipe. É preciso aproveitá-los de maneira estratégica, reforçando a crença positiva sobre o potencial de cada um e, ainda, ajudando-os a se tornarem verdadeiros super-heróis na vida, sociedade e organizações.

# 14

# O propósito como estratégia para a alta performance

O *leader coach* eficaz - juntamente com sua equipe - constrói, compartilha e acompanha o propósito do seu time no dia a dia, sustentando-se na autenticidade, na empatia e na habilidade de dar e receber *feedback*

**Elisa Próspero**

## Elisa Próspero

Sócia-Diretora do Instituto Próspero – T&D+ Coaching. Psicóloga, consultora, *coach* executivo e docente na FAAP e UNIP. Pós-graduada em RH e Administração - FGV, com especializações em Educação Biocêntrica e Psicologia Social – PUC, formação em programas comportamentais e abordagens corporais, psicodramáticas e psicoterapêuticas. Participação nos Seminários de Write, Awakening e Storytelling com James McSill. Estudiosa de filosofia oriental e voluntária em programas de relaxamento e meditação na Fundação Lama Gangchen para a Cultura de Paz. Master na coordenação, criação e realização de eventos, palestras e programas de desenvolvimento organizacional – com foco em liderança, gestão e equipes, integrando seus conhecimentos e experiências alcançados em mais de vinte anos de práticas junto a empresas bem-sucedidas, abrangendo mais de 35.000 profissionais. Credenciada no Frameworks Coaching Process, pela Innerlinks, EUA. Coautora dos livros Ser+ com Coaching, Ser+ com Criatividade e Inovação, Manual Completo de Coaching, Capital Intelectual e Treinamentos Comportamentais, pela Editora Ser Mais.

**Contatos**
www.institutoprospero.com.br
eprospero@terra.com.br
(11) 96414-5460 / 99622-7157

## Elisa Próspero

> "Um sonho é uma visão criativa para o futuro da sua vida. Um objetivo é o que você pretende, especificamente, fazer acontecer. Sonhos e objetivos devem estar além do seu alcance atual, mas nunca fora do seu campo de visão. Sonhos e objetivos são as prévias da própria da vida."
> Joseph Campbell

Já sabemos que se não tivermos claro onde queremos chegar, qualquer caminho serve. Por isso, na condução das equipes, o *leader coach* eficaz direciona todo o time para a construção conjunta de um propósito – o que, como e para que queremos alcançar algo, que deve ser construído, partilhado e divulgado amplamente, assim como o acompanhamento do time deverá ter seus objetivos, metas e planos de ação desdobrados a partir deste foco.

Neste artigo, destacarei os aspectos mais estratégicos e cruciais no papel do *leader coach* para garantir resultados extraordinários, junto a uma equipe preparada, integrada e motivada para a alta performance.

### Definindo o propósito coletivo

Em programas de desenvolvimento de gestão é comum encontrar a equipe ansiosa e na perspectiva de que na teoria é uma coisa e na prática é outra. Assim como em abordagens acadêmicas, os alunos questionam a distância do ideal e da prática cotidiana nas organizações.

Quando isso ocorre, em geral, é porque não tiveram a experiência de um *leader coach* que promove a equipe para a alta performance, entendida aqui como aquela que alcança resultados extraordinários. Desconhecem a importância da definição de propósito para o time, mesmo quando a empresa já dispõe de sua visão e valores para o negócio. E é óbvio que o devido alinhamento com a estratégia organizacional é imprescindível e sustentáculo para todo o trabalho.

Seguem alguns exemplos de considerações feitas em início de programas de desenvolvimento de gestão, que retratam esta realidade, ainda nos dias atuais:

- Não temos poder para modificar nada!
- Aqui manda quem pode, obedece quem tem juízo ou precisa!
- Nos quadros e auditorias tudo parece perfeito, mas nos bastidores...!
- A estrutura ainda é burocrática e lenta, e dependemos de orientações da matriz. Temos que cumprir o protocolo – mesmo ineficiente e ineficaz.
- Precisamos de um 0800 para reclamações, pois as pessoas não se ouvem.

Em realidades similares, temos a grande oportunidade de favorecer o direcionamento do *leader coach*, o qual deve realizar o alinhamento através do propósito e valores percebidos pela equipe.

Neste processo, são pilares: a visão estratégica e missão da empresa, que pretendem mostrar o norte a ser alcançado. E, para tanto, a força de uma equipe começa na compreensão e liberdade de construir seu propósito, apropriar-se dele, partilhá-lo com todos os envolvidos e desdobrar objetivos e metas a partir do mesmo – com a finalidade de contribuir para a Visão e Missão empresariais, construindo assim um ciclo virtuoso.

### Definindo o propósito individual

Porque os indivíduos são diferentes e suas experiências são diversas, as expectativas e propósitos pessoais podem divergir numa equipe de trabalho. Mas a compreensão e o gerenciamento que cada um deve fazer de sua carreira deve permitir-lhe identificar, construir e consolidar seu próprio propósito pessoal, que deverá estar em consonância com o propósito coletivo, pois somente assim se poderá alicerçar as bases da equipe para a alta performance.

Um programa continuado de liderança e gestão tem por base desenvolver e consolidar esta estratégia, juntamente aos líderes e equipes, propiciando a experiência necessária e a expertise para garantir os resultados efetivos de transformação, através das competências de liderança e *coaching*. Destacam-se, deste modo, a importância do *Coaching* Executivo e de Carreira, pois é através de abordagens específicas que pessoas em cargos-chave ou times que necessitam de fortalecimento podem se favorecer de melhorias e grandes saltos em seus resultados de negócio.

Os processos de Gestão de Pessoas e Recursos Humanos nas organizações tendem a complementar e consolidar estas iniciativas, principalmente através de avaliações de potencial e performance, orientados de forma participativa e dialogada, através do seu corpo de *leader coaches*.

### A autenticidade do leader coach

> "O que um homem pode ser, ele deve se tornar."
> Abraham Maslow

Diante de sua equipe, o *leader coach* será cada vez mais exigido na coerência entre Ser, Estar e Fazer, o que define a sua autenticidade como pessoa e profissional. É importante que o *leader coach* amplie seu autoconhecimento, assim como invista no desenvolvimento da inteligência emocional. Deste modo, o *leader coach* passará a incentivar e inspirar comportamento e atitudes coerentes com as orientações para a alta performance junto à sua equipe.

A fim de ilustrar melhor estas questões, podemos delinear e comentar os três campos de domínio do *leader coach*: 1. O processo de liderança; 2. Os sentimentos do momento; e 3. Os valores e a vida pessoal do líder.

**1. O processo de liderança – Seja claro e transparente**

Embora os processos de liderança tenham sido no passado fortemente influenciados pela fonte do conhecimento que não deve ser partilhado e, muitas vezes, com o foco na administração de conflitos, além das "cartas na manga" como garantia de poder, vemos na atualidade a consolidação cada vez maior da comunicação clara, objetiva e transparente que devem permear toda a relação entre líder e liderado. Principalmente tendo em vista a necessidade de treinamento e preparação continuada que o time deve ter, exigindo o acompanhamento e o entendimento do desempenho cotidiano.

E, neste processo, sobressai-se a liderança e sua influência junto a uma equipe que deve amadurecer, sustentada por valores humanos e critérios de aprendizagem continuada, onde os integrantes deverão expor ideias, confrontar performances, dialogar sobre situações críticas e lidar com a diversidade cultural, crescendo na sua maturidade para as relações interpessoais, equilíbrio emocional e criatividade. E este exercício continuado somente será favorecido por uma liderança que tenha aprendido a expressar sua autenticidade na vida profissional, e que expressa plenamente estas competências no seu dia a dia com naturalidade e autoconfiança.

Um exemplo, que demonstra este processo, é o da história contada por um professor universitário, ao dar uma prova para os alunos. Em sala, ao identificar um aluno colando, ele o chama e escreve o zero na avaliação, após perguntar se o aluno estava colando e o mesmo confessar que sim.

"- Mas professor, quando criança, aprendi com meu pai que se eu dissesse a verdade, seria perdoado e não punido. Comentou o aluno.

- Neste momento – diz o professor, você já não é mais criança e nem eu sou seu pai. Algo a ser refletido aqui tem a ver com a verdade e a coerência em assumir os próprios erros e suas consequências. Você fará outra prova nos exames finais."

Neste caso, faz-se necessário que todo o processo de liderança e equipe seja esclarecido, revisitado e partilhado continuamente. O *leader coach* sabe e, com paciência, persiste no caminho da aprendizagem continuada para resultados extraordinários.

**2. Os sentimentos do momento – Use a sua sensibilidade e tato**

Para relacionamentos interpessoais genuínos e sustentados na confiança, é essencial a troca de sentimentos por parte dos envolvidos nos eventos presentes. Não deverá ser um objetivo perseguido em si mesmo, mas nas situações que carecerem de esclarecimento, será necessário que o *leader coach* tenha a sensibilidade e o tato necessário para lidar com as situações individuais e coletivas, onde os sentimentos são reconhecidos e partilhados, porque desta forma auxiliará a pessoa ou a equipe a superar uma barreira ou dificuldade, revelando o que de fato é importante.

Num programa de acompanhamento junto a um diretor, objetivo e ágil em seu estilo de comunicação, incomodava-o muito toda vez que se via abordado por uma de suas gerentes, com estilo de comunicação detalhista e analítico. Esta situação chegou a um ponto onde o líder passou a evitar a sua gerente, criando o afastamento e a dificuldade de relacionamento, com as consequentes repercussões de suas ações, dispersando a equipe. Ele se irritava por pequenos detalhes, e ela desmotivou-se pela área e atividades que até então fluíam e geravam os resultados esperados.

Tendo, o diretor, refletido sobre o que o comportamento da gerente lhe causava, como irritação e intolerância, teve condições de conversar com ela sobre o fato e descobrir como ela o achava grosseiro e rude nas interações em equipe. Tendo partilhado, ambos, sobre como se sentiam, puderam rever as atitudes limitantes que impuseram um ao outro e se empenharam em rever as circunstâncias que exigiam ora objetividade, ora maior necessidade de análise – sabendo que cada uma das circunstâncias exigiria maior flexibilidade de um ou outro, tendo em vista os estilos pessoais predominantes na comunicação.

### 3. Os valores e a vida pessoal do leader coach. Seja cuidadoso

É mais fácil compreender a exposição dos dois primeiros fatores, o processo de liderança e os sentimentos do *leader coach*. No entanto, a exposição pessoal e de seus valores em algumas circunstâncias pode parecer esclarecedora e fortalecedora de vínculos para uns e fraqueza para outros, que prefeririam continuar percebendo a liderança como uma figura envolvida pelo mistério e autoridade, assim como pela sabedoria e capacidade superiores com quem podem sempre contar.

Na minha experiência pessoal como líder e *coach*, juntamente aos diferentes níveis hierárquicos e em organizações diversas, tenho presenciado a partilha feita - por líderes - de situações de vida, como agregadoras e fortalecedoras em momentos diversos de equipe, como catalizadora de maior amadurecimento e sinergismo para a alta performance.

Quando são conversadas situações de doença ou perdas na família, por exemplo, a equipe muitas vezes quer poder ajudar, e a partilha sincera dos sentimentos e da experiência pode contribuir na aproximação e fortalecimento das pessoas e do time diante da adversidade cotidiana pessoal e profissional, preparando-os com honestidade e força para a superação.

**Empatia – Um exercício para ver com os olhos do outro**

Há mais de cinquenta anos, Carl Rogers apontou a empatia como uma das três características essenciais do terapeuta – ao lado da apreciação incondicional e sinceridade, e lançou o campo de pesquisa em psicoterapia, que levou a relevantes descobertas da eficácia da empatia.

No campo organizacional, para o *leader coach*, o exercício da empatia, que refere-se à capacidade de ver com os olhos do outro ou "calçar o sapato do outro", evidencia a habilidade de reconhecer as fragilidades da equipe e conseguir encontrar as melhores estratégias para auxiliar as pessoas e o time a superar suas limitações e potencializar suas forças. E, assim, encaminhar as melhores oportunidades de crescimento e carreira para o time, além de alcançar os resultados surpreendentes, pois as pessoas se fortalecem, reconhecem e valorizam a atenção que lhes é oferecida.

Essencialmente, tenho verificado, através das intervenções organizacionais em mudanças corporativas, a eficácia das lideranças quando lançam mão da empatia para compreender processos e pessoas, assim como os resultados por elas alcançados a partir de então.

Por exemplo, numa fusão de empresas há alguns anos, o diretor-presidente buscou por meio de um programa de trabalho em equipe, patrocinado por ele, compreender claramente como estavam os seus diretores e equipes diante do anúncio recente de que estavam sendo adquiridos por uma empresa global. Claro que foram tratados os resultados corporativos e estratégias que deveriam ser alavancadas a partir daí, mas havia o seu real interesse na compreensão dos sentimentos e expectativas das pessoas. No programa, foi propiciado o exercício pertinente para tanto e orientados os resultados com ações específicas e gerais. A partir de então, além de processos e negociações, ele levou em consideração a importância que seus diretores e gerentes estavam dando para a comunicação clara, verdadeira e transparente sobre as etapas do programa, que poderia envolver transferências e possíveis demissões, cumprindo bem cada etapa do processo de mudança. Os resultados ao longo daquele ano, que envolveram negociações e mudanças, geraram premiações por superação de metas, mesmo diante da eminência de deixarem de existir como equipe de trabalho.

Obviamente, a empatia é parte de um processo maior. No entanto, ela pode fazer a diferença quando exercitada estrategicamente pela liderança, diante dos desafios inerentes às equipes preparadas para o alto desempenho.

**Dar e receber feedback com eficiência e afetividade**

Toda vez que se tiver clareza sobre aspectos do trabalho, relacionados a conhecimentos, habilidades e atitudes, que podem e devem ser melhorados na equipe, o *leader coach* deverá encontrar meios de comunicar as pessoas ou o time de maneira focada, específica e com clareza, além de demonstrar sabedoria em reconhecer eventualmente as limitações circunstanciais de um dado problema ou dificuldade.

Demonstrar compreensão e entendimento do problema, assim como oferecer ajuda podem auxiliar a identificação de alternativas de solução, principalmente quando a pessoa demonstra que não tinha noção de sua limitação.

As principais dicas para a eficácia do *feedback* são: observar comportamentos e dar exemplos focados e explícitos do que pode ser melhorado; dar em tempo real, o mais próximo da circunstância do evento gerador; preservar o equilíbrio emocional de ambas as partes; utilizar a sua percepção e não incluir terceiros em comentários.

Uma sugestão é manter clareza sobre os processos de acompanhamento de pessoal, incluindo as avaliações sistemáticas. É primordial que se faça o contrato verbal no início dos trabalhos com as equipes, explicando-lhes a necessidade e a importância destes processos para o aperfeiçoamento continuado de todos os envolvidos. Quando assim se procede, já se tem um consistente caminho consolidado de entendimento e aceitação do *feedback*.

Vale lembrar que todo *feedback* deve ser considerado, pois é a forma de conhecer como o outro nos vê e percebe.

Assim, é também fundamental que o *leader coach* invista tempo em buscar *feedback* junto a sua equipe, pares e gestores, utilizando a percepção do outro para fazer um balanço consistente de aspectos que pode continuar, ora preservando, ora investindo.

**Reflexão final**

Um dos aspectos incríveis do *leader coach* é a diversidade cultural em que este exercício emerge e, sem dúvida, a sua contribuição no caminho - através de propósito e valores, de crescimento pessoal e a ampliação da consciência humana para uma cultura de aprimoramento contínuo e resultados extraordinários.

# 15

# A importância das microexpressões

O objetivo de aprender sobre microexpressões é nos tornarmos conscientes sobre o que era só intuitivo e por meio deste conhecimento construir melhores relações com as pessoas. As microexpressões também são fundamentais para todos os que ganham a vida por meio de suas habilidades sociais

**Fátima Barreto**

## Fátima Barreto

Graduada pela UFMG. Treinadora especializada no comportamento humano, atendendo grupos empresariais *in company* e consultoria pessoal. Formação com alguns dos melhores *trainers* internacionais, como Tom Best, Robert Dilts, Debora Bacon, Cecílio Regojo, Sabine Klenke, Arline Davis, Michael Hall, Stephen Gilligan, Cornélia Benesch, Bernd Isert, Sofia Bauer, Jeffrey Zeig, dentre outros. Há mais de dez anos ministrando cursos de formação em PNL. *Trainer* em PNL com certificação internacional pela IA-NLP, DVNLP e NLP (USA) (Metaforum). Desenvolvimento pessoal e profissional, com foco nas áreas de *coaching*, *coaching* de equipes, constelações organizacionais e familiares, PNL, Hipnose, TLT, EFT. PNL Sistêmica. Formação em *Coaching* Sistêmico (Metaforum) *Coaching Professional* (BCI), Taking Care com Patch Adams. *Coaching* at Identity Level (Robert Dilts e Debora Bacon); Jornada do Herói (Robert Dilts). *Trainer* Internacional em Microexpressões faciais pelo Center for Body Languages. Atendimento individual e/ou em grupo. Treinamento na área Organizacional. Empresária e administradora, hoje atuando como terapeuta, consteladora sistêmica, *coaching* de vida e treinadora em microexpressões faciais e organização de eventos nas áreas em que atuo.

**Contatos**
(27) 99904 7561 / 3289-8575
fatimabarretob@gmail.com

# Fátima Barreto

Tive contato com a PNL por volta dos anos 70. Participei de vários congressos com algumas personalidades desta área que influenciaram na escolha do meu aprendizado.

Depois de vários anos estudando a PNL e aplicando várias técnicas, simples e altamente eficazes, percebi também a importância da nossa comunicação. Apenas 7% de nossa comunicação é feita através de palavras. O restante é feita por sinais não verbais, nosso tom de voz, nossa postura e nossos microssinais.

No livro "Manual de Programação Neurolinguística", de Joseph O'Connor, ele apresenta um conceito sobre estado emocional. Um estado é nossa maneira de ser em qualquer momento, onde ele descreve que o corpo e a mente fazem parte do sistema. Os pensamentos influenciam automaticamente nossa tensão muscular, respiração e postura corporal. Quando um muda, afeta instantaneamente o outro.

É basicamente através da linguagem não verbal que indicamos ao outro a natureza da relação que desejamos estabelecer com ele.

Ainda criança, descobri que nem sempre o que as pessoas diziam correspondia ao que estavam pensando ou sentindo e que era possível conseguir saber o que elas estavam me dizendo através de seus movimentos.

Por exemplo: se eu batesse numa porta e se a pessoa me mandasse embora com as mãos abertas e as palmas à mostra, eu sabia que valia a pena insistir, pois ela não estava sendo agressiva. Da mesma forma, se ela estivesse com uma voz suave mas o dedo apontado ou a mão fechada eu sabia que podia ir embora mesmo.

A linguagem do corpo não pode mentir, pois primeiro pensamos, sentimos e depois expressamos.

**Microexpressões no *coaching***

Ao estudar *coaching* ... O que é *coaching*?

*Coaching* é arte e ciência, é um conjunto de ferramentas e técnicas que visam facilitar o alcance de resultados extraordinários utilizados por um profissional denominado *coach*.

É um processo que visa aumentar o desempenho de um indivíduo, grupo ou empresa, aumentando os resultados positivos, através de metodologias, ferramentas e técnicas em uma parceria sinérgica e dinâmica com o cliente.

Neste ponto começamos a perceber a importância das expressões, da linguagem corporal e das microexpressões: as emoções são uma parte necessária do ser humano.

# Team & Leader Coaching

Quando passamos a trabalhar com pessoas, sendo elas, vendedores, médicos, terapeutas, advogados ou qualquer outro profissional, é importante conhecermos as emoções básicas do ser humano.

As emoções têm significados diferentes e são um guia necessário para nossas vidas.

Se fôssemos apenas máquinas racionais, qual seria a importância de nossa experiência? Na verdade, não haveria sentido e não seria divertido.

As emoções mostram o que as outras pessoas sentem e esta informação é necessária para saber quem vai atacá-lo ou quem está disposto a fazer amizades.

Diante de um estímulo, o nosso corpo reage de acordo com a circunstância e intensidade, desencadeando algumas das emoções mais comuns no universo.

Raiva, medo, desgosto (nojo), tristeza, alegria, surpresa e desprezo.

As microexpressões foram descobertas por Haggard e Isaacs em 1960. Em 1966, Haggard e Isaacs esboçaram como descobriram essas "micromomentâneas" expressões enquanto "digitalizaram filmes cinematográficos de horas de psicoterapia em busca de indícios de comunicação não verbal entre terapeuta e paciente".

Ler microexpressões faciais, principalmente, é identificar emoções nas outras pessoas.

O objetivo de aprender sobre microexpressões é nos tornarmos conscientes sobre o que era só intuitivo e através deste conhecimento construir melhores relações com as pessoas. As microexpressões também são fundamentais para todas as pessoas que ganham a vida baseado em suas habilidades sociais.

Este conhecimento pode ajudar *coaches* a chegarem mais rápido ao ponto com seus clientes e a facilitarem a transformação em um nível mais profundo, é importante para o *coach* saber o que seu cliente sente em um momento em particular.

As microexpressões podem ajudá-lo a construir um melhor *rapport* com o seu cliente, especialmente quando vocês se encontram pela primeira vez. Quando você sabe sobre microexpressões você também pode ver exatamente o que as expressões faciais de seus clientes mostram. Nem sempre as pessoas se referem às suas emoções.

Saber sobre microexpressões também é útil para fazer uma conexão mais profunda e rápida pois às vezes as pessoas não estão cientes do que realmente sentem e você como *coach* pode compartilhar a sua observação dizendo, por exemplo: eu vi que ao falar sobre seu colega você reagiu com uma microexpressão de raiva. Esta observação pode ajudar seu cliente a refletir e enxergar toda a situação.

Educadores serão capazes de ler as expectativas de seu público e ajustar o conteúdo. Ser capaz de reconhecer o significado das expressões faciais em momentos cruciais de negociações, vendas, reuniões de negócios e entrevistas de emprego.

Se você é um especialista em RH, você estaria interessado em como escolher o melhor candidato. Veja a verdade através do rosto de seus candidatos – fará uma grande diferença se ele demonstrar raiva ou felicidade falando sobre o seu empregador anterior. Esta pode ser uma informação importante.

Vendedores reconhecerão melhor as necessidades de seus clientes. Negociadores chegarão a um acordo de forma mais fácil. Imobiliárias encontrarão a casa certa para a pessoa certa. Policiais, advogados e juízes detectarão mentiras com maior precisão.

O resultado da pesquisa mostrou que somos capazes de distinguir expressões faciais positivas das negativas sem estarmos conscientes sobre isso e reagimos a estas expressões com os nossos músculos faciais. Nós podemos reagir automaticamente às microexpressões dos outros.

O trabalho científico do Dr. Paul Ekman é considerado por muitos o descobridor das microexpressões.

Na série "Lie To Me" o Dr. Cal Lightman trabalha desvendando crimes e mistérios se utilizando da sua grande habilidade de ler as emoções das pessoas observando a linguagem corporal e as microexpressões faciais, e usa esse talento para colaborar na obediência às leis com a ajuda do seu grupo de pesquisadores e psicólogos e detectar quem está mentindo sobre determinado assunto.

Segundo "Patryk e Kasia Wezowski" do "Center for Body Language" microexpressão é causada por curtos e involuntários movimentos nos músculos faciais. A maioria das pessoas não podem controlar essas contrações musculares involuntárias que são afetadas por suas emoções.

Primeiramente precisamos observar a expressão neutra de uma pessoa, pois isto nos dará uma base para reconhecer várias microexpressões quando alguém começa a experimentar diferentes emoções.

Às vezes, quando uma pessoa apresenta uma face neutra também é informação para você de que este alguém com quem fala não tem quaisquer sentimentos ou opiniões sobre o que você diz. Nesta situação, é bom verificar se a pessoa está realmente prestando atenção às suas palavras. Pode ser que ela não esteja ouvindo em nada o que fala.

É bem provável que você já tenha escutado o termo "Poker Face" (cara de quem esta blefando, escondendo), e você sabe como mostrar seu próprio "Poker Face" quando precisa dele.

Importante também observar um rosto genuinamente neutro de uma "Poker Face". No caso de Poker Face você pode ter a impressão de que a pessoa está usando uma máscara, pois, os músculos da face ficam mais tensos e às vezes você pode perceber que a pessoa está suprimindo suas reações quanto ao que está acontecendo ao seu redor. Ela não responde de modo espontâneo às perguntas e levará algum tempo para consideração e tentar não reagir com sua face. Esta é também a razão pela qual as pessoas que têm algo a esconder usem óculos escuros, porque ajuda a esconder uma parte de suas expressões faciais. Enquanto a face neutra se mostrará mais descontraída e espontânea.

**Reconhecendo as microexpressões**

Existem três técnicas básicas para reconhecermos as emoções no rosto de alguém.

As microexpressões vêm e vão por vezes muito rápido, então isso é o que você pode fazer para identificá-las:

1- Qual é a primeira intuição que você tem?

Verifique se o que você acha pode ser.

2- Repita o movimento você mesmo.

Isto irá ajudá-lo a descobrir a expressão que viu.

3- Excluir o que não é.

Basta analisar sobre as teorias que sabe a respeito das microexpressões em sua mente e excluir as expressões faciais que não combinam com o que você viu, uma por uma.

Há apenas uma maneira de aprender a dominar isto: praticar, praticar e praticar.

É importante ter uma base sobre o comportamento "normal" da pessoa, observando-a numa situação do dia a dia.

Microexpressões para detectar mentiras.

Não há uma única microexpressão que é um sinal de que a pessoa está mentindo. Você só saberá comparando as palavras da pessoa com sua linguagem corporal.

O Center for Body Language ensina um método sobre o "Boby Language Congruency Model" (Modelo de Linguagem Corporal Congruente).

**As microexpressões realizadas de propósito são assimétricas**

Quando demonstramos microexpressões espontaneamente, reagimos através do nosso sistema nervoso independente da situação e quando produzimos propositadamente microexpressões, precisamos usar as partes superiores do cérebro para processar a informação em primeiro lugar e, em seguida, produzir as expressões que se mostram mais assimétricas e menos naturais. Esta é a forma como podemos distinguir entre autênticas e falsas emoções.

As microexpressões nos possibilitam perceber um sentimento de raiva, de superioridade, de medo e até mesmo uma mentira (observando o conjunto).

Desta forma podemos acompanhar nosso cliente com maior exatidão e conduzir nossas perguntas para o foco real.

# 16

## O perfil do *leader coach*

Veja o perfil do *leader coach* e aprenda como criar um ambiente de trabalho com interação, sinergia e eficácia entre os colaboradores através de técnicas de *coaching* e PNL aplicadas a equipes

**Guilherme Licursi**

## Guilherme Licursi

Pós-graduado em Gerência de Projetos pelo Centro Universitário IESB, Bacharel em Administração pelo Centro Universitário IESB, profissional *coach* formado pela Academia Brasileira de *Coaching* – ABRACOACHING, certificado internacionalmente pelo *Behavioral Coaching Institute* – BCI, membro do ICF – International *Coaching* Federation, trabalha com supervisão, coordenação e capacitação de pessoas, além de prestar consultoria e treinamentos motivacionais para equipes e treinamentos gerenciais de líderes. Como *coach*, atua individualmente e em grupo nas categorias *life coaching* e *coaching* de carreira.

**Contatos**
www.guilhermecoach.com
licursi.consultoria@gmail.com
facebook.com/guilhermelicursi
twitter: @licursi123
(61) 8221 8448

## Guilherme Licursi

O mercado de trabalho está em busca de profissionais qualificados, líderes que sabem tomar decisões, têm o comando de uma equipe de sucesso e buscam maximizar seus resultados positivos. Foi a partir dessa necessidade que o profissional de destaque no meio empresarial surgiu, o *leader coach*. Mas afinal, o que vem a ser *leader coach*? Quais características essa pessoa tem que se destaca perante os demais líderes?

Para respondermos essas perguntas vamos voltar um pouco no tempo, buscar alguns conceitos de liderança e, a partir daí, mostrar quais são os verdadeiros diferenciais de um *leader coach*.

A Teoria das Relações Humanas nos trouxe uma nova abordagem administrativa: ênfase em motivação, liderança, comunicação, organização informal, dinâmica de grupo, entre outras. Com isso, alguns conceitos clássicos de autoridade, hierarquia e racionalização do trabalho, passam a serem deixados de lado. A felicidade humana é colocada em evidência e prioridade. A ênfase nas tarefas e na estrutura é então substituída pela ênfase nas pessoas.

No período da Teoria Clássica da administração, as organizações não se preocupavam com as implicações da liderança. Contudo, é necessária em todos os tipos de organizações, seja ela uma empresa, um departamento ou, até mesmo, um grupo social informal, pois o líder é o responsável por trabalhar a motivação e influenciar positivamente seus liderados. O gestor precisa conhecer a natureza humana e saber conduzir as pessoas, exercer sua habilidade de liderança.

Se o gestor coordena seus colaboradores, por que não conduzi-los com maestria e eficácia? O *leader coach* tem a capacidade de exercer tal atividade através de conhecimentos, habilidades e atitudes, além de ferramentas e técnicas aplicadas com excelência em sua equipe. E quais seriam tais características?

O *leader coach* é um profissional que tem comprometimento e parceria com sua equipe, tornando-a um verdadeiro time (*team*). A ausência de julgamento o leva a compreender e respeitar o modelo de mundo de sua equipe e saber as diferenças existentes entre as pessoas. Isso traz resultados extremamente satisfatórios. Para a conquista das metas e objetivos da organização, o *leader coach* deve ter sempre o foco no futuro, promover mudanças positivas e duradouras na equipe, ajudá-la a entender onde está e o que é necessário fazer para que chegue ao objetivo desejado. Isso se torna eficaz quando são direcionadas ações constantes e específicas na busca dos resultados determinados.

O verdadeiro *leader coach* entende as pessoas, está continuamente se especializando no que diz respeito ao ser humano. Busca conhecer sobre determinados assuntos como tipos de personalida-

## Team & Leader Coaching

de, estilos pessoais, comportamentos, atitudes, motivação e, principalmente, busca melhorar, evoluir e aprender constantemente através da automotivação e autotransformação, tornando-se assim um exemplo e modelo de excelência para seus liderados.

O *coaching* utiliza metodologias, processos e pensamentos sistêmicos que potencializam os resultados das pessoas de forma efetiva e profissional. Para que o sucesso de *coaching* aconteça, o *leader coach* deve desenvolver um perfil com competências (planejamento, comunicação eficaz, motivação, visão sistêmica, ética e caráter), características (comprometimento, confiança, congruência, generosidade, compaixão e entusiasmo) e alguns princípios, (não julgar, analisar futuro x passado, ter foco e agir).

Para desenvolver sua equipe e orientá-la para um desempenho de excelência em curto espaço de tempo, é importante:

- Identificar o ambiente: analise os limites que podem estar atrapalhando o atingimento das metas e visualize as oportunidades que podem alavancar os resultados positivos.
- Ter um comportamento direcionado: observar suas ações e reações. Elas estão indo de acordo com o objetivo do grupo?
- Exercer a capacidade/habilidade de liderança: ter direção e estratégias de ação com a equipe e as demais pessoas da organização.
- Trabalhar crenças e valores da equipe: muitas vezes as pessoas não acreditam em seus potenciais e com isso acabam gerando crenças limitantes que podem atrapalhar nos resultados. Crie alguns valores entre o grupo como confiança, lealdade e integração.
- Saber sua identidade: qual a sua missão? É aquilo que você deseja ser e fazer baseado em seus valores e princípios. Qual imagem você passa para sua equipe? Como as pessoas de seu grupo de trabalho o veem?
- Ter visão e propósito: saiba para onde está indo, onde está agora e dê os passos na direção correta.

A partir dessas orientações, o *leader coach* constrói a autoestima da sua equipe. O dicionário Priberam da Língua Portuguesa traz pra nós que "autoestima é o apreço ou valorização que uma pessoa confere a si própria, permitindo-lhe ter confiança nos próprios atos e pensamentos". Então, como estimular essa confiança nos próprios atos de cada pessoa de minha equipe?

A maneira mais simples de estimular a autoestima em uma pessoa é mostrar os resultados positivos de uma atividade realizada com excelência. Mostrar para o indivíduo o quanto ele contribui para o crescimento da equipe e estimular a todos os integrantes do grupo de trabalho a gerar novos resultados positivos.

Outra maneira é criar climas de trabalho de alto desempenho. Eles são criados intencionalmente pelo líder que compreende o comportamento humano e conhece o que revigora e estimula as pessoas a darem o melhor de si.

Os ambientes de trabalho podem ser estruturados consciente e propositadamente para gerar confiabilidade, estímulo, produtividade e inspiração. O *leader coach* é o responsável por moldar o clima de trabalho entre a equipe. Mas como fazer para que isso ocorra? Os quatro componentes fundamentais para gerar esse ambiente são:

1. Agir como intérprete cultural;
2. Comunicar-se com eficácia;
3. Solucionar conflitos e
4. Estimular um ambiente de sinergia entre a equipe.

Ser um intérprete cultural significa entender os diversos tipos de comportamentos. Traduzir e decodificar comportamentos humanos. Não desejar que as pessoas sejam como ele (o líder). Com a utilização de seus conhecimentos, ele ajuda os outros a entenderem os diversos significados possíveis diante às interpretações errôneas.

Ter uma comunicação eficaz é a solução de conflitos e também fundamental para a qualidade no relacionamento entre as pessoas. É importante que se estabeleça um único estilo que funcione para todas as pessoas do grupo, fazendo com que as mensagens transmitidas sejam entregues a todos os destinatários dentro do prazo e da maneira correta. É importante lembrar que esse estilo deve ser flexível para que haja adaptação nas mudanças que poderão ocorrer.

Resolver conflitos não é uma atividade simples, administrar as diferenças de um grupo de pessoas com culturas, experiências, valores e estilos diversos é uma habilidade imprescindível para o *leader coach*. Ele precisa solicitar, usar e influenciar ideias e pontos de vista. Além de criar um modelo de dar e receber os *feedbacks*, de modo que não intimide e seja conveniente, a fim de minimizar conflitos e maximizar a sinergia da equipe.

Estruturar um ambiente sinérgico e envolvente consiste em identificar os elementos que você quer criar para assim desenvolver um espaço seguro, que é interessante e cativante, que faz as pessoas gostarem do trabalho por mais que uma recompensa financeira ao final do mês.

Agora que já conhecemos as características do *leader coach* e como se portar diante de diversas situações, vamos abordar a respeito da imagem. Primeiramente, é válido lembrar que a comunicação eficaz é símbolo de poder e autoridade e a liderança não é mais imposta para as pessoas, mas sim conquistada e compartilhada. Partilhar o conhecimento e aumentar a capacidade de estabelecer relacionamentos é totalmente necessário, por isso quando expressa suas ideias de maneira lógica, fluente, persuasiva e segura o *leader coach* legitima sua liderança, tanto para sua equipe quanto para as outras pessoas. A partir do momento que você assume a gerência do grupo, sua imagem passa a ser espelho e exemplo para as pessoas que trabalham em sua equipe. É importante estar atento às suas ações e seu controle emocional pois a todo momento estará sendo observado e avaliado por seus liderados.

Então seja um *leader coach*, não somente para você, mas também para as pessoas de sua vida; no trabalho, na família ou em sua rede de amigos. Comece a repensar atitudes, observe seu comportamento diante das situações mais complicadas, mantenha sempre o controle emocional, trabalhe a harmonia entre as pessoas em sua volta, seja um facilitador da comunicação, planeje suas ações, esteja sempre motivado, comprometa-se com sua equipe e seu trabalho e, principalmente, crie sinergia entre os participantes do seu grupo de trabalho. Dessa maneira, você estará desenvolvendo constantemente suas competências e de sua equipe e estará guiando-a para o sucesso em um curto espaço de tempo.

**Referências**
CHIAVENATO, IDALBERTO. *Introdução à Teoria Geral da Administração.* Oitava edição. Rio de Janeiro: Elsevier, 2011.
WHITMORE, JOHN. *Coaching para aprimorar o desempenho: os princípios e a prática do coaching e da liderança.* São Paulo: Clio Editora, 2012.
GAEDENSWARTZ, LEE. *Inteligência Emocional da Gestão de Resultados: controle a força das emoções de modo a poder equilibrar as diferenças, formar equipes mais engajadas e criar organizações mais saudáveis.* São Paulo: Clio Editor, 2012.
*Master Coaches – Técnincas e relatos de mestres do coaching* / Coordenação editorial: André Percia, Douglas de Matteu, José Roberto Marques e Maurício Sita – São Paulo: Editora Ser Mais, 2012.

# 17

## SER valor muda tudo!

Não basta TER valor: é preciso SER valor. Não é possível, por exemplo, SER dinheiro, porque o dinheiro TEM valor, mas não É valor. SER valor é questão de essência, de convicção, de princípio. O que se TEM pode ser roubado, mas o que se É, jamais se perde. No texto que escrevi, apresento 12 princípios básicos que ajudarão equipes que desejam SER seus valores. Aproveite

**Ivael Freitas**

## Ivael Freitas

Sou uma pessoa que se esforça em viver por seus valores. A cada dia. O dia todo. Praticar o que aprendo: esse é meu lema. Para saber mais sobre mim, por favor, visite meu site: www.ivaelfreitas.com.br. Administrador de Empresas. *Personal & Professional Coach* Certificado pela Sociedade Brasileira de Coaching. *Executive coach*, Sócio Proprietário da Opção 12 Consultoria. Bispo da Igreja Renascer em Cristo. Mais de 20 anos de experiência em treinamentos e formação de pessoas.

**Contatos**
www.ivaelfreitas.com.br
coach@ivaelfreitas.com.br

Os valores de uma pessoa determinam suas ações. Realizações excelentes resultam das ações de pessoas virtuosas que vivem por seus valores. O conjunto de ações excelentes em sinergia faz o sucesso de uma equipe.

A seguir estão 12 princípios básicos para equipes que desejam SER seus valores e não somente "ter" valores teóricos. Não se deixe enganar pela aparente simplicidade dos conceitos: além de profundos, muitos dos efeitos de suas práticas são comprovados cientificamente.

### 1. Desenvolver autoconhecimento

O autoconhecimento é uma ferramenta essencial para equipes que desejam obter resultados excelentes e duradouros. Por muito tempo a cultura ocidental colocou foco sobre os "pontos fracos" das pessoas e equipes com o objetivo de "corrigir" ou "melhorar" essas áreas. Sabe-se hoje, porém, que o foco e a ação dirigida para potencializar os "pontos fortes" causam um impacto muito maior sobre os resultados. Excelentes ferramentas (os chamados "*assessments*") disponíveis no mercado hoje se prestam a levar tanto indivíduos como equipes a um nível superior de autoconhecimento. O autoconhecimento é importante porque, sem ele, o que sobra são previsões sem base, suposições aleatórias, interpretações diversas e todo o tipo de desvio do verdadeiro sentido de ser. Pior: a falta de autoconhecimento numa equipe anula a capacidade de compreender o outro. O autoconhecimento permite que os membros da equipe trabalhem de forma consciente, em sinergia, sem surpresas desagradáveis.

### 2. Definir os valores

Quando equipes buscam excelência e performance, precisam definir claramente a partir de quais valores o resultado será conquistado. Sem esse pressuposto, mesmo um resultado aparentemente satisfatório pode trazer em seu contexto um desagradável preço de desunião, desgaste e falta de comprometimento geral. Os valores governam as ações e uma equipe só tem performance acima da média se for plenamente congruente com seus valores. Por falta de valores, muitos profissionais gastam grande parte de suas vidas economicamente ativas simplesmente "vegetando", insatisfeitos consigo mesmos, reclamando de tudo e todos e perdendo a verdadeira alegria de viver. É absolutamente indispensável a identificação dos valores pelos quais a equipe vai viver.

### 3. Publicar os valores

Uma vez definidos os valores, eles precisam ser "publicados", ou seja, todas as pessoas à volta precisam saber quais são. O meio não importa, se estarão em placas emolduradas ou registrados em folhas de papel, mas atenção ao detalhe: precisam ser escritos! Isso vai permitir correções, inclusões, adequações sem que o conteúdo se perca ou seja diluído. Profissionais devem imprimir seus valores no verso de seus cartões de visita. Os valores expostos desta maneira são como um escudo de força! Evitam, por exemplo, propostas sem escrúpulo e poupam dissabores. Os benefícios desta atitude só serão percebidos se a equipe estiver empenhada em praticar seus valores e viver por eles.

### 4. Carregar os valores

De nada adianta a placa com os valores da empresa ficar afixada na parede e ninguém saber o que está escrito nela. Se o registro dos valores da equipe ficar naquela pasta dentro da gaveta onde estão os outros memorandos institucionais da empresa, certamente serão esquecidos. Com as tecnologias de hoje, cada indivíduo carrega grande quantidade de arquivos em seus *smartphones*. Carregar um arquivo (ou uma foto) que contenha os valores da equipe certamente não será problema. Qualquer membro da equipe pode, então, no caso de algum desvio de rota, "sacar" o telefone e ler o registro de valores, trazendo a equipe de volta ao que realmente importa.

### 5. Definir a Missão/Visão a partir dos valores

Missão é a descrição do caráter da equipe. É aquele "local" onde nunca se chega plenamente e que, portanto, precisa de trabalho e desenvolvimento contínuo. Por exemplo, se uma missão tem como característica "buscar a excelência" em determinado produto ou serviço, essa excelência nunca será atingida num ponto no qual a equipe não precisará mais atingi-lo. Ao contrário: se a excelência é conquistada, tanto maior será a responsabilidade em mantê-la. Por outro lado, a Visão é aquilo que pode ser mensurado, ainda que a longo prazo. Exemplo: "ser a maior empresa no ramo do entretenimento do Brasil". Essa empresa estará perseguindo um número (ou um "*status quo*") sendo que esse número poderá ser atingido ou não. Há muita confusão no conceito de Missão e Visão. O pior, no entanto, ocorre quando ambas são definidas sem levar em conta os verdadeiros valores envolvidos. Quando isso acontece, o resultado é um conjunto de palavras bonitas escolhidas em algum dicionário motivacional, completamente inócuo frente ao objetivo de sucesso da equipe.

### 6. Ser os valores já conhecidos

É preciso sair da teoria e partir para a prática efetiva e imediata. Deve-se fazer um levantamento para descobrir quais valores já são percebidos como existentes na equipe. É a partir dele que os valores começarão a tomar forma. Um pequeno *brainstorm* entre os membros da equipe ajudará no processo. A partir deste ponto, toda a equipe deve sugerir práticas para que os valores identificados possam ser praticados por todos e deixem de ser meros conceitos de parede. Este é, também, o momento de potencializar os valores que já estejam sendo efetivamente praticados pela equipe. Não basta "ter" valor. É preciso "SER" valor.

### 7. Adquirir novos hábitos

Os valores identificados como necessários ou desejáveis pela equipe devem ser trabalhados para que se tornem hábitos. Em linhas gerais um novo hábito é adquirido após, pelo menos, 21 dias seguidos de prática sistemática do mesmo. Além disso, após adquirido, o novo hábito precisa de prática continuada. Ao contrário do que muitos pensam, novos hábitos podem ser adquiridos até com certa facilidade, desde que todos tenham consciência do que se pretende. Todos os esforços possíveis devem ser empregados no sentido de se definir cuidadosamente o que são esses novos hábitos e o que representam esses novos valores e os meios pelos quais os mesmos podem ser incorporados na prática diária. Campanhas internas, programas direcionados, palestras e boas leituras devem ser suficientes como ponto de partida. A prática vai exigir maior comprometimento pessoal e do grupo. Adquirir novos valores e colocá-los no portifólio de hábitos pessoais e da equipe deve ser um valor em si mesmo.

### 8. Ler o registro dos valores no início de qualquer atividade/tarefa

Aqui vai uma orientação prática. Já foi mostrado que o autoconhecimento deve ser aliado à detalhada identificação de valores e, depois, à uma definição prática e clara da Missão e Visão da equipe. Também foi mostrado que é importante criar um pequeno texto com essas diretrizes e carregá-lo sempre à mão. Com foco orientado para resultados é interessante que a cada início de um novo projeto, de uma reunião ou simplesmente de uma tarefa, o texto seja lido em alto e bom som. Mesmo quem estiver sozinho poderá lê-lo para reforçar suas convicções e trazer à memória o que realmente importa. Muito tempo de debates desnecessários será poupado se tal prática for efetivamente adotada.

### 9. Eliminar COISAS incongruentes com os valores

Para efeito deste nono princípio (favor não extrapolar o conceito) é considerado como "coisa", tudo o que não for "pessoa". Sentimentos, estados emocionais, objetos, atitudes, posições, convicções, crenças, são alguns exemplos. É simples: se não serve, deve ir para o lixo. É o conceito "Seiso" (limpeza) do Programa 5S voltado para a qualidade total. Após a definição dos valores, pode-se aplicar, também, a técnica chamada de "peneiras de Sócrates". Conta-se que o filósofo fazia passar nessas peneiras aquilo que chegava até ele. A primeira peneira era a peneira da VERDADE. Se não fosse verdadeiro, não recebia importância. A segunda peneira era a da BONDADE. Se a "coisa" passasse pela primeira peneira devia, agora, ser definida como algo bom. Se não fosse boa, a "coisa" era descartada. A terceira e última peneira era a peneira da UTILIDADE. Se fosse verdade, se fosse boa, mas não fosse útil, era desprezada. É desta forma que a limpeza deve ser feita na equipe. Não se deve envolver sentimentalismos nem interpretações baratas. Quando qualquer "coisa" é incongruente com os valores identificados, deve ser eliminada. Acredite: a limpeza de hoje poupa esforço e tempo amanhã. Limpe a mente.

**10. Eliminar PESSOAS incongruentes com os valores**
O conceito com as "pessoas" é parecido. Parecido, porém, diferente. As pessoas podem ser tratadas segundo duas óticas diferentes:

A) Pessoas podem ser convertidas: pessoas dentro de uma equipe que tem seus valores bem definidos podem, pela prática sistemática e incansável dos mesmos, mudar outras pessoas! Podem "convertê-las", ao fazer com que as mesmas também identifiquem seus próprios valores e passem a viver por eles. Quando isso acontece, a questão estará resolvida.

B) Pessoas podem ser substituídas: numa equipe, as pessoas podem ser substituídas. Infelizmente, muitas substituições ocorrem pelo tamanho do salário, por desavenças, por caprichos pessoais e até mesmo sem motivos. Muita gente vive em desarmonia, desunião e sem colaborar umas com as outras. Muitos outros, por várias razões, gastam anos a fio participando de situações que não acrescentam absolutamente nada às suas vidas. Isso ocorre porque não sabem quais são seus valores e também não sabem que se vivessem em função deles, poderiam ser felizes e realizados.

A equipe precisa estar limpa de "pessoas" que, de uma forma ou outra, não colaboram com o resultado a partir dos valores. É preciso converter ou trocar as "pessoas" para sempre! Pode-se perder uma amizade ou um colaborador ou mesmo uma equipe inteira, mas não se deve perder a verdadeira razão de viver.

### 11. Praticar o valor universal: disciplina

A disciplina, assim como a verdade, é um valor de base, ou seja, um valor que serve de alicerce para outros valores. Equipes que não dão a devida importância à disciplina e não sentem a dor da mesma (sim, é dolorido ser disciplinado), logo farão contato com uma dor muito pior: a dor do remorso. Remorso é um tipo de arrependimento, só que enquanto o arrependimento é construtivo e possibilita novos começos, o remorso é destrutivo e impossibilita o recomeço abrindo espaços para prisões do passado, reclamações, amarguras e todo tipo de lamentação. Disciplina pode ser definida como uma capacidade interna presente em pessoas e equipes que as torna capazes de cumprir suas obrigações de forma competente e o fazem por conta própria independente de fatores internos ou externos. Se precisam trabalhar, trabalham. Se precisam chegar no horário, pessoas disciplinadas saem de casa mais cedo. Se precisam estudar, estudam. Se precisam cumprir prazos, cumprem. Se precisam adquirir novos hábitos, adquirem. Se precisam de mais esforço, se esforçam mais. Pessoas disciplinadas vivem por seus valores ainda que isto custe algumas amizades, ou posições ou a incompreensão das pessoas que amam. Uma equipe com esse tipo de caráter terá sempre um diferencial a seu favor.

### 12. Buscar o bem-estar

O bem-estar é, em última análise, a verdadeira essência que todos buscam. É preciso que as equipes sejam voltadas a conduzir e produzir bem-estar não como um subproduto, mas como uma razão de ser delas mesmas! A moderna Psicologia Positiva mostra que para haver bem-estar devem estar presentes as emoções positivas, o engajamento, o significado (sentido), as realizações positivas e os relacionamentos positivos. Quando um (ou mais) destes cinco componentes estiver ausente, com certeza o verdadeiro sucesso também estará. O destaque para "verdadeiro sucesso" é necessário porque existem vários tipos daquilo que muitos consideram como sucesso, mas que, na verdade, são apenas imitações. Parece sucesso, mas, diferente deste, é efêmero, é mesquinho, é desproporcional, é ilusório, não tem base em valores nem em virtudes e não é ecológico, ou seja, prejudica a tudo e a todos em volta. O verdadeiro sucesso produz bem-estar e realização de longo prazo.

Foi Goethe quem disse que: "Saber não é suficiente; devemos aplicar. Desejar não é suficiente; devemos fazer". Eu ainda acrescento: "Fazer não é suficiente; precisamos SER".

Seja feliz. Realize. SEJA seus valores!

# 18

## Aposto que você está trabalhando com mão de obra infantil

Talvez tão importante quanto aprender a ser um "líder *coach*" é enxergar em que momentos da sua gestão você pode estar sendo o contrário disto. Quero levá-lo a perceber que, talvez, esteja adotando uma postura inibidora do desenvolvimento de sua equipe, como há anos venho observando em gestores, diga-se de passagem, muito bem intencionados. A autoconsciência ajuda na aquisição de novos repertórios

**Joacir Martinelli**

## Joacir Martinelli

É gestor de pessoas há 20 anos e atua como consultor há mais de 15. Especialista em Psicologia Social/Grupos Operativos, pelo Centro de Estudos Psicopedagógicos de Curitiba/Buenos Aires. Formado pela Sociedade Brasileira de Dinâmica dos Grupos. Certificado pela Kreativaktion Experiential Consulting Services (Meissen/Alemanha), em facilitação de metodologia experiencial. Cursou o Global Leadership: Leadership for the 21st Century, na School of Organizational Leadership and Transformation – Saybrook University – Seattle, EUA. Certificado pelo ICI – Integrated Coaching Institute. Ministrou aulas de MBA *in company* como professor convidado pelo ISAE/FGV e pela Universidade Positivo. É o responsável técnico de programas de desenvolvimento gerencial e de academias de liderança em diversas empresas. Presta serviços para empresas como Bosch, Grupo Boticário, BurgerKing, Electrolux, Fiat Powertrain, GVT, HSBC, KraftFoods, Renault, Volvo e Votorantim. Diretor da Duomo Educação Corporativa.

**Contatos**
duomo@duomoeducacao.br
0800 642 2013

**Joacir Martinelli**

Chega o final de mais um dia e ainda há muito para fazer. Você se sente em crise, tomado por aquele misto de frustração e ansiedade, pois será mais um dia em que trabalhará até tarde, sacrificando sua aula ou *hobby*. Talvez nem tenha outros compromissos, pois sua vida já está bem adaptada a esta rotina: sua família já sabe que você chegará tarde e nem reclama mais.

No caminho de casa, você fica pensando sem parar em como está sua vida e por que não dá conta de todas as funções. Certamente, o volume de trabalho e as metas propostas pela empresa são humanamente impossíveis de serem cumpridas em uma rotina normal de trabalho. Ou seja, não há muito para fazer, o jeito é ter persistência; aliás, esta é uma das suas características mais marcantes. Ainda no trajeto para casa, ocorre que, além da sobrecarga, talvez esteja faltando se organizar mais, administrar melhor seu tempo. Então, você se compromete a chegar ao trabalho no dia seguinte e escrever uma relação de tarefas pendentes, relacionando-as por prioridade e planejando para dar conta de tudo.

Ao final deste dia planejado, você percebe que conseguiu fazer muita coisa, mas ainda deixou inúmeras outras paradas, embora tivesse certeza de que conseguiria dar atenção. Culpa, frustração... Você continua em crise.

Caso você tenha se identificado razoavelmente com essa história, gostaria de lhe incentivar para a continuidade da leitura deste capítulo até o final, pois provavelmente descobrirá uma armadilha na qual se meteu e que tem potencializado sua falta de tempo. E o pior é que foi você quem criou este "ralo" por onde o tempo tem escoado.

Não tenho a presunção de resolver seu problema definitivamente, mas apenas de ajudar no melhor entendimento sobre algo que provavelmente está ocorrendo e que, felizmente, você terá influência para mudar.

Sim, esses dois pontos são uma realidade: as empresas estão propondo um ambiente de crescente desafio aos seus colaboradores e é fato que ainda temos muito para aprender em relação a produzir com *mais planejamento* e *menos esforço*. Não me aprofundarei nestes dois aspectos, mas falarei de algo que os agrava.

Vamos dar continuidade à história que abriu este capítulo. Para que achemos o "ralo", será necessário a você, leitor(a), manter certa distância. Olhar para si de muito perto às vezes lhe torna míope. Então, começarei a chamar nosso personagem em crise de "Atlas".

## Team & Leader Coaching

Intrigado com as sucessivas falhas de planejamento, Atlas começou a observar mais obsessivamente como seu tempo era consumido, ou seja, o que o fazia interromper a programação diária.

Naquela manhã, como de costume, começou respondendo seus e-mails, pois sabia quão importante era fazê-lo, para que outras pessoas pudessem dar continuidade aos seus trabalhos. Grande parte dos e-mails era enviada por seus subordinados. A maioria questionava como deveria responder às dúvidas e solicitações das demais áreas, relatava problemas ocorridos na produção diária ou ainda com determinados clientes, e solicitava que Atlas orientasse sobre uma solução. Embora algumas situações fossem preocupantes, felizmente nosso personagem era muito competente para, rapidamente, pensar e escrever o que precisaria ser feito. Mesmo assim, acabou notando que esta tarefa demandava muito tempo.

Para piorar, alguns de seus colaboradores procuraram-no para pedir ajuda. Ele, como sempre, parou sua leitura e deu-lhes a devida atenção. Por essa atitude permanente, obteve a fama de ser um chefe acessível. Atlas começou a perceber que havia um "padrão" na forma como a conversa se dava entre ele e os colaboradores: eles se aproximavam e começavam a contar o que havia acontecido. Ao término do relato, o colaborador apenas silenciava, fixando o olhar em Atlas. Ele, imediatamente, fazia algumas perguntas para entender melhor o sucedido e, sem precisar pensar muito, explicava cuidadosamente o que precisaria ser feito.

Todas as soluções que teve de dar por e-mail e pessoalmente consumiram boa parte de sua manhã.

Neste momento, observou que em quinze minutos precisaria iniciar a supervisão solicitada por sua equipe em um novo projeto. Durante a reunião, seus colaboradores relataram diversos impasses e esboçaram algumas ideias. Pela sua experiência e visão mais sistêmica, Atlas mostrou-lhes as saídas seguras. Para tanto, não precisou quebrar muito a cabeça, já que possui ótimo conhecimento técnico, mas a reunião levou mais tempo do que ele imaginava.

Atlas retomou seu *checklist* de tarefas do dia e percebeu que teria de optar entre fazer um relatório ou revisar os custos operacionais para identificar oportunidades de redução. Todos os gestores da área receberam este objetivo individual naquele ano. Sabia que se não quisesse perder parte de seu bônus, precisaria achar tempo para realizar aquilo, mas considerou a urgência maior e optou pelo preparo do relatório, afinal já o fazia com tanta propriedade que não exigia muito esforço. Só não terminou mais rápido porque recebeu uma mensagem ao celular: um de seus supervisores, locado em outra cidade, relatava que estavam sem acesso ao sistema desde a manhã e, portanto, impossibilitado de dar conta do trabalho. Imediatamente, Atlas entrou em contato com seu par da TI para saber o que estava acontecendo e pediu urgência. O gestor desta área informou que já sabia do ocorrido, explicou a causa da falha e relatou estar pessoalmente envolvido com a solução. Atlas, então, escreveu para seu supervisor, atualizando-o sobre a previsão do desfecho deste problema.

Ao olhar para o relógio, um susto: seu horário de almoço praticamente já havia se esgotado. Aproximava-se a reunião na qual faria a avaliação de desempenho semestral com uma de suas subordinadas. Seria importante dar alguns *feedbacks*, como o de que ela não demonstrava muito empenho. Seu trabalho até era executado, desde que Atlas supervisionasse. Infelizmente, não havia opção, teria de postergar a avaliação para concluir o relatório.

Terminou o relatório, engoliu o almoço e, ao voltar apressado à sua mesa, encontrou um de seus colaboradores que o interrompeu, dizendo precisar muito de uma conversa; parecia inseguro e um pouco envergonhado. Relatou, então, que não sabia como completar um trabalho novo. Justificou que, sendo a primeira vez, desejava fazer tudo certo. Atlas lhe perguntou como ele estava imaginando fazer o trabalho, mas o colaborador disse que não sabia. O líder foi ainda bastante didático, explicando qual seria o melhor passo a passo. Mais uma anotação sobre as interrupções...

Acredito que alguns leitores conseguiram perceber uma das causas da falta de tempo de Atlas. Ele pode até ter outros problemas, mas este é ele mesmo quem está criando e alimentando. O "ralo" por onde escoa grande parte do seu tempo é criado a partir de suas inúmeras "dedicações" para resolver os problemas de seus subordinados ou para dizê-los como devem executar suas tarefas.

Mas, afinal, Atlas está fazendo algo errado? Não faz parte do seu papel como gestor ajudar a equipe na execução das tarefas? Nos últimos anos, tenho acompanhado bem de perto o cotidiano de gestores em vários níveis hierárquicos e diversificados segmentos de mercado. Eu não tenho receio em afirmar que este jeito de agir é, sim, um grande problema; e mais: é praticamente padrão entre os gestores.

Há uma crença generalizada de que gestores PRECISAM dar a resposta. Isso gera uma dinâmica silenciosa e nefasta. Por um lado, temos o gestor que sabe muito e cada vez mais exercita sua capacidade de tomada de decisão e resolução de problemas. Por outro, temos sua equipe que se condiciona a não precisar pensar, pois sabe que, ao menor sinal de dúvida, seu gestor rapidamente pensará em seu lugar. E por que os gestores e seus colaboradores mantêm tal dinâmica de dependência? O gestor, dizendo à sua equipe como deve agir, sente-se competente e legitimado em seu cargo. Fica satisfeito em sua "zona de conforto", que é a de lidar com o "técnico", com o que é mais operacional. Os subordinados também "ganham", pois ficam livres da desgastante tarefa de "pensar". É muito mais fácil, rápido e seguro apenas perguntar.

E o que há de danoso nesta dinâmica de dependência? A mais imediata, você precisa, em todo momento, interromper a execução do próprio trabalho para REALIZAR O TRABALHO DO OUTRO. O trabalho do colaborador não deveria ser apenas executar o que você lhe orienta, mas também propor soluções. Enquanto você está conversando com seu colaborador sobre o trabalho dele, ninguém está fazendo e tampouco fará o seu. **Você** terá de desempenhá-lo, pois é responsável por ele.

No entanto, quando você fará seu trabalho, já que boa parte do horário comercial foi tomada pelo trabalho alheio? Ora, depois do expediente, nos finais de semana, em suas férias. Como consequência, não conseguirá fazer todo o trabalho, apenas o que é mais urgente e técnico. Deixará para trás o que é mais estratégico e muito importante, mas, de certa forma, "pode esperar". Além disso, provavelmente esse tipo de trabalho não é sua zona de conforto. Logo, você tem uma boa desculpa para não ter uma atuação mais estratégica ou para não fazer, de fato, gestão.

**Não dá tempo, não é mesmo?**

Esta dinâmica traz danos também aos colaboradores. O efeito de se ter um gestor excepcionalmente bom tecnicamente e que acaba dando todas as respostas tem um preço. Em pouco tempo, a equipe tende a "desaprender" o exercício de tomar decisões, pensar e resolver problemas. A equipe se infantiliza. Colaboradores nesta condição não conseguem exercer suas funções com autonomia, não fortalecem a "musculatura" para um próximo desafio de carreira e tendem a não se engajar, já que, no fundo, o resultado não é de sua responsabilidade. Aliás, se quebrarmos esta palavra em duas partes teremos (respons + abilidade), percebemos seu significado: habilidade em responder. Ou seja, colaborador(a) responsável é quem se sente hábil para dar resposta diante de um problema.

A empresa também paga seu preço: ela remunera Vp's que se ocupam em funções de diretores; que por sua vez fazem funções de gerentes; enquanto estes agem como coordenadores e assim por diante, na descida hierárquica. No final das contas, ninguém entrega aquilo que se espera e ninguém atinge o seu melhor. Tudo o que é mais estratégico fica em segundo plano.

Há ainda duas armadilhas que acabam alimentando a dinâmica da dependência.

A primeira delas é a ilusão de que, explicando o que deve ser feito, o colaborador irá aprender. Acredite: executando apenas o que você fala, ele não irá apropriar-se do *know-how* e desenvolver a competência para fazer com autonomia.

A outra armadilha que alimenta essa dependência é que, mesmo que o gestor não consiga estimular todo o potencial de sua equipe, a empresa pode sim obter resultados. Só que a empresa precisa "rezar" para que seu gestor não fique doente ou, pior, que não peça demissão! Este mal precisa ser cortado das corporações, por meio de uma atuação *coach*.

O líder *coach* poderá lançar mão de diversas posturas e técnicas advindas das boas práticas de liderança e do processo tradicional de *coaching* (que é diferente de fazer *coaching* com sua equipe). Seguramente, o(a) leitor(a) encontrará referência bibliográfica e treinamentos sobre tais práticas, mas o ponto de partida é a conscientização de como vem agindo e qual, de fato, é o seu papel: garantir resultados, mas também assegurar a sustentabilidade enquanto os alcança.

Sobre Atlas: este é o nome do titã grego que, castigado por Zeus, foi punido com a missão de carregar o firmamento sobre os ombros pela eternidade. Se você não quer mais esta maldição, pare de "infantilizar" sua equipe, pois no mundo corporativo, definitivamente, não há lugar para crianças.

# 19

# Construindo liderança e metas financeiras para empreendedores

Por que sonhos empreendedores se transformam em pesadelos? Este artigo tem como proposta conduzir os sonhos empreendedores até construção de seu legado.
A metáfora: "Ser águia ou galinha" foi utilizada nesse texto para chamar a atenção do empreendedor, quanto à preservação do seu espírito e características, diante dos obstáculos que lhe são apresentados durante essa caminhada fantástica

**Joana D´Arc
Santos Oliveira**

## Joana D´Arc Santos Oliveira

*Master coach* financeira e corretora de seguros autônoma. Planejadora financeira, corretora de seguros dedicada aos investimentos complementares à aposentadoria, palestrante e escritora. Coautora do livro *Criando Riqueza e Prosperidade*, pela Editora Momentum. Profissional com carreira desenvolvida por mais de 30 anos na área comercial em importante instituição financeira. Graduada em Economia, pós-graduada em Administração Financeira e Engenharia Econômica. Curso de habilitação de corretores de seguros em todos os ramos pela Escola nacional de Seguros-Funenseg. *Personal & Professional Coach* pela Sociedade Brasileira de Coaching. Curso de *Master Coach* Financeiro pelo Instituto Coaching Financeiro com Roberto Navarro. Especialização em desenvolvimento e liderança pelo Instituto Nacional de Excelência Humana, INEXH. Certificação Continuada ANBID: CPA 10.

**Contatos**
www.joanadarcmastercoach.com.br
jnadarc@gmail.com
(11) 99198-2282

## Joana D´Arc Santos Oliveira

Um dos maiores desafios do micro e pequeno empreendedor é conduzir a evolução sustentável do seu negócio, através da liderança e planejamento financeiro.

> *"Desde a mais simples a mais sofisticada empresa, quatro processos norteiam a melhor maneira para fazer dinheiro através da gestão do negócio: Fazer, Vender Controlar e Liderar".* (Sebrae Cartilha MEI)

Primeiro: fazer
Ideias são transformadas em soluções convenientes para os clientes, através de produtos ou serviços.

Segundo: vender
A venda promove o retorno do dinheiro gasto com a produção.

Terceiro: controlar
Através de controle, o empreendedor certifica se está obtendo lucro ou prejuízo.

Quarto: liderar
Os colaboradores ajudam a empresa a fazer, vender e controlar.
Liderar é estimular a criatividade e entusiasmo.

Os pequenos empresários, desde o início de suas atividades, devem desenvolver seu programa de gestão de negócios com a orientação de profissionais qualificados.

### Aspectos financeiros importantes no início das atividades empreendedoras

Definir o valor de seu *pró-labore* como forma de salário, para honrar suas despesas pessoais e familiares.

O fluxo de caixa deverá ser organizado para atender especificamente as necessidades financeiras de sua empresa. É comum que empreendedores invistam no enriquecimento pessoal através de aquisições como carros, casa de praia ou campo e viagens, utilizando recursos do capital de giro e desta forma, comprometendo a saúde financeira do seu negócio.

Aplicando o seu plano de ação totalmente focado nos objetivos, tais aquisições serão alcançáveis em médio e longo prazo, sem afetar a evolução sustentável de sua empresa.

Recomendo aos empreendedores, principalmente no início de suas atividades a consultoria gratuita do Sebrae, que dispõe de palestras e treinamentos bem interessantes como: plano de negócios, elaboração de fluxo de caixa, capital de giro, controle de estoque e diversos cursos que com certeza contribuirão com a organização financeira e adminis-

# Team & Leader Coaching

trativa do negócio.

**Como realizar o sonho de ter o próprio negócio, garantindo qualidade de vida e promovendo prosperidade?**

Pela criação de um plano de ação focado nos objetivos da empresa.

Os sonhos pessoais dos sócios ou do empreendedor devem ser conduzidos separadamente e este segundo deve ter clareza em relação ao objetivo do seu negócio.

O que deseja alcançar na sua área de atuação?
Por que e para que deseja?
Quem deseja ser no segmento escolhido?
Em quanto tempo deseja conquistar?
Quais são os recursos necessários?
Quais serão as ações diárias e quem poderá ajudá-lo?

O plano de ação se compõe por objetivos, metas, ações diárias e prioritárias. Deve ter data específica para início e término de cada processo, durante o projeto.

No uso do planejamento do negócio, o empreendedor poderá:

Avaliar a viabilidade da oportunidade, minimizar os riscos, identificar e definir estratégias, estabelecer metas e ações.

**Principais características do empresário de sucesso**

- Necessidade de realização e exigência de qualidade;
- Assume responsabilidade por seus erros e acertos;
- Iniciativa e autoconfiança;
- Resolução de problemas e inovação;
- Preferência por riscos moderados;
- Estabelecimento de metas e orientação por resultados;
- Orientação futura;
- Energia e comprometimento;
- Persistência e necessidade de influenciar;
- Reconhecimento de limitações e disposição para aprender;
- Busca de informações, capacidade analítica e planejamento;
- Identificação de oportunidades e imposição de eficiência;

**O capital humano é o mais importante de uma empresa e, portanto, o empreendedor deve entender a dimensão do seu papel como líder na direção dos negócios.**

Os líderes empreendedores atuam em time e formam equipes comprometidas com atitudes empreendedoras. Desenvolvem uma relação respeitosa com seus colaboradores, desde funcionários de cargo mais simples até a gerência, sócios ou acionistas.

**Conhecendo as principais características de um líder**

**Estilo empreendedor:** tem persistência, visão, busca oportunidades e corre riscos calculados. Desenvolve a equipe com a prática de *feedback*, orienta, gera oportunidade de aprendizado, trabalha através da colaboração e integrada união de esforços. Motiva, compromete, envolve e cria oportunidade de aprendizado.

Tem um modelo de conduta que inspira, é exemplo e cumpre o que fala.

Atua com foco em resultados: planeja, define metas, cobra resultados e monitora.

Usa a comunicação persuasiva: informa, atualiza, influencia, busca informações e desenvolve rede de contatos.

**Identificando oito estilos de liderança e como afetam o contexto do negócio**

**Autoritário -** Impositivo, poder unilateral e para obter resultados deve buscar obediência.
**Vantagens:** consegue resultados de curto prazo.
**Desvantagens:** desmotivação. Não compromete e nem desenvolve a equipe.
**Quando usar:** momentos de crise na empresa.
**Afetivo -** Privilegia alguns, mantém laços de afiliação com colaboradores e acredita que a harmonia da equipe depende dele.
**Vantagens:** atenção quando as pessoas mais precisam. Cria maior comprometimento com os resultados.
**Desvantagens:** não desenvolve as pessoas, porque trabalha apenas com o *feedback* positivo.
**Quando usar:** momentos de crises pessoais. Poderá ser confundido com o psicólogo do grupo.
**Coach -** Estimula as pessoas a se desenvolverem, oferece desafio e aprendizado permanente. Sua missão é desenvolver pessoas.
**Vantagens:** desenvolve a equipe e estimula o aprendizado.
**Desvantagens:** pode se distanciar da busca por resultado de curto prazo.
**Quando usar:** com equipes despreparadas para desafios iniciais.
**Diretivo -** Mostra com clareza a direção para alcançar objetivos e trabalha com metas definidas. Determina o que está certo ou errado, acompanha o processo e faz reuniões regulares.
**Vantagens:** delega, sobrando tempo para planejamento, gestão de vida e de pessoas.
**Desvantagens:** compromete resultados se a direção escolhida não for correta e não consegue resultados com equipes inexperientes.
**Quando usar:** apenas com equipes experientes.

**Laissez-faire -** É a ausência de liderança e não interfere nos processos e decisões da área.
**Vantagens:** na sua ausência de liderança, surgirá um novo líder como sucessor.
**Desvantagens:** compromete resultados de médio e longo prazo.
**Quando usar:** observar se o grupo está pronto para novos desafios e identificar sucessores.
**Modelador -** Voltado para a excelência através de um único padrão: o seu.
Julga que apenas ele(a) sabe fazer e que sua maneira é a melhor para alcançar resultados.
**Vantagens:** determina um padrão de qualidade para iniciantes.
**Desvantagens:** tende a restringir a criatividade.
**Quando usar:** aos iniciantes e inexperientes.
**Participativo -** Estimula a participação das pessoas na tomada de decisão, acredita que todos têm como contribuir e que a melhor solução virá com o consenso.
**Vantagens:** amplia a visão, melhora a solução de problemas, envolve e motiva.
**Desvantagens:** equipes imaturas; pode comprometer os resultados com soluções inadequadas.
**Quando usar:** com equipes preparadas para contribuir.
**Visionário -** Cria dimensões futuras, projeta tendências, para ele(a) é o futuro que dá sentido ao presente.
**Vantagens:** sempre busca inovação de produtos e processos.
**Desvantagens:** pode se distanciar dos resultados imediatos, sempre pensa no futuro.
**Quando usar:** momentos de crise, mostrando um futuro melhor, desafiando e estimulando.

## O poder da comunicação

Comunicação pode não ser seu principal objetivo, mas seu entendimento é fundamental ao seu sucesso profissional. Uma pesquisa realizada pelo Wall Street Journal, com executivos de recrutamento e seleção de grandes corporações, apontou cinco competências de maior valor para se contratar um profissional:

89,0% Comunicação e capacidade de se relacionar;
86,9% Capacidade de trabalhar em equipe;
86,2% Ética e integridade pessoal;
84,3% Capacidade de resolver problemas;
74,5% Ética profissional.

Saber apresentar ideias, influenciar e convencer pessoas a comprarem suas propostas e produtos, requer excelente comunicação.

## Joana D´Arc Santos Oliveira

Além da sua capacidade para desempenhar as atividades profissionais, é preciso falar para as pessoas do que é capaz.

**Diante do grande desafio dos empreendedores que acreditam na construção do seu legado, é recomendável o apoio do profissional business e coaching financeiro, desde o início do seu projeto pessoal e profissional.**

Qual é o papel do *bussiness coaching*?

O processo é fundamental para que o(a) empreendedor(a) desenvolva seu autoconhecimento, identifique seus pontos fortes e desenvolva as fraquezas para melhor gestão de seu negócio e construção dos sonhos e objetivos. Através do *business coaching*, os serviços de *coach* são oferecidos aos sócios e proprietários de micro, pequenas e médias empresas, com a finalidade de ajudá-los na definição de um plano estratégico e estruturado ao negócio, envolvendo os aspectos globais do empreendimento nas diversas áreas como: marketing, publicidade, vendas, recursos humanos, financeiro, etc. Empreendedor(a) de sucesso é aquele(a) que identifica oportunidades, planeja o negócio com visão de longo prazo, desenvolve estratégias e atua com foco nos objetivos da empresa.

**Coaching financeiro como facilitador na construção do projeto de vida financeira aos empreendedores de sucesso**

O *coaching* financeiro é um processo de transformação, realização e conquistas.

Com o uso da metodologia do *coaching*, o profissional *coach* direciona o *coachee* a programar-se e entender as regras financeiras para a conquista de sua liberdade financeira e prosperidade.

Grandes conquistas: casa dos sonhos, carro, carreira, estudo dos filhos, viagens, geração de riqueza para si e para sociedade, através da construção do seu empreendimento sustentável.

Um excelente diagnóstico pessoal e financeiro, desde a tomada de decisão pelo investimento, fará toda a diferença para a sustentabilidade do seu negócio ou da sua empresa.

Proponho uma reflexão:
Quais são seus principais objetivos financeiros?
Quando você deseja alcançá-los?
Por que isso é importante na sua vida?
Que diferença essa conquista trará de benefício para você e as pessoas que estão à sua volta?

Suas atitudes e hábitos financeiros poderão lhe proporcionar riqueza ou falência.

Concluo este artigo lhe convidando a uma reflexão, considerando que líderes de sucesso agem como águias.

## Team & Leader Coaching

**Ser águia ou galinha - a escolha é sua**

A águia e a galinha é um dos livros mais interessantes que já li.

Seu autor é James Aggrey, educador e político de Gana, pequeno país da África Ocidental.

"Um camponês foi à floresta vizinha apanhar um pássaro para mantê-lo cativo em sua casa. Pegou um filhote de águia e colocou-o no galinheiro junto com as galinhas. Comia milho e ração própria para galinhas. Após cinco anos recebeu a visita de um naturalista e passeavam pelo jardim. Disse o naturalista:

– Este pássaro aí não é galinha. É uma águia.

– De fato – disse o camponês. É águia, mas eu o criei como galinha. Transformou-se em galinha como as outras, apesar das grandes asas.

– Não – retrucou o naturalista. Ela é e será sempre uma águia.

Decidiram fazer uma prova. O naturalista tomou a águia, ergueu-a bem alto e desafiando-a disse: - já que de fato você é uma águia, já que você pertence ao céu e não à terra, então abra as suas asas e voe!

A águia pousou sobre o braço estendido do naturalista. Olhava distraidamente ao redor. Viu as galinhas lá embaixo e pulou para junto delas.

O camponês comentou: - Eu lhe disse, ela virou uma simples galinha!

– Não – tornou a insistir o naturalista. É uma águia. Vamos experimentar novamente amanhã.

No dia seguinte o naturalista subiu com a águia no teto da casa. Sussurrou-lhe: Águia, já que você é uma águia, abra as suas asas e voe!

Quando a águia viu lá embaixo as galinhas, ciscando, pulou e foi para junto delas.

O camponês sorriu: - Eu lhe havia dito, ela virou galinha!

– Não – respondeu firmemente o naturalista. Ela é águia, possuirá sempre um coração de águia. Vamos experimentar ainda uma última vez. Amanhã a farei voar.

No dia seguinte, o naturalista e o camponês levantaram bem cedo. Pegaram a águia, levaram-na para fora da cidade, longe das casas dos homens, no alto de uma montanha. O sol nascente dourava os picos das montanhas.

O naturalista ergueu a águia para o alto e ordenou-lhe: Águia, já que você é uma águia, já que você pertence ao céu e não à terra, abra suas asas e voe!

A águia olhou ao redor. Tremia como se experimentasse nova vida. Mas não voou. Então o naturalista segurou-a firmemente, bem na direção do sol, para que seus olhos pudessem encher-se da claridade solar e da vastidão do horizonte.

Nesse momento, ela abriu suas potentes asas, grasnou com o típico Kau-kau das águias e ergueu-se, soberana, sobre si. E começou a voar para o alto, cada vez mais alto. Voou... voou... até confundir-se com o azul do firmamento".

Conclusão: Muitos de nós ainda achamos que efetivamente somos galinhas. Por isso, abramos as asas e voemos.

Voemos como águias.

# 20

## *Coaching* – Um caminho para o autoconhecimento, evolução e felicidade!

Você já pensou em viver uma vida com mais satisfação, realização pessoal e profissional, e além de tudo mais feliz? Você realmente se conhece? Sabe quais são seus pontos fortes, seus valores, sua missão, seu propósito? Quando descobrimos nosso propósito e colocamos em prática os nossos talentos em concordância com nossos valores, vivemos mais felizes e satisfeitos pelo simples fato de estarmos vivendo e sendo a nossa essência

**Juliana Lustosa**

## Juliana Lustosa

*Master coach* pela Sociedade Brasileira de *Coaching* ® e MBA em *Coaching* pela Faculdade Paulista de Pesquisa e Ensino Superior (FAPPES). Graduada em Administração de empresas, pós-graduada em Gestão empresarial, carreira consolidada na área de suprimentos e negociações, atuou como administradora de empresas, consultora, e na área de suprimentos nos segmentos refrigeração industrial, cosmético, construção civil, alimentos, energia, indústria e logística. Fundou a Lustosa e Maia Consultoria e *Coaching*, onde atua como sócia-diretora, consultora e *coach*. Palestrante motivacional.

**Contatos**
www.lustosaemaiacoaching.com.br
juliana.l@lustosaemaia.com.br
(11) 99678-6786

# Juliana Lustosa

*"No futuro todos os líderes serão coaches".*

Jack Welch

## O que é *coaching*

O *coaching* é um processo que utiliza metodologia, técnicas e ferramentas cientificamente testadas para desenvolver e elevar a performance de um indivíduo, equipes ou empresas, e assim atingir resultados positivos. Ou seja, saímos de um estado atual que o cliente se encontra e o auxiliamos a chegar ao estado desejado, esta parceria estabelecida entre o *coach* e o *coachee* possui premissas básicas como: empatia, confiança, sinceridade e sigilo das informações. Além disso, ouso dizer que o *coaching* vai além dos conhecimentos técnicos, é preciso ter AMOR, PAIXÃO pelo ser humano, desejar do fundo do coração a evolução, o crescimento e o melhor para o cliente. Afinal, ele é a estrela principal. Atuar com cada cliente com o intuito de contribuir, pois se ajudamos a elevar a consciência de cada indivíduo, como consequência aumentará o nível de consciência e evolução de toda a humanidade. Nós devemos e podemos inspirar as pessoas a viverem o seu melhor EU, a terem uma vida equilibrada, saudável, feliz e em paz.

O *coaching* ajuda os clientes a desligar o piloto automático em que estão vivendo e despertar a potencialidade pura (poder pessoal). Quanto mais consciência o cliente tem, e age de acordo com seus valores, mais feliz ele será. Sentirá paz de espírito e tranquilidade. Viver de uma forma consciente requer atenção e atitudes coerentes com o resultado escolhido.

Há muito tempo grandes estudiosos e pesquisadores estudam sobre o impacto de nossos pensamentos em nossas vidas, a qualidade dos pensamentos é um dos fatores-chave para que cada indivíduo tenha uma vida com qualidade, porém antes dos nossos pensamentos é importante nos atentarmos as nossas convicções. Durante o processo de *coaching* é um ponto muito trabalhado, pois nossas convicções conduzem nossas atitudes, e é por esse motivo que alinhamos as convicções, atitudes e forma de pensar. Se quisermos mudar de fato, precisamos mudar nossas convicções, ou seja, nossos padrões mentais, que produzem a forma como pensamos.

## Responsabilidade e comprometimento

Um ponto-chave para o processo de *coaching*, e que é fundamental para o *coachee* atingir suas metas, é a consciência total de sua **responsabilidade**, pois ele precisa se conscientizar que ele é o maior responsável pelos resultados que está tendo em sua vida e ao "linkarmos" com o **comprometimento** pela mudança, isso resulta em transformações poderosas. "É nos momentos de decisão que o seu destino é traçado" Anthony Robbins.

A partir desta consciência não é mais possível terceirizar a responsabilidade, tudo o que temos é fruto de nossas ações e atitude. Se não está gostando dos seus resultados, *STOP! (Step Back, Think, Organize your think and proceed)*, traduzindo, PARE, dê um passo atrás, pense, organize seus pensamentos e prossiga. "Não existe fracasso. Existem somente resultados." Anthony Robbins. O cliente começa despertar a cada dia mais, ter *insights*, ideias, e em alguns casos até sonhos referentes ao que está sendo trabalhado, isso o motiva a querer ir além e a transcender os limites até então impostos por ele.

**Mudança**

Existe uma palavra fundamental no *coaching* para se atingir os resultados desejados, somente quando isso começar a acontecer é que os resultados irão surgir efetivamente, **MUDANÇA**. Como diz Clarice Lispector: "Mude. Mas mude devagar, porque a direção é mais importante que a velocidade". É preciso ser assertivo, no entanto entender que cada cliente tem seu tempo e respeitá-lo, sempre mantendo o foco. A flexibilidade é essencial para chegarmos ao estado desejado do cliente. O *coach* precisa comprar a ideia, o sonho, o objetivo do *coachee* e ajudá-lo a criar todas as opções possíveis para chegar ao seu objetivo, um único detalhe, o *coach* não pode querer mais que o cliente. E fechando com mais um pensamento de Clarice: "Não faça do hábito um estilo de vida, ame a novidade. Tente o novo todo o dia. O novo lado, o novo método, o novo sabor, o novo jeito, o novo prazer, o novo amor. A nova vida. Tente." Eu a contradiria ao invés de dizer tente, eu digo: FAÇA, EXPERIMENTE E VIVA! Vale a pena.

**Estados emocionais**

Como estamos falando de mudanças, é fundamental falarmos dos **estados emocionais**, pois eles são essenciais para entender qualquer mudança e conseguir a excelência. Anthony Robbins define estado como: a soma de milhões de processos neurológicos acontecendo dentro de nós, ou ainda, a soma total de nossas experiências a qualquer tempo, em qualquer momento. A primeira chave para dirigir os estados e produzir os resultados desejados, é aprender controlar efetivamente o cérebro. O estado é criado através de dois componentes principais: a nossa representação interna e a condição e o uso de nossa fisiologia e ambas estão diretamente ligadas. A fisiológica, nós a representamos através de nossos comportamentos que em alguns casos repetimos os padrões, crenças e valores que aprendemos na infância com quem nos criou. Por isso, para mudarmos o estado é preciso mudar a representação interna e fisiológica. Quando entramos em um estado, o nosso cérebro tem acesso a possíveis escolhas de comportamentos, que estão ligadas aos modelos que cada uma tem. Por esse motivo é que pessoas reagem com diferentes comportamentos para a mesma ação.

**Crenças**

"Não sabendo que era impossível, ele foi lá e fez!" Jean Cocteau.
Qual é o limite? Quem falou que era possível ou não? Faço essas perguntas para que vocês façam uma reflexão sobre o que está limitando vocês, o que está impedido cada um de viver a vida que deseja, porque agora iremos abordar um tema vital para o *coaching* que são as crenças, assim como temos as crenças fortalecedoras que nos ajudam a conquistar o que queremos, temos também as crenças limitantes que ficam em nosso inconsciente e nos impedem de ir além, de obter sucesso, relacionamentos saudáveis, saúde, felicidade, dinheiro e de realizar nossos sonhos. Uma das definições de crença que mais uso é: **crença** é tudo aquilo o que eu acredito com sentimento. É simples e ao mesmo tempo forte, pois tudo o que você acredita com sentimento, você transforma em realidade em sua vida. Por exemplo: "Eu não posso ter saúde, uma família harmoniosa, ser feliz e ser rico", se você assim acredita então não terá, porém existem pessoas que acreditam no oposto disso e conseguem ter e ser tudo isso ao mesmo tempo. Um ponto-chave neste caso é uma simples questão: se eu tiver algo eu não posso ter ou ser outro, e isso vai limitando cada vez mais as pessoas. Quem foi que disse isso? É claro que em muitos momentos temos que fazer escolhas e priorizar, porém não é uma questão como se eu tiver um eu elimino o outro. Durante o processo de *coaching*, quando vamos identificando essas crenças que impedem o cliente de atingir suas metas, vamos as desafiando e substituindo por crenças fortalecedoras, que irão o impulsionar a chegar aos seus objetivos.

### Missão e valores

O *coaching* inspira as pessoas a conquistar seus maiores sonhos, viver a vida que sempre quiseram viver. Durante o processo ele percebe que as ações que começou a fazer estão trazendo resultados e fica cada dia mais próximo de sua meta, pois realmente colocou foco, começou a fazer o que precisava ser feito, teve um resultado e mantém a melhoria contínua. Um fator muito importante é ACREDITAR que tudo é possível e estar sempre alinhado com sua **missão**.

**Missão é:** quando uso meus talentos na potencialidade máxima sem a interferência dos meus **valores**.

E não tem como falar de missão sem falar de valores, por essa razão, é necessário identificar os nossos valores e saber se estamos agindo de acordo com eles, pois assim evitamos o sofrimento e o desperdício de energia. Um dos momentos mais emocionantes é quando os *coachees* encontram sua missão, seu propósito.

### Positive coaching

Aproveitando que estamos falando de missão, propósito, realização, compartilho com vocês um pouco mais de informação sobre um dos tipos de *coaching* que particularmente adoro, o *positive coaching*, que é embasado na psicologia positiva e possibilita as pessoas terem mais criatividade, realização profissional, conquistar prosperidade e ganhos financeiros, alcançar de forma objetiva e duradora a satisfação, o bem-estar e a felicidade. Além de ampliar padrões de pensamento e comportamento, conquistando assim mais saúde física e mental. E um dos pontos mais importantes em minha opinião é aprender a usar as forças e talentos para promover um desenvolvimento pleno na vida pessoal e profissional porque aumenta a alegria e emoções positivas, senso de missão e propósito.

O psicólogo americano Martin E. P. Seligman, que é o criador da Psicologia Positiva, elege como prioridade o estudo das emoções positivas, ou seja, os fatores que levam as pessoas a ter mais felicidade. A Psicologia Positiva está assentada sobre três pilares: estudo das emoções positivas, estudo dos traços positivos, principalmente as forças e virtudes e, finalmente, o estudo das instituições positivas – família, democracia, liberdade – que dão amparo às virtudes, as quais, por sua vez, sustentam as emoções positivas. Em um de seus estudos, Seligman concluiu que felicidade é na verdade a soma de três coisas diferentes: **prazer, engajamento e significado.**

**Juliana Lustosa**

**Prazer** trata-se daquela sensação que costuma tomar nossos corpos quando dançamos uma música boa, ouvimos uma piada engraçada, conversamos com um bom amigo, fazemos sexo ou comemos chocolate. Um jeito fácil de reconhecer se alguém está tendo prazer é procurar em seu rosto por um sorriso e por olhos brilhantes.

**Engajamento** é a profundidade de envolvimento entre a pessoa e sua vida. Uma pessoa engajada é aquela que está absorvida pelo que faz e participa ativamente da vida.

**Significado** é a sensação de que nossa vida faz parte de algo maior. Qual o meu legado? Como quero ser lembrado? O que quero deixar para meus filhos, netos e para as próximas gerações?

As seis virtudes principais definidas por Seligman e são comuns também a outros estudiosos e mestres como Confúcio, Aristóteles, São Tomás de Aquino são: **sabedoria e conhecimento, coragem, amor e humanidade, justiça, moderação e espiritualidade e transcendência.**

Agora que você já conhece um pouco mais sobre *coaching* e psicologia positiva, para concluir, gostaria de fazer uma pergunta e propor uma reflexão.

Você deseja viver de uma forma mais realizada, satisfeita, tranquila, consciente e feliz?

Reflita sobre esta mensagem de Anthony Robbins: "Saiba que são suas decisões, e não suas condições, que determinam seu destino.", responda para si mesmo:

- Quem eu sou? Qual é o meu EU ideal?
- Quais são meus maiores SONHOS? Por que eu ainda não os conquistei? O que irei sentir se dez anos se passarem e eu não os conquistá-los?
- O que me impede de ser uma pessoa mais feliz, realizada, satisfeita?
- Qual é a decisão que eu tomo hoje que irá me fazer uma pessoa mais realizadora e consequentemente mais FELIZ?"

*"As emoções positivas têm um papel importante na evolução. Elas fortalecem nossos recursos intelectuais, físicos e sociais. O aumento da emoção positiva melhora a amizade, o amor, a saúde física e a realização."*

Barbara Fredrickson

**Referências**

CHOPRA, D. *As sete leis universais do sucesso*. Rio de Janeiro: Bestbolso, 2011.

GALLWEY, W.T. *O jogo interior de Tênis*. São Paulo: Textonovo, 1996.

HILL, N. A lei do Sucesso: *A filosofia que mais influenciou líderes e empreendedores no mundo inteiro/* comentado e adaptado por Jacob J. Petry. São Paulo: Leya, 2012.

ROBBINS, ANTHONY. *Poder sem limites: o caminho do sucesso pessoal pela programação neurolinguística*. Rio de Janeiro: BestSeller, 2012.

SELIGMAN, M. *Felicidade autêntica: usando a Psicologia positiva para a realização permanente*. Rio de Janeiro: Objetiva, 2009.

SHINYASHIKI. E. *A vida é um milagre*. São Paulo: Gente. 2010.

TRACY, Brian. *As leis universais do sucesso*. Rio de Janeiro: Sextante. 2009.

# 21

## Não apenas pense diferente, seja diferente! E saia na frente!

Assim como nos enganamos em correr atrás de novos clientes esquecendo de valorizar os que estão próximos, muitas de nossas vantagens competitivas estão em utilizarmos melhor e de forma consistente os recursos que já temos, antes de procurarmos por novos

**Levy Corrêa**

**Levy Corrêa**

Atua na área de serviços desde 1996. É consultor, professor universitário das disciplinas Administração e Comportamento Organizacional. Especialista em Gestão de Pessoas, PNL e *Coaching*. Em 17 anos de trajetória profissional, sempre participou de grandes times e ajudou a revelar e lapidar talentos que fazem diferença em empresas por todo o Brasil. Após anos de experiência na área de prestação de serviços, atendimento a clientes, gestão de líderes e equipes, fundou a Corrêa, uma empresa focada no capital humano e seu potencial inesgotável. A bem-sucedida trajetória como profissional resultou em grandes apoios e incentivos para o seu projeto.

**Contatos**
www.correaconsultoria.com
contato@correaconsultoria.com
Facebook - correaconsultoriaetreinamentos
(19) 98129-6019

# Levy Corrêa

Muitas de nossas vantagens estão em utilizar recursos que já temos.
Assim como disse Mário Quintana -"O segredo é não correr atrás das borboletas... É cuidar do jardim para que elas venham até você."

Quando fui convidado a participar deste livro, logo pensei, poxa, como me lançar em um mercado cercado por feras, com grandes obras, especialistas com muitas experiências e anos de atuação?

Esta pergunta me tomou por um tempo, até que veio um *"insight"*. Ora, sendo diferente!

A resposta é obvia, e mais ainda se eu abordar o que se passou comigo, desde início da construção da minha carreira, traçando um paralelo com o mundo dos negócios e do *coach*.

Em uma rápida reflexão, percebi que muitos aspectos, que vou contar a seguir, demonstram que o sucesso não é algo que devemos percorrer por si só, mas que vem alinhado com as nossas expectativas e oportunidades na vida. É possível, se pensarmos diferente e tivermos atitude e capacidade para realizar.

Obviamente pessoas importantes passaram e ainda passam pela minha vida, alguns chefes e outros líderes. Com ambos aprendi muito, independentemente de saber que hoje só há espaço para líderes nas organizações e no mercado.

Comecei trabalhando em um supermercado como empacotador. O ano era 1995. Nada tão complexo, bastava pegar item por item que o caixa passasse e colocar dentro da sacola de papel, pois naquela época as sacolas plásticas não eram tão usuais.

Desenvolvia uma rotina intensa, diariamente das 08h às 12h.

O movimento era alto, e tinha que ser rápido, caso contrário a moça do caixa já olhava feio, pois havia pouco espaço para armazenar os produtos que iam passando.

Naquela época, as moças dos caixas falavam "Bom dia!", hoje dizem: "CPF na nota?". Um misto de falta de treinamento e falta de engajamento com o cenário e com a causa.

Comecei a perceber a variedade das marcas, os estilos de compra, alguns hábitos de consumo, embalagens vazias pelo supermercado, pacotes de bolachas abertos, iogurtes nem se fala, eram os preferidos da criançada.

Não havia caixa fixo para o dia, os jovens que realizavam o mesmo serviço iam preenchendo os caixas à medida que iam chegando.

No começo sempre pegava o caixa que sobrava, depois fui percebendo os "melhores parceiros" para o trabalho.

Assim, como nos dias atuais, parcerias estratégicas do tipo "ganha-ganha" eram cruciais para um resultado diferenciado.

Não tive treinamento, mas tinha toda uma lógica de colocar nas sacolas, que aos poucos fui percebendo na prática.

Cuidado menino, maiores e mais pesados por baixo, produtos de limpeza separados dos alimentos... Ouvi de uma senhora.

E não é que o cliente tem razão? É lógico!

O cliente tem razão, mas nem sempre está certo. O importante é perceber as necessidades e agir de forma proativa com o foco nas expectativas.

Não tinha vínculo com o supermercado. Se faltasse um dia não recebia, se faltasse muito não aceitavam mais e pegavam outro jovem.

Recebia por dia, algo em torno de R$ 10,00 comparando com a moeda de hoje. Não era muito, mas dava para as poucas despesas que tinha na época.

Depois de alguns dias, já habituado ao serviço do pacote no supermercado, percebi que poderia fazer algo a mais, e que no final acabou fazendo com que eu dobrasse o meu rendimento médio da semana.

Terminava de empacotar a compra e me dirigia ao cliente:

- Gostaria de levar as suas compras até o seu carro, posso? A cada dez, seis davam gorjetas. Sabe aqueles trocos do supermercado? Na época os cartões de hoje não eram tão usuais.

Fui aprendendo a ganhar dinheiro e sabendo que ninguém daria nada à toa, e sim resolvendo um problema e apresentando um diferencial.

No mercado de trabalho, as empresas lucram resolvendo um problema, inovando ou criando uma necessidade.

Meu primeiro emprego com carteira assinada foi em uma Fundação.

O trabalho mesclava atividade interna e externa, com entrega de documentos em institutos, faculdades, bancos e departamentos.

Era um trabalho de mensageiro, como um patrulheiro. Cansativo, com muita rotina, tempo cronometrado e pouca possibilidade para manter o asseio pessoal.

Na maioria das vezes, principalmente pela distância dos locais de entrega, o trabalho era realizado com uma mobilete, um tipo de moto de pequeno porte, que não era necessária habilitação para conduzir.

Resultado, muitos tombos e roupa suja no final do dia, eram parte da rotina.

Aos poucos fui me habituando e criando muitos relacionamentos na empresa, e em pouco tempo, antes mesmo de um ano, fui convidado para fazer um teste em um hotel que pertencia à mesma fundação para a qual eu trabalhava na época.

Era um local novo, com bastante visibilidade, mas por que me escolheram? Depois fiquei sabendo que o gerente gostava de como eu me apresentava e também pela cordialidade e amizade com que me relacionava, afinal, independente da atividade, já sabia que fazer parte da empresa não era meramente fazer a função e sim integrar-se ao ambiente.

Hoje percebo que foi algo determinante, pois é comum vermos em diversas empresas profissionais se limitando a fazer apenas o que lhe é rotineiro, não há espaço para novos aprendizados e situações inusitadas trazem desconforto.

O diferencial do bom profissional é ser diversificado, estar pronto para agir da melhor forma em qualquer situação, mesmo que esta fuja da sua linha de atuação.

Além da capacidade de adaptação aos diversos tipos de cenários, também vejo como um ponto relevante o bom relacionamento interpessoal. Pessoas de fácil relacionamento têm mais possibilidades de galgar novos espaços e alcançar objetivos tanto na vida pessoal como profissional.

Neste hotel comecei como mensageiro, o mesmo nome da antiga função, porém com outras atribuições, até então um tanto quanto inusitadas para a época, como conferência de frigobar. Os hóspedes em suas estadas (e não estadias) consumiam e eu tinha que anotar todos os consumos, para depois lançar em comandas e nas contas dos hóspedes.

Também fazia parte da minha rotina apoiar as camareiras do hotel fazendo as viradas de colchões, e a recepção dos hóspedes, ajudando a subir suas malas para os seus quartos, ou levando até seus carros.

Logo fui fazendo muita amizade com os funcionários do hotel e também com os hóspedes. Fui conhecendo cada um, suas manias, suas necessidades e suas expectativas.

E como os clientes desejam que suas expectativas sejam atendidas...

Logo percebi que não bastava subir ou descer as malas, mas levá-las até os carros, desejar boa viagem, breve retorno e com muita gentileza e dedicação.

Com isso, em pouco tempo estava ganhando próximo aos salários dos recepcionistas, só com as caixinhas que conseguia atendendo os hóspedes;

Foram dez anos de atividade neste hotel, passando por recepção, reservas, eventos e restaurante.

Nesta etapa destaco um grande exercício de percepção que devemos realizar sempre no nosso dia a dia, aliado à atitude e visão sistêmica.

À medida que começamos a perceber as verdadeiras nuances dos diferenciais perceptivos aos clientes, todos estes nos levam às pessoas, às suas interações, com suas motivações, diante dos processos.

Naquela época e ainda hoje, para uma empresa investir em treinamento para todo o seu contingente, reconheçamos que é um investimento considerável, mas sem dúvida, vital.

Foi aí que surgiu uma nova ideia, fui até meu gestor e sugeri participar de treinamentos e aplicar para a equipe o aprendizado. Assim, além de adquirir conhecimento com os cursos, aprendia enquanto repassava aos meus amigos e consequentemente a equipe ficava mais qualificada.

Foram muitos cursos e treinamentos.

E qual foi o segredo? Um pensamento diante de uma necessidade e uma atitude de apresentar ideia, em formato de solução.

Aqui vale ressaltar um grande equívoco que muitas pessoas cometem. Muitas levam problemas ou questionamentos a seus superiores. Mas poucas conseguem entregar junto ao apontamento uma proposta. O que é melhor? Foco no problema ou foco na solução? Foco na solução é claro!

Depois do primeiro hotel fui parar em uma administradora hoteleira, e do operacional comecei a desbravar os caminhos no departamento comercial.

Vender era realmente algo que eu gostava, já fazia internamente, mas como seria na venda externa?

Logo percebi que as pessoas não compravam exatamente o que vendíamos. Como assim? Você pode vender apartamento, carro, eletrodomésticos, na verdade as pessoas compram o efeito que o produto ou serviço gera, logo compram uma solução.

Aí o discurso muda, e deve mudar sempre, para que não fique batido.

Por exemplo, na hotelaria vende-se diária, locação de salas, alimentação. Logo, o hóspede compra: segurança, conforto, reconhecimento e *status*. Ou seja, o resultado ou efeito daquilo que ele compra.

De uma simples caneta a carros de luxo, compramos soluções e recebemos produtos ou serviços.

Daí nasce a grande habilidade de projetar a venda de forma que agregue valor ao possível cliente.

Nesta nova função, como executivo de vendas, trabalhei durante um ano, atuando em três regiões e fazendo um grande *network*. Nunca subestime o poder do *network*. Quando se faz de forma consistente você consegue coisas impressionantes.

Neste exato momento aprendi uma coisa que li depois em outras palavras por meio do grande CEO da Apple, Steve Jobs. "As pessoas não sabem o que querem até que você mostre a elas."

Com isso em mente e com foco em soluções consegui bons negócios, oportunidades e grandes amigos.

Ainda no mesmo grupo, com o intuito de me desenvolver na carreira e na área de prestação de serviços, soube de uma vaga em outra unidade do grupo e me candidatei. Tudo acabou surgindo com a ajuda de amigos e uma entrevista com a direção do grupo.

Agora estava dentro, com a visão da rua, do comercial, das expectativas e necessidades dos clientes.

Foram quatro anos focados nas pessoas, estimulando suas competências, valores e pontos positivos.

Costumo dizer que quando você olha para uma pessoa você enxerga pouco dela, pois o ser humano é altamente flexível a situações e condições. A partir do momento que você se aproxima, entende esta pessoa de forma "honesta e com cumplicidade", os resultados vão aparecendo e de forma mais sustentável.

Vale ressaltar o significado de cumplicidade, que é caminhar junto em comunhão de interesses.

Aprendi mais do que ensinei! Fiz amigos que guardo em meu coração com muito carinho.

No final do último emprego houve um convite por parte da direção do grupo aos gestores, para atuar como pessoa jurídica, assumindo assim suas responsabilidades e atuando como prestador de serviço.

No começo fiquei um pouco apreensivo, mas hoje digo que foi determinante, pois um mundo se abriu a minha frente!

Hoje sou professor universitário em duas disciplinas, Administração e Comportamento Organizacional e proprietário da Corrêa, com foco no desenvolvimento humano, que concilio com minhas atribuições e desenvolvo treinamentos, palestras, consultorias e *coaching* pessoal e profissional. Anos de trajetória por uma das áreas mais dinâmicas do mercado de trabalho, a hotelaria, me impulsionou a "desenvolver e lapidar talentos", e este é o *slogan* da Corrêa.

Seja onde for, as pessoas conseguem transformar grandes empresas em pequenas empresas ou pequenas empresas em grandes empresas.

Há um princípio de Walt Disney que traduz um pouco do que penso sobre o potencial inesgotável chamado capital humano:

"O ser humano precisa de recompensa, reconhecimento e comemoração", sempre!

E onde você quer chegar em sua carreira, em sua vida? Uma comparação que gosto de fazer nos treinamentos e palestras que desenvolvo é uma passagem do filme "Alice no País das Maravilhas", em que a Alice correndo atrás do coelho cai no buraco. Perdida e desorientada encontra o gato, e têm um diálogo que traduz a realidade de muitas empresas e profissionais de hoje e serve de alavanca para mudanças. Alice diz: - Senhor Gato, que caminho eu devo seguir? O gato diz: - Depende aonde você quer chegar...

Alice responde: - Não importa, contanto que eu siga! E o gato responde: - Neste caso, qualquer caminho serve!
E para você? Qualquer caminho serve?
Aposto que não! Então vá em frente!
Mas saiba onde quer chegar!

Abraços e sucesso!
Levy Corrêa

# 22

# Equipe autodirigível

Desenvolva excelência na gestão de tempo, da equipe autodirigível e conquiste a MAESTRIA na gestão empresarial

**Lídia Batista**

## Lídia Batista

Psicológa (UFMG). *Master Practitioner* em Programação Neurolinguística (PNL). Trainer em Programação Neurolinguística (PNL) - Southern Institute of NLP (Flórida – USA). *International Coach*, membro da International Coaching Community. Coach em Nível de Identidade – pessoalmente treinada por Robert Dilts e Débora Bacon. *Business Coach*. Certificação Internacional em "O Novo Código da PNL" – pessoalmente treinada por John Grinder e Carmen Bostic St. Clair. *International Master Coach*. Trainer em PNL e Neuro Semântica - International Society of Neuro-Semantics). Diretora da Psiconsultoria.

**Contatos**
www.psiconsultoria.com.br
lidia@psiconsultoria.com.br
lidiapsiconsultoria@hotmail.com
(31) 3847-2099

Lídia Batista

**EQUIPE AUTODIRIGÍVEL**

Presenciamos, em todo momento, inúmeras mudanças, inclusive no mundo corporativo. O líder e seus liderados são instigados e desafiados por demandas cada vez mais audaciosas. Os prazos de entrega de produtos e serviços ficam cada vez mais curtos e os preços cada vez mais competitivos. O nível de exigência e expectativa do cliente se supera a cada dia. Descreverei a seguir ferramentas para alavancar seu potencial e de sua equipe.

Empresas e profissionais que não se adequam a tal realidade ficarão, ou melhor, já estão à margem do mercado. A corrida por uma vaga de emprego tem tornado o mercado mais competitivo. O nível de exigência mercadológica é indiscutivelmente mais elevado que nos últimos anos. Vamos clarificar e trazer à tona uma palavra que muito bem expressa esta categoria: mediocridade. Os consumidores diretos e indiretos querem sempre algo mais, eles querem ser surpreendidos. A mediocridade além de não surpreender, gera, em curto intervalo de tempo, um atrofiamento de habilidades e consequentemente de qualidade dos produtos e serviços oferecidos pelas empresas.

Para ter um diferencial e conquistar a MAESTRIA, é necessário desenvolver a excelência na gestão de tempo e autogestão da própria carreira e dos liderados. Este é um grande segredo para vencer o estresse na gestão empresarial.

Uma grande premissa é a de que é possível desenvolver equilíbrio entre vários "papeis" sem negligenciar áreas importantes de nossas vidas. Stephen R. Covey em "Os sete hábitos das pessoas altamente eficazes" descreve a importância de se fazer a Gestão de Tempo. Este é um instrumento que subordina o plano às pessoas. É portátil e prático. Cabe ressaltar que é nosso "escravo" e não nosso "senhor". Todo líder que quer amplificar seu potencial e de sua equipe necessita aprender e desenvolver a estratégia de excelência para gerir seu tempo, desenvolver a equipe autodirigível, deixar de ser escravo, reiniciar sua história e ser "Senhor" do seu tempo!

Muitas vezes nos perdemos em meio a inúmeras atividades por não sabermos diferenciar nem classificar o que são atividades urgentes e atividades importantes. As atividades urgentes: são óbvias; pressionam-nos para que alguma providência seja tomada de imediato (são agradáveis, fáceis e divertidas de resolver). As atividades importantes: têm a ver com resultados; contribuem para nossa missão, nossos valores, nossa meta prioritária. A arte de gerir com maestria o tempo se inicia com as seguintes perguntas: o que você poderia fazer (e não está fazendo no momento) que, se fosse feito de maneira constante, causaria uma grande diferença positiva em sua vida pessoal? O que, em sua vida profissional ou empresarial, teria o mesmo efeito?

No contexto organizacional nos deparamos com equipes com grande potencial, mas, com baixa produtividade. É comum que colaboradores não façam gestão de suas carreiras. A autogestão de carreira, sempre que realizada por profissional competente, gera aumento de produtividade. A seguir colocamos três ferramentas para viabilizar a conquista de uma Equipe Autodirigível.

## FERRAMENTAS PARA A EQUIPE AUTODIRIGÍVEL

**TEXTO DIRIGIDO** (Indicado para entrevista de seleção e/ou reuniões de desenvolvimento de potencial de colaboradores)

Leia, em voz alta, para os candidatos e/ou funcionários, tudo que estiver em itálico neste texto. OBS: os candidatos e/ou funcionários não levam nenhum rascunho para casa das atividades usadas nesse processo.

*"Excelência no atendimento ao cliente é objetivo de todos os profissionais que trabalham nessa empresa".*

*Vocês receberão lápis e folha em branco, onde vocês escreverão um texto dirigido. Esse texto é baseado nas perguntas que serão lidas a seguir. É útil que você responda de forma completa às perguntas (lembre-se que quem for ler seu texto não terá acesso às perguntas). O título será criado por você após a escrita do texto.*

### PARÁGRAFO 1: ASSIDUIDADE E PONTUALIDADE

• *Que horas você acha que um profissional competente chega ao local de trabalho? Alguns minutos após o início do turno, ou antes?*

• *Em que situações um profissional competente não comparece ao trabalho?*

• *Você tem noção do impacto que gera em uma empresa quando um funcionário (por motivo justo ou não) falta ao serviço? Quais atividades ficarão comprometidas, se porventura algum dia você faltar ao seu posto de serviço?*

• *Quem você acha que irá executar e/ou cancelar os compromissos que a princípio seriam de sua responsabilidade, no dia que você não comparecer ao serviço?*

• *Caso você tenha respondido na questão anterior que um colega vai fazer as atividades que seriam suas, quem vai fazer os servi-*

ços desse colega (previamente definidos pela empresa), caso ele seja solicitado para executar e/ou cancelar os compromissos dele, no dia que você não comparecer ao serviço?

## PARÁGRAFO 2: CUIDADOS COM O AMBIENTE DE TRABALHO

• Como fica a sala, a mesa, o armário, os objetos, a parede e demais pertences dentro da sala, durante e após o turno de trabalho de um profissional competente?

• O que um profissional competente faz para cuidar do seu material de trabalho, material de uso pessoal ou partilhado?

• O que um profissional competente faz para zelar dos espaços comuns da empresa (tipo: recepção/*lobby*, banheiros, cozinha, sala de espera)?

• Como esse profissional competente utiliza o telefone empresarial? Usa para fins pessoais?

• Como você acha que um profissional competente e responsável faz uso de seu celular pessoal durante o horário de trabalho? Atende todas as ligações ou apenas as urgentes? Se delonga nas conversas ou fala apenas o necessário usando frases curtas e sintéticas?

## PARÁGRAFO 3: ATIVIDADES QUE ENVOLVEM OUTRAS PESSOAS DA EQUIPE

• Como você planeja e faz as anotações/relatórios das suas atividades?

• O que você acha da informatização dos dados das empresas?

• Uma equipe competente se reúne para reuniões regularmente?

• Com que frequência uma equipe se reúne para discutir padronização de procedimentos?

• Qual deve ser o tempo mínimo de duração das reuniões?

• Você se disponibiliza e se interessa em participar de reuniões regularmente? E de reuniões para discussão de padronização de procedimentos?

## PARÁGRAFO 4: EQUIPE AUTODIRIGÍVEL

• Como deve ser uma equipe autodirigível?

• Você está disposto a praticar tudo que sabe sobre competência profissional?

• O que você espera da equipe que você pertence?

• Qual a contribuição/contribuições que você vai dar à equipe?

Como foi dito anteriormente, a ferramenta acima descrita pode ser usada para o fim de desenvolvimento de potencial de colaboradores. Quando usada para isso, é de grande importância aplicar as duas ferramentas descritas abaixo. Elas são complementares a anterior.

A próxima ferramenta "**AUTOAVALIAÇÃO DE DESEMPENHO**" é para ser aplicada pelo *Team* e *Leader Coach* nos membros da sua equipe. Essa tem por objetivo permitir ao colaborador fazer uma autoavaliação de seu desempenho, quantificando vários aspectos de sua atuação.

A ferramenta "**MAPA DE FEEDBACK**" é para ser aplicada pelo *Team* e *Leader Coach* para que esse adquira e forneça a cada membro de sua equipe o *feedback* produzido pelos membros. A aplicação deve ser feita da seguinte maneira:

**1-** Decida qual o critério de ordem a ser usado na aplicação do mapa de *feedback* para que todos os membros da equipe sejam avaliados pelos colegas. Uma sugestão simples e eficiente é o critério de "ordem alfabética".

**2-** Após especificar quem será o primeiro a ser avaliado, entregue uma folha para os demais membros da equipe, escreva ou peça para escreverem no alto da folha o nome da pessoa a ser avaliada. Não é necessário que o avaliador coloque seu nome. OBS: para uma equipe de seis pessoas serão necessárias 30 cópias, para uma equipe de dez pessoas serão necessárias 90 cópias e para uma equipe de 15 pessoas, 210 cópias.

**3-** Faça o mesmo procedimento descrito no número acima para cada um dos membros da equipe.

**4-** Após ter aplicado o "**MAPA DE FEEDBACK**" em toda a equipe, relacione os resultados para ter um levantamento da média de pontos em cada um dos 16 aspectos avaliados de cada pessoa. Tal cotação é feita da seguinte maneira: A - Em um formulário de Mapa de *feedback* em branco escreva o nome de um colaborador. B - Some o total de pontos que a pessoa obteve nas avaliações feitas pelos demais membros da equipe no tópico 1, divida este valor total pelo número de avaliações realizadas. C - Escreva esse resultado no formulário que você disponibilizou para cotação de resultados desta pessoa. D – Faça este mesmo procedimento com todos os demais tópicos do "mapa de *feedback*".

**5-** Reúna-se com cada colaborador individualmente e converse sobre os resultados que ele apresentou em sua autoavaliação e os resultados do mapa de *feedback*. É interessante que você faça o "mapa de *feedback*" de cada colaborador e apresente nesta reunião.

**6-** Monte e/ou peça ao colaborador para montar um plano estratégico com ações práticas com foco na resolução problemas e/ou desafios detectados.

## AUTOGESTÃO DE CARREIRA
## AUTOAVALIAÇÃO DE DESEMPENHO

| Nome : Data: | | | | | |
|---|---|---|---|---|---|
| Leia as questões abaixo e preencha os espaços com a nota que realmente representa sua atuação: | 1 | 2 | 3 | 4 | 5 |
| 1 – Eu chego em meu local de trabalho pelo menos 5 minutos antes do início do turno de trabalho. | | | | | |
| 2 - Eu só falto ao serviço em casos de internação e/ou morte de familiar? | | | | | |
| 3 - Se porventura algum dia eu faltar ao serviço, tenho noção exata do impacto que isso causará. | | | | | |
| 4 - Se por algum motivo eu faltar ao serviço, sei exatamente como a empresa irá agir para cobrir minhas atividades. | | | | | |
| 5 – Eu organizo e mantenho organizada a sala, a mesa, o armário, os objetos, a parede e demais pertences dentro da sala, durante e após o turno de trabalho. | | | | | |
| 6 – Eu sou cuidadoso com meu material de trabalho, material de uso pessoal ou partilhado. | | | | | |
| 7 – Eu tenho zelo pelos espaços comuns da empresa (tipo: recepção/*lobby*, banheiros, cozinha, sala de espera). | | | | | |
| 8 – Eu utilizo o telefone empresarial apenas para fins da empresa. | | | | | |
| 9 – Eu só atendo meu celular pessoal de forma racional e objetiva. | | | | | |
| 10 - Eu planejo e faço relatório das minhas atividades. | | | | | |
| 11 – Eu executo bem as minhas atividades vinculadas à inovação e informatização de dados. | | | | | |
| 12 – Eu sou pontual e participativo nas reuniões da empresa. | | | | | |
| 13 - Eu executo bem os procedimentos da minha função. | | | | | |
| 14- Eu, ao executar minha função, fico atento a melhor forma de executá-la. | | | | | |
| 15 – Eu pratico tudo o que sei sobre competência profissional. | | | | | |
| 16 – Eu sempre contribuo com minha equipe para que ela seja autodirigível (sem precisar de "feitoriamento" constante) | | | | | |

## AUTOGESTÃO DE CARREIRA
## MAPA DE FEEDBACK

| Nome:                                   Data: | | | | | |
|---|---|---|---|---|---|
| Leia as questões abaixo e preencha os espaços com a nota que realmente representa a atuação do colaborador acima citado | 1 | 2 | 3 | 4 | 5 |
| 1-Ele chega no local de trabalho dele, pelo menos 5 minutos antes do início do turno de trabalho. | | | | | |
| 2-Ele só falta ao serviço em casos de internação e/ou morte de familiar. | | | | | |
| 3-Se ele porventura vier a faltar ao serviço, ele tem noção exata do impacto que isso causará. | | | | | |
| 4-Se por algum motivo ele faltar ao serviço, ele sabe como a empresa agirá para cobrir as atividades dele. | | | | | |
| 5-Ele organiza e mantém organizada a sala, a mesa, o armário, os objetos, a parede e demais pertences dentro da sala, após o turno de trabalho. | | | | | |
| 6 Ele é cuidadoso com o material de trabalho, material de uso pessoal ou partilhado. | | | | | |
| 7 - Ele tem zelo com os espaços comuns da empresa (tipo: recepção/*lobby*, banheiros, cozinha, sala de espera). | | | | | |
| 8 - Ele utiliza o telefone empresarial apenas para fins da empresa. | | | | | |
| 9 - Ele só atende o celular pessoal de forma racional e objetiva. | | | | | |
| 10 - Ele planeja e faz relatórios das atividades dele. | | | | | |
| 11- Ele executa bem as atividades vinculadas à inovação e informatização de dados. | | | | | |
| 12 - Ele é pontual e participativo nas reuniões da empresa. | | | | | |
| 13 - Ele executa bem os procedimentos da função dele. | | | | | |
| 14 - Ele fica atento a melhor forma de executar a função dele. | | | | | |
| 15 - Ele pratica tudo o que sabe sobre competência profissional. | | | | | |
| 16 - Ele sempre contribui com a equipe para que ela seja autodirigível (sem precisar de "feitoriamento" constante). | | | | | |

Aprenda e desenvolva a estratégia de excelência para gerir seu tempo e de sua equipe, assuma as "rédeas da sua vida", reinicie sua história, deixe de ser escravo e seja o "SENHOR" DO SEU TEMPO!

# 23

# Potencializando a capacidade de realização através do *coaching*

Atualmente muitas pessoas procuram o *coaching* para se desenvolver e aumentar sua performance na vida afetiva, social e profissional. Precisamos compreender que neste processo se estabelecem várias relações, nas quais é necessário que haja comprometimento entre o *coach* e o *coachee* na execução das ferramentas, em prol de uma realização bem-sucedida e êxito na busca dos objetivos

**Marcos Esteves**

## Marcos Esteves

É especialista em Gestão de Pessoas pela *Fundação Getulio Vargas* (FGV) e graduado em Administração de Empresas pela UNILAGO. Possui formação em *Personal & Professional Coaching* e *Leader Coach* pela Sociedade Brasileira de *Coaching* (SBC) licenciada pelo *Behavioral Coaching Institute (*BCI). Há mais de 12 anos no mercado nas áreas comercial e gestão de pessoas, atualmente é professor da pós-graduação em Administração da Fundação Getulio Vargas (FGV), para a disciplina Liderança e Inovação e Gestão de Pessoas e professor de graduação e pós-graduação das Faculdades Unilago. É fundador e diretor da Consultrain Consultoria e Treinamentos, onde presta consultoria para o setor público e privado na região do noroeste paulista.

**Contatos**
www.consultrain.com.br
www.consultrain.com.br/blog
marcos@consultrain.com.br
(17) 3308-2358 / (17) 99774-7309

## Marcos Esteves

### 1. Contextualização técnica

A cada dia o *coaching* se mostra mais eficiente e conhecido, no desenvolvimento pessoal e profissional das pessoas. Poder proporcionar a outras pessoas sucesso é algo prazeroso para o *coach*. Coaching é um processo que visa elevar a performance de um indivíduo ou grupo, aumentando assim os resultados positivos por meio de ferramentas e metodologias cientificamente validadas, aplicadas por um profissional habilitado (o *coach*) em parceria com o cliente (o *coachee*). É uma assessoria pessoal que visa potencializar os resultados positivos, criando uma parceria com o *coach*.

No *personal & professional coaching*, um dos estilos, o processo, é desenvolvido semanal ou quinzenalmente, por meio de sessões individuais (presenciais ou via vídeo) a depender dos tipos de clientes e objetivos.

### 2. A diversidade de clientes e ferramentas no processo de *coaching*

Timothy Gallwey, em seu livro *The inner game of tennis*, compara o *coaching* ao jogo de tênis por se tratar de um processo de perguntas e respostas. Esta metáfora é importante para o entendimento do processo. Quando tratamos dos perfis de clientes que procuram o *coaching*, podemos perceber que cada pessoa encara o "jogo" de uma forma. Alguns se veem prontos para sacar e defender suas jogadas, enquanto outros, no início da partida, já se sentem derrotados.

O cliente exerce o papel mais importante no *coaching*. Suas particularidades devem ser analisadas com cautela e atenção pelo *coach*, a fim de extrair o máximo de informações para a aplicação das diversas ferramentas disponíveis para a condução das sessões. O uso das ferramentas para a condução do processo deve ser previamente analisado pelo profissional e visa ir ao encontro das expectativas do cliente. Aplicar a ferramenta certa na hora certa é a chave do sucesso.

#### 2.1. Variedade de ferramentas

O processo de *coaching* deve ter início, meio e fim. No entanto, não é uma receita de bolo feita passo a passo, deve ser lógico para que o cliente atinja os resultados. Para cada estilo de *coaching* existem ferramentas específicas para a condução do processo.

No *personal coaching* ou *life coaching* há ferramentas mais utilizadas, mas nem por isso o uso delas é obrigatório, já que depende de cada perfil de cliente. Conhecer o cliente, sua satisfação sobre a vida e suas expectativas sobre o *coaching* é de fundamental importância no início do processo. O *coach* utiliza uma ferramenta denominada *assessment*, para que o *coachee* faça uma autoavaliação sobre seu nível de satisfação pessoal em cada área de sua vida.

No *coaching* pessoal a ferramenta mais utilizada para este início é a Avaliação do Nível de Satisfação, mais conhecida como Roda da Vida. Para entendê-la, imagine que você possa dividir sua vida em quatro grandes áreas: Pessoal, Profissional, Relacionamentos e Qualidade de Vida e indicar o nível de satisfação atual em cada uma delas.

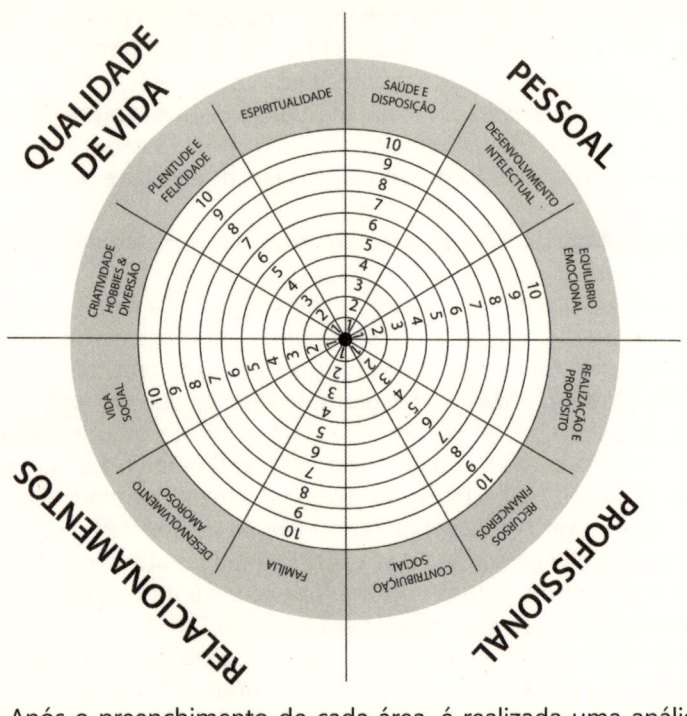

Após o preenchimento de cada área, é realizada uma análise de todos os pontos. Se a percentagem agrada o cliente, significa equilíbrio, porém, se há uma grande discrepância entre as partes, isto indica que a necessidade de realização de um processo de *coaching* é imanente. Após a análise das doze áreas, escolhe-se uma que possa alavancar as demais, denominada "alavanca", já que ao se concentrar os esforços nela, há melhoria nas outras. Por exemplo, se na área familiar houver desânimo, focando no equilíbrio emocional, poderá haver mais tranquilidade no convívio com os parceiros e familiares do cliente.

Outra ferramenta muito utilizada é a Missão e o Propósito. Para o processo de *coaching*, conhecer a missão e os propósitos do *coachee* é de extrema importância, já que a missão está ligada ao desejo do indivíduo. Por meio da missão e dos propósitos podem ser avaliadas as características, os objetivos e os comportamentos do cliente.

Um ponto essencial em nossa vida é nos conhecermos, saber quais são nossos talentos, virtudes, qualidades, para que por meio deles possamos buscar oportunidades, ao mesmo tempo em que compreendendo nossas fraquezas e nossas dificuldades, possamos melhorar nossas chances de aproveitá-las. Dentro do *coaching*, utilizamos uma ferramenta específica para esta avaliação, chamada SWOT Pessoal, a mesma que as organizações utilizam para o planejamento estratégico, porém adaptada ao processo de *coaching*.

Durante o processo, o *coachee* poderá aprender a fazer um planejamento de forma diferenciada por meio do *Road Map*, para melhorar a administração do tempo por meio de ferramentas específicas. A utilização das ferramentas dependerá de fatores como o objetivo, o engajamento, o estado emocional, o perfil do cliente e a habilidade do *coach* para cada momento.

## 2.2. O perfil do cliente

Em todas as profissões gostamos de bons clientes e no processo de *coaching* não é diferente. Podemos chamar de cliente ideal aquele que além de dinheiro, investe tempo, engajamento, confiança e parceria na busca de suas superações. Quando o recebemos, temos a certeza de que o processo dará muitos frutos e a colheita desses frutos será farta e duradoura, pois, quando perguntado: O que o impede de ir mais longe? A resposta é rápida: "Nada! E tenho certeza que irei conseguir". E não temos dúvidas que ele conseguirá.

No entanto, no *coaching* há perfis variados de clientes que buscam o processo de mudança. Em alguns casos os clientes procuram o *coaching* com desconfiança, o que é comum se tratando do início de um novo processo, assim como em um novo curso, um novo trabalho e em outros momentos em que não conhecemos o "terreno" no qual iremos pisar. A ansiedade pela busca de resultados pode ser vista na primeira sessão, o que se concretiza ao longo do processo, quando começam a aparecer os resultados e o cliente está diferente daquele que há duas ou três semanas estava repleto de dúvidas. Podemos ver uma pessoa segura e feliz pelos primeiros resultados. É o tipo de cliente que começa inseguro e prova da autenticidade do processo, promovendo sucesso para a obtenção dos resultados.

Existem casos, raros, de clientes que procuram o *coaching* como um processo modal ou porque alguém indicou para experimentar. Para ele, a ansiedade inicial é passageira e o próximo sentimento que surge é o descomprometimento com o processo. Não é assíduo às sessões, não se compromete em aplicar o aprendizado em seu cotidiano e vê muitas vezes o *coaching* como uma forma de "bater papo". Infelizmente, com esse tipo de cliente, a expectativa se frustra para ambas as partes. Devemos tratar o *coachee* como nosso parceiro e quando a parceria não acontece, devemos instruí-lo sobre sua falta de comprometimento, ao ponto de desistir do processo se não houver mudanças, pois, se o processo é uma parceria, não tem o porquê de haver esforço apenas de uma das partes.

Podemos perceber que os clientes que procuram o processo de *coaching* são de perfis e focos variados, mas é muito importante a contribuição do *coach* durante o processo para que possa integrar o *coachee* e extrair o máximo dele. Sendo uma parceria, o *coaching* deve trabalhar os dois lados do processo, o *coach* e o *coachee*.

A formação do *coach* para a boa condução do processo é importantíssima, já que a devolução da bola virá da raquete do profissional, por isso é necessário que o cliente busque *coaches* com boas formações, com cargas horárias compatíveis, que já produzem resultados no mercado e que compactuem da ética do *coaching*, para auxiliá-lo em suas conquistas.

### 3. Análise de casos

Analisaremos a seguir três casos sobre clientes que passaram pelo o processo de *coaching* de formas diferentes e que atingiram seus objetivos de acordo com seus engajamentos em busca de resultados mais rápidos e profundos.

Nosso primeiro caso aborda um cliente que, teoricamente, apresentava certo conhecimento sobre o processo de *coaching*, mas que nunca havia passado por esse processo. No entanto, o cliente possuía uma vontade de mergulhar profundamente na prática, o que deixava todos no processo com menos ansiedade, tanto que, na segunda sessão, havíamos definido o que se desejava atingir, em quanto tempo e quais seriam as evidências que deixariam claro que o objetivo havia sido atingido.

A disponibilidade em participar ativamente do processo se mostrou por meio do cumprimento do *to do* (tarefas semanais sugeridas pelo *coach*), já que no *coaching* o que é aprendido na sessão deve ser colocado em prática no cotidiano para criar hábitos para a mudança de comportamento. Desse modo, o engajamento fez com que o *coachee* alterasse seu comportamento e por consequência sua forma de enxergar as situações, atuando com mais positividade e confiança, além de conquistar uma série de outros objetivos que estavam indiretamente ligados ao seu foco.

Nosso segundo caso corresponde ao cliente que não conhecia o processo de *coaching* e tampouco havia se aprofundado no assunto. Estava iniciando esse processo porque um amigo lhe havia indicado. Sua insegurança quanto à metodologia abordada e, principalmente, quanto à quantidade de resultados que outras pessoas haviam relatado mostrava suas dúvidas em relação ao processo.

No início, a ansiedade em obter resultados quase que imediatos impedia a evolução do processo. Porém, na segunda sessão com algumas reflexões feitas sobre alguns temas, a busca por resultados rápidos foi diminuindo e o processo começou a se desenvolver com mais eficácia. Na sétima sessão já havíamos chegado ao resultado esperado, além de termos alcançado vários outros objetivos.

Grande parte do processo de *coaching* depende da vontade, engajamento e disponibilidade do *coachee*, porém, nem sempre o cliente está disposto a colaborar com o processo, e quando isso ocorre, se torna desafiador fazê-lo acreditar em si, na metodologia e retirá-lo de sua "zona de conforto" para assumir as rédeas da vida e os compromissos que ela propõe.

Nosso terceiro caso apresenta um cliente com este perfil, ao qual foi necessário já na primeira sessão, por meio da "Roda da Vida", dar mais atenção à sua carreira profissional, pois a mudança de comportamento pessoal que havia lhe impulsionado para realizar o processo estava estritamente ligada à melhoria de sua profissão.

Dessa maneira, iniciamos o roteiro de trabalho e logo na terceira sessão avaliamos que não haviam sido cumpridas as tarefas sugeridas na sessão anterior. Então explicamos a importância de aliar os conhecimentos e reflexões obtidos nas sessões ao conteúdo prático do cotidiano. Dando continuidade ao processo, foi perceptível que não havia interesse na mudança de comportamento, e as pequenas mudanças que ele já havia conquistado estavam exigindo mais dedicação e aplicação no trabalho cotidianamente. No fim da sessão conversamos e indicamos o encerramento do processo. Nessa ocasião foi prometido engajamento para as próximas sessões, tanto engajamento do processo, quanto cumprir horários e datas, o que não aconteceu.

Pela ética do *coaching* devemos dispensar os *coachees* quando começamos a estabelecer pré-julgamentos e foi exatamente o que aconteceu, na quarta sessão sugeri ao *coachee* que encerrasse o processo. Não seria adequado que o cliente continuasse a pagar sem que houvesse aplicação no processo.

Analisando os três casos, podemos observar que o comprometimento do cliente é parte importante do processo. Assim é necessário almejar resultados, buscar como se fosse a última oportunidade, aliando reflexões em sessões e práticas do cotidiano. O processo de *coaching* é uma oportunidade de mudança de comportamentos e, consequentemente, de mudança de vida, se soubermos aproveitá-lo.

Por isso, na próxima vez que lhe falarem sobre o *coaching*, veja no processo uma oportunidade de aprendizado, crescimento, fortalecimento e ascensão de carreira e se comprometa com o seu sucesso.

## 4. Considerações finais

Concluímos que o processo de *coaching* é algo inovador e apresenta poderosas ferramentas que auxiliam os clientes (*coachees*) a saírem da mesmice e a buscarem felicidade, confiança, prazer em desenvolver sua vida pessoal e profissional. Estar aberto a novas experiências e querer mudar de vida é o passo número um, mas existe um conjunto de qualificadores que podem ajudar ou atrapalhar o processo. Assim, é importante escolher um *coach* formado em uma instituição séria e com estrutura sólida no mercado, que apresente resultados, além de idoneidade e ética frente ao *coaching* e à sociedade, já que seu discernimento para a escolha das ferramentas a serem aplicadas para cada situação é essencial, pois o cliente a ele o confia.

Por fim, constatamos a importância que tem o *coachee* no processo de *coaching*, e sua parcela que faz o processo ser diferenciado. O comprometimento, a assiduidade e a abertura para enxergar a vida de um novo ângulo é a chave para o sucesso do *coaching*. O sucesso do *coaching* se faz pela união do *coach* com sua experiência e ferramentas, e o cliente com o comprometimento, pois como diz Albert Schweitzer: "A maior descoberta de uma geração é a de que os seres humanos podem mudar suas vidas modificando suas atitudes mentais".

## Referências

DA MATTA, Villela. *Personal & Professional Coaching - Livro de Metodologia*, Rio de Janeiro, Editora Publit, 2012.

GIL, Antonio Carlos. *Gestão de Pessoas - Enfoque nos Papéis Profissionais*, 1 ed. Editora Atlas, São Paulo, 2010.

# 24

# Conversa de *coaching*: aprendendo a desenvolver a equipe

Atualmente, um dos principais desafios dos gestores é desenvolver a equipe, tanto nos aspectos técnicos como nos comportamentais. Quando os colaboradores trazem situações de erros ou, simplesmente, novos desafios, o gestor pode aproveitar essas oportunidades para gerar aprendizagem e desenvolvimento. Para isso acontecer, ele precisa ser capaz de conduzir uma conversa de *coaching*

**Mari Martins**

## Mari Martins

*Master coach* com formação internacional pelo *Integrated Coaching Institute* ICI (Los Angeles/EUA) para atuar nos processos de *coaching* executivo e pessoal. *Coach* com formação na Associação Brasileira de *Coaches* Executivos e Empresariais (ABRACEM) e *coach* cognitva pelo Instituto de Psicologia Cognitiva. É psicóloga e bióloga pela UNESP. Especialista em Psicodrama Terapêutico e Pedagógico pela Escola de Psicodrama de Tietê, em Terapia Cognitiva (Instituto de Terapia Cognitiva) e mestre em Genética Humana pela UNESP. Há mais de dez anos atua como *coach* e há mais de 20 anos como consultora de Recursos Humanos. Autora, coautora e instrutora de programas de desenvolvimento gerencial liderança *coach, coaching* de grupo, *coaching* executivo, entre outros. Coautora do livro: *Psicodrama e emancipação: a escola de Tietê* (Editora Agora). Algumas empresas nas quais desenvolveu trabalhos: AGP Glass, ALL, Boticário; Brose do Brasil, Cimento Itambé, Electrolux, Embraco, FH Consulting, GVT, Grupo Thá, HSBC, Mosaic Fertilizantes, Novozymes, Renault do Brasil, Seara Alimentos, TIM, ThyssenKrupp Elevadores, Volvo. Diretora da Duomo Educação Corporativa.

**Contatos**
duomo@duomoeducacao.br
0800 642 2013

Você já se viu diante dessas situações?
- O subordinado pergunta como resolver o problema, sob a responsabilidade dele, e você dá uma resposta pronta ou a solução.
- Você delega uma tarefa para o seu subordinado e, quando chega o prazo final, ele diz que não conseguirá entregar porque não teve tempo para fazer, e você puxa a responsabilidade para si.
- Você recebe a demanda de um projeto, que será um novo e possível desafio para o seu subordinado, mas ele precisa sair da zona de conforto e ir além do que consegue entregar. Você fica em dúvida se delega ou assume tal projeto.
- Em um trabalho em parceria com outra área, um funcionário da sua equipe vive uma situação de conflito.

Frequentemente, o líder se vê diante de situações como essas e inevitavelmente conclui: "Preciso produzir resultado, mas, do jeito que estamos funcionando, eu e minha equipe não daremos conta".

Aparece, então, o dilema: "Como desenvolver essa equipe de modo que ela se aproprie de suas responsabilidades e eu, do meu papel?"

Nesse cenário, um pensamento recorrente é: "Se tiver que parar tudo o que faço para desenvolver minha equipe, não conseguirei cumprir meus compromissos de forma apropriada."

Costumo dizer que a questão não é fazer mais e, sim, fazer diferente.

Muitas conversas entre líderes e liderados são infrutíferas e servem apenas para desabafo. No melhor cenário, o liderado aproveita para desabafar e "delegar para cima", ou seja, devolve ao chefe a responsabilidade delegada, quando este próprio não assume tal atividade por acreditar que terá melhor desempenho. No pior cenário, o chefe ouve as justificativas e desculpas e considera o seu funcionário incapaz.

Uma das sugestões propostas é que os gestores aproveitem as situações de erros, os trabalhos realizados abaixo da expectativa, as dúvidas do subordinado ou os novos desafios para gerar novos aprendizados em termos práticos. Em cada uma dessas situações, o líder pode definir metas de performance ou de desenvolvimento de competências.

Na primeira situação, é necessário convidar o seu colaborador a definir aonde quer chegar e estimulá-lo, por meio de perguntas, a buscar soluções criativas para os problemas. Na segunda situação, na área de desenvolvimento, busca apoiar o subordinado para que ele perceba seu funcionamento e seus *gaps* nas competências – que o têm afastado de suas metas, assim como focar no desenvolvimento de tais competências.

**Caso ilustrativo**

Vamos usar um caso ilustrativo para entender como se dá uma conversa de *coaching* para desenvolver a equipe: certo *designer*, subordinado de um gerente de desenvolvimento, chega com a queixa de que não conseguirá entregar o protótipo do novo produto, pois não foi testado pela equipe de engenharia e, assim, não pode dar continuidade ao processo. O mais comum e praticamente certo é que esse gerente dê uma solução como "vá e fale com o supervisor de produção dessa linha". E mais: "Mostre-lhe a relevância do projeto e traga-o para junto de nós, para que ele trabalhe em função de um objetivo comum. Segundo Rhandy Di Stéfano, "o conselho funciona como um fraco substituto, ao qual o gestor apela quando não consegue ajudar seu colaborador a se ajudar. Outra saída, ainda mais previsível, é o chefe entrar no circuito e resolver o problema no lugar do subordinado. O gestor ficará sobrecarregado e o subordinado perderá uma grande oportunidade de se experimentar e de descobrir se consegue dar conta da situação.

Esse é o momento em que surge a necessidade de uma conversa de *coaching*. Existem dois caminhos para conduzir essa conversa: desafiar para a realização das tarefas ou desenvolver competências.

**1. Desafio para a realização das tarefas**

A primeira estratégia de um diálogo dessa natureza é definir uma meta de performance. Em vez de dar a solução, cabe ao gestor perguntar qual a meta do colaborador nesta situação? O que pode ser feito para atingir esse objetivo, quais as alternativas e se há algo que ele (gestor) possa fazer para apoiá-lo.

Ao quebrar o costume de dar repostas e soluções, o gestor ativa um círculo virtuoso de empoderamento - pois devolve o poder a quem de fato responde pela situação - e de elevação da autoconfiança. Ele sinaliza que a própria pessoa tem condições de resolver os problemas em que está envolvido.

Considerando que 70% do aprendizado acontece na prática, o fato de o gerente estimular, convidar a pessoa a pensar e a colocar em prática possíveis soluções gera oportunidades de desenvolvimento e autonomia, segundo Lombardo & Echinger (1996).

Em muitas situações, a pessoa consegue ser bem-sucedida, principalmente quando o profissional tem preparo para resolver o problema. Só não o faz por falta de atitude ou por dificuldade de assumir responsabilidade pelo resultado, deixando de observar que podem existir outras saídas.

Essa abordagem funciona como um treino de solução de problemas, pois, por meio de perguntas efetivas, o indivíduo pode chegar à solução ou ao atingimento de metas, sair da reação e ser conduzido à criação, focar no futuro e não no passado. Esse aprendizado pode ser generalizado em situações semelhantes e ele pode conseguir dar conta da situação por si mesmo. A energia gasta reagindo ao problema pode ser utilizada na solução.

Segundo o gerente do caso citado, antes de ele entender o seu papel de *leader coach*, havia uma tendência de resolver os problemas dos subordinados; hoje, ele primeiro ouve as ideias deles. Se estiverem a contento, deixa-os seguirem em frente, se não pede para pensarem em outras possibilidades. Não raro acontece de eles chegarem a uma terceira solução, aproveitando as orientações da chefia unidas às suas próprias reflexões. Isso é trabalhar em prol da maturidade do time.

**2. Desenvolvimento de competências**

Nesse caso, o segundo caminho de uma conversa de *coaching* é focar no desenvolvimento de competências. Hargrove (1995) lembra que "poucas vezes ocorrem às pessoas que os problemas enfrentados no seu trabalho são inseparáveis de quem elas são, da maneira como pensam e interagem com os outros". À medida que esse gerente de desenvolvimento permanece no papel de *leader coach* e conduz uma conversa de *coaching*, seu olhar se desvia para perceber como o funcionário está trabalhando funcionando e produzindo resultado, identificando oportunidades de desenvolvimento de competências.

Para contribuir na solução de desenvolvimento de competências, sugerimos o método G.A.M.A.O.

**G: Gaps –** O gerente de desenvolvimento do caso acima citado em parceria com seu subordinado identifica os *gaps* de competência deste, a partir da realidade presente. Abaixo, algumas sugestões de perguntas que podem ser feitas na identificação dos *gaps*:

- O que aconteceu? É necessário descrever a situação com dados e fatos.
- Essa situação traz quais oportunidades de desenvolvimento de competência?
- Quais oportunidades de aprendizagem?
- *Feedback* ao colaborador: à medida que o gestor percebe quais competências a serem desenvolvidas. Ele precisa comunicar essa percepção clara e objetivamente ao subordinado.

No caso citado, gestor e subordinado chegam à conclusão sobre os *gaps* a serem trabalhados:

1. Comunicação assertiva;
2. Autocontrole emocional;
3. Relacionamento com pares;
4. Influenciar pessoas para atingirem objetivos comuns.

**A - (Aliança):** Buscar construir uma relação de confiança entre gestor e subordinado, a ponto do subordinado conseguir expor suas deficiências sem receio de ser julgado, criticado ou rotulado por pedir ajuda para encontrar saídas. A confiança entre ambos é o mais importante na construção da aliança. A partir disso, o *leader coach* ajuda o subordinado a sair da vitimização e a parar com as reclamações. Faz o convite para ele aprender com a situação e sobre si mesmo.

O gerente de desenvolvimento citado compartilhou que sua primeira reação é de julgamento e que ele faz um esforço deliberado para entender por que cada subordinado age de determinada maneira. Segundo ele, compreender que as pessoas agem desta ou daquela forma, por terem dificuldades e não por maldade, ajuda a ser mais empático e a focar no que ele, como gestor, pode fazer para contribuir com a melhoria de cada integrante da equipe.

Inicialmente, o colaborador resistiu e tentou terceirizar (transferir) a responsabilidade por seu comportamento, dizendo: "Eu ajo dessa forma, pois eles não fazem a parte deles." O gerente ouviu, foi empático, mas firme no que diz respeito à necessidade de desenvolvimento do colaborador.

As principais habilidades do *leader coach* para construir aliança são ouvir atentamente sem julgar, identificar as deficiências, reconhecer as qualidades, potenciais e os avanços do seu subordinado, ser empático e dar *feedbacks* honestos e construtivos.

**M - (Metas):** Estabelecer metas de desenvolvimento de competências - quais competências precisam ser desenvolvidas de modo a aproximar o liderado da meta desejada. Essas metas precisam ser específicas, mensuráveis, atingíveis, relevantes e temporais (SMART). No caso citado, gestor e colaborador definiram os seguintes objetivos:

1. Comunicar-se de forma direta e honesta, respeitando o outro;
2. Manter-se calmo quando o par de outra área estiver com o prazo estourado;
3. Relacionar-se com mais proximidade e entendimento do ponto de vista do outro;

4. Influenciar pessoas para atingirem objetivos comuns.

O profissional em desenvolvimento precisa ter clara sua percepção e o que espera; definir sua meta e aonde pretende chegar. Isso aumenta as chances de planejar e praticar ações em prol do objetivo. Essas metas de competência indicam o sentido e o significado, dialogam com os valores pessoais. O papel do gestor é auxiliar na definição clara e específica das metas de desenvolvimento e trazê-lo para a responsabilização e postura de protagonista diante da carreira e da vida.

**A - (Ações):** Com as metas desenhadas, agora é hora de partir para o plano de ação. Quanto mais clara a meta, mais fácil a criação de um plano de ação. O risco maior neste item é o gestor construir o plano para o subordinado. Este é mais um momento de empoderamento, no qual o subordinado é convidado a pensar, apresentando ações possíveis para cada uma das metas, colocando a demanda no seu radar.

Para evitar risco, o gestor pode usar perguntas focadas na solução e não na exploração do problema, tais como o que, como e quando.

Segundo Rhandy Di Stéfano, ser um gerente-*coach* não toma mais tempo, pelo contrário, é apenas uma mudança de postura. Em vez de perder tempo com dez perguntas investigativas do passado, ele faz uma única, "poderosa".

O aprendizado é diferente de conhecimento intelectual e só acontece quando o conhecimento é aplicado na prática. O planejamento de ações frequentes é um experimento que ajuda na avaliação do que realmente funciona.

Agir significa correr o risco de errar e, como vivemos atualmente uma ditadura de resultados, muitos criam a crença de que errar é igual a fracassar. Daí a se achar incompetente é um pulinho. Para mudar essa chave, os fracassos precisam ser encarados como oportunidades de aprendizagem...

O gestor tem a importante função de auxiliar o liderado na busca de possíveis alternativas, responsabilizá-lo pela solução, reconhecer os avanços e se colocar como aliado no alcance das metas.

**O – (Obstáculos):** Levantar os possíveis obstáculos e dificuldades para alcançar as metas e definir os planos B, C, D. Importante perguntar quais são os obstáculos para alcançar a meta e qual o plano B do colaborador.

Em muitos casos, o que a pessoa pensa de forma rígida e absoluta, que chamamos de crenças, são os maiores obstáculos para a realização das metas. Questionar tais crenças é a principal ajuda do *leader coach*.

À medida que o subordinado se desenvolve e aprende, o ingre-

## Team & Leader Coaching

diente indispensável é o reconhecimento. Ele é uma necessidade humana para o desenvolvimento do potencial e constrói uma base sólida para a autoconfiança.

As conversas de *coaching* podem acontecer diante de:
- Um erro cometido pelo subordinado;
- Pedido de um conselho;
- Situações de fracasso e sucesso;
- Um novo desafio.

Essas situações fazem parte do cotidiano de uma organização e podem ser transformadas em oportunidade de aprendizagem. Isso é possível se o gestor assumir e desempenhar o papel de *leader coach* e souber conduzir uma conversa de *coaching* - manter um diálogo capaz de gerar desenvolvimento e aprendizagem.

O *leader coach* apoia o seu time para ser mais e melhor do que antes, pois todos aprenderam, desenvolveram competências e sabem lidar com situações que anteriormente pareciam muito difíceis de superar.

O time traz um problema, uma queixa, uma dúvida, um fracasso ou um sucesso. Você devolve com uma pergunta que clareia a meta e/ou o ponto de chegada, e com ações que levem o indivíduo a pensar em saídas. Ou você identifica os *gaps* de competências e desenha, em parceria com o colaborador, um plano de desenvolvimento.

Ambas as estratégias fazem parte de uma conversa de *coaching*, ou seja, um diálogo cujo foco é desenvolvimento e aprendizagem.

# 25

# Gestão de franquias
# Qual é seu estilo de liderança e gerenciamento?

A ilusão de que as franquias darão o lucro previsto,
com menos esforço, pode levar ao fracasso
ou a resultados medíocres

**Maria de Lourdes Maran Deliberali**

## Maria de Lourdes Maran Deliberali

*Master Coach* e *Executive Coach* pelo *Behavioral Coaching Institute*, *Positive* e *Hapinness Coach* pela Sociedade Brasileira de *Coaching* com MBA pela Fappes. Graduada em Marketing pela Faculdade FACISA, com especialização na FGV Brasília - DF, Analista de Perfil. Diretora-fundadora da Academia Marketing *Coaching*, através da qual assessora pessoas desenvolvendo programas personalizados para treinamentos individuais e de equipes, planejamento estratégico de negócios e plano de carreira.

**Contatos**
mariadelourdes@academiamarketingcoaching.com.br
www.academiamarketingcoaching.com.br
(61) 8270-2029

### Maria de Lourdes Maran Deliberali

Nas últimas décadas mais pessoas têm se interessado pelos negócios disponibilizados pelas franquias. Uma grande parte desses novos empresários já tem uma atividade, como no caso dos profissionais liberais, ou empresários de outros ramos que querem aplicar suas economias e diversificar seus negócios. Eles entendem que é mais prático optar por uma empresa que já tem pronta toda a parte criativa e a marca consolidada, e julgam que vão despender menos tempo no gerenciamento da nova empresa.

Ocorre que a administração de um negócio não se sustenta por si só, algo bastante óbvio, porém, poucas vezes levado em consideração pelos novos franqueados, que ao optar por franquias, têm a impressão de que o formato, o produto e a marca preestabelecidos e consolidados no mercado facilitarão a administração e a obtenção de lucro, o que seria mais viável para eles que não dispõem de tanto tempo para o novo empreendimento, ou que muitas vezes não têm perfil empreendedor e não querem se ocupar com o desenvolvimento de novas competências e habilidades.

É constante o depoimento de empresários que investiram em franquias e que não entendem o porquê de suas lojas estarem com desempenho abaixo do que previram no ato das aquisições.

**Como se livrar do problema e obter resultados satisfatórios**

Caso esteja enfrentando problemas, com relação à baixa produtividade dos funcionários e faturamento abaixo do esperado atente para alguns detalhes:

1. Identifique se na parte da constituição da empresa está tudo de acordo com o proposto pelo franqueador, documentação, *layout*, *design*, produtos e serviços oferecidos.
2. Faça uma pesquisa de opinião, com seus clientes. Por meio de questionário bem elaborado, procure saber o quanto eles estão satisfeitos com os produtos e os serviços oferecidos por sua loja e quais os itens que os desagradam. Evite perguntas fechadas do tipo sim ou não. Não se apegue somente aos questionários, crie um ambiente favorável para colher informações através de diálogo verbal, e construa uma conversa inteligente com o cliente.
3. Verifique se sua clientela atual tem o perfil proposto pela sua franquia: classe social, nível de escolaridade, valores, crenças, necessidades e desejos. Isso vai permitir que você avalie a possibilidade de reposicionar seu negócio. Muitas vezes

a origem das franquias está em um contexto sociocultural muito diferente do que você escolheu como localização, talvez sejam necessárias algumas adaptações.
4. Veja o quanto seus funcionários estão alinhados com a cultura organizacional proposta pelo franqueador: educação, cordialidade, higiene, políticas, missão, visão e valores. Essa é uma questão que merece atenção constante, principalmente quando há entrada de novos colaboradores, para que não se perca a essência e a estratégia central do negócio. Cheque qual é o nível de felicidade dos mesmos com relação a fazer parte da sua equipe. Obtenha informações das suas reais necessidades, no corpo a corpo, para melhorar o clima organizacional e facilitar os processos. Existem muitas franquias no Brasil, que pela distância entre o franqueador e o franqueado somado ao agravante da falta de tempo para mais encontros e treinamentos, estão bastante desfocadas em relação ao proposto pelo franqueador. O ideal é que os treinamentos e desenvolvimentos aconteçam com frequência, de preferência com assessores e consultores externos que possam avaliar periodicamente essas questões.
5. Administre seu tempo. Se tiver outras atividades, faça cálculos e reveja o tempo que está dedicando a cada uma delas e como poderá adequar para não ter prejuízos, mas sim gerenciar tudo dentro do que cada uma requer. Leve em consideração que o que deixa de ganhar já deve ser considerado como prejuízo.
6. E no fim das contas, se concluir que não tem mesmo tempo para dedicar ao seu novo investimento, gerencie isso até encontrar alguém com competência e habilidades para tal, treine, desenvolva e foque na solução. Muitos são os empresários que estão deixando seus investimentos por conta da administração coletiva, ou seja, todos dentro da empresa "mandam" um pouco. Vemos com frequência que enquanto funcionários entram em desavenças, contam as últimas novidades e navegam pela internet, os clientes entram e saem sem serem percebidos, e vão procurar a concorrência, afinal, bem pertinho dali, encontrarão um atendimento melhor por um preço equivalente ou até menos dispendioso, porque apesar do concorrente, às vezes, não ter a marca conhecida, ou a popularidade do seu ponto, o bom atendimento é algo que encanta e se sobrepõe a esses itens e até mesmo aos preços mais elevados.

Enfim, o sucesso ou o fracasso do seu novo empreendimento depende do quanto você está empenhado na gestão do mesmo. A falta de tempo, de recursos e outros argumentos são algumas variáveis, que justificam a falta de ações, se colocadas de forma isolada, sem que se atente para o conjunto de todos os fatores. Assim cabe a você a decisão de querer que seu negócio se torne um negócio viável e rentável, caso contrário ele ocupará seu tempo, não para resultar em benefícios a você e a sua equipe, mas sim para resolver os inúmeros problemas que com certeza surgirão. Isso quem escolhe e decide é você.

Para perceber melhor sua situação atual faça essa pequena reflexão:
- Por quanto tempo conseguirei procrastinar decisões e manter esse negócio como está sem ter mais prejuízos?
- Quanto estou perdendo todo mês por não gerenciar meus investimentos? Quanto isso totaliza em um ano?
- Quais os benefícios que vou obter com a administração do meu tempo?
- O que vou perder em gerenciar meu negócio? Isso está me impedindo de entrar em ação?
- Vale a pena mudar minha atitude e reposicionar?
- Qual o primeiro passo que vou dar hoje em direção à resolução dos meus problemas de administração e liderança? Onde quero chegar até o fim do ano?

_____
_____
_____
_____
_____
_____
_____
_____
_____

Sucesso sempre!

## 26

# A arte de liderar com a essência do amor

Quer fazer a diferença na arte de liderar? Para isso não é preciso nada espetacular. Basta simplesmente SER, afinal, o verdadeiro líder não leva a boa notícia, ele é a própria boa notícia. E como desenvolver esta habilidade? Por meio de algo simples, mas com um poder espetacular: Dar o toque sutil da essência do amor em tudo o que faz, porque se não tiver amor, nada serei

**Marluy Nogueira**

## Marluy Nogueira

Presidente da Total Coaching, palestrante e *master coach* reconhecida e certificada internacionalmente pelos órgãos do *coaching*: European Coaching Association; Global Coaching Community; International Association of Coaching Institutes; e Instituto Brasileiro de Coaching (IBC). Logoterapeuta, fisioterapeuta, acupunturista e psicóloga especializada em Psicoterapia Corporal pelo Instituto Ligare (reconhecida pelo Conselho Federal de Psicologia ligado ao Instituto de Análise Bioenergética de São Paulo – IABSP, e ao International Institute for Bioenergetic Analysis – IIBA, na Suíça). Formações complementares: *coaching eriksoniano*, *neurocoaching*, leitura biológica na psiquiatria, *biofeedback* cardíaco. Mais de trinta anos de prática com grupos, gestão de pessoas, vivências e *workshops*. Desenvolve há mais de três anos o programa Vida saudável na rádio Onda Viva de Presidente Prudente.

**Contatos**
www.totalcoaching.com.br
total.coaching@hotmail.com
Facebook: Total Coaching
(18) 3901-1371 / 3222-5999

# Marluy Nogueira

Falar de liderança é falar da capacidade de se comunicar, seduzir, persuadir, influenciar, desenvolver pessoas e organizações, curar, motivar, atrair, unir, agregar, enamorar, amar. Liderar é ter consciência de nossa verdadeira missão: SER a própria boa notícia e não apenas levá-la. Tudo isto devido a um toque mágico da essência do amor, pois é ela que nos faz assim tão especiais na arte de liderar.

Ouvimos constantemente que o que gera resultados em nossa vida não é o que sabemos e sim o que fazemos. Eu, porém, vos digo, melhor do que fazer é COMO FAZER, pois ao colocar 100% de energia no que se faz com dedicação e amor, criando um *rapport* de alma, otimizando a comunicação e tendo disponibilidade interna e interesse, as lideranças vão acontecer com maestria e o resultado vai se tornar surpreendente em todas as áreas de sua vida e na das pessoas que passam pelo seu caminho.

*"O encontro de duas personalidades assemelha-se ao contato de duas substâncias químicas; se alguma reação ocorre, ambas sofrem uma transformação"*
(Jung).

Reflita: Você tem desenvolvido a liderança na sua vida com empenho? Tem sido a boa notícia primeiramente em sua vida? Tem colocado energia nas coisas que realiza? Tem se amado, amado seu trabalho e as pessoas com quem convive? Você tem buscado crescer cada dia mais? Há quanto tempo não se olha, se admira e reconhece todo o seu potencial? Pior do que lamentar que o outro não lhe enxerga, é perceber que você mesmo não tem disponibilidade de se olhar, de se admirar e de se encantar com o seu lado luz. Falando nisso, quando você se olha, gosta do que vê? Reconhece mais seu lado luz ou sombra? Reconhecer seu lado luz é enxergar a divindade que existe em você, é entrar em contato com sua centelha de Deus e suas infinitas possibilidades, é poder exalar este brilho por meio de seu olhar, seu sorriso e sua linda presença. Reconhecer o lado sombra também é importante, pois temos, sim, que olhar para este lado para crescer e iluminar o nosso caminho, a nossa vida e desenvolver o poder de liderança. Só que devemos tomar cuidado porque o que focamos, vai expandir. Devemos então, olhar para este lado sombra, sem ficarmos paralisados, nos depreciando, mas para buscar alternativas, resultados, ampliar a nossa luz e nos conscientizarmos do valor de nosso verdadeiro EU como diretor psíquico para avançarmos nas nossas conquistas.

Eu sei quem você é e sei que pode ser muito mais! Ouse ir além, ouse entrar em contato com sua paz interior que é uma forma de sintonizar e mostrar a você o caminho, fazendo com que atraia tudo de melhor que o universo tem a lhe oferecer. Ouse colocar foco em sua vida, ouse se sentir merecedor. Mais do que isto, ouse se amar, se respeitar, se reconhecer, se perdoar, pois só assim verdadeiramente poderá ir ao encontro do outro com toda disponibilidade interna para que o verdadeiro *rapport* de alma aconteça, capacitando-o na arte de liderar com a essência do amor.

Liderar com a essência do amor é poder olhar para o outro, pensando o quanto está verdadeiramente aberto, gostando de estar ali, ou mesmo apreciando a pessoa que está a sua frente, pois ela, por meio de seu inconsciente, estará captando o não dito. Vendo um vídeo que falava justamente sobre beleza emocional, pude refletir nesta importância. Ele dizia: "Quando for falar com uma pessoa pense: Eu gosto de você". Assim o outro vai captar a sua alegria do encontro, a sua disponibilidade emocional, a emoção e ocorrerá a verdadeira conexão. Devo me reconhecer, me amar, me aceitar do jeito que eu sou para poder estender às outras relações. Só um ser inteiro pode ir saudavelmente ao encontro do outro.

Aprofundando o tema de liderança podemos reconhecer seu poder curativo dentro da empresa, com sua equipe de trabalho, dentro da família, de seu relacionamento, dentro do seu consultório médico, psicológico ou mesmo em uma sessão de *coaching*. Eu, enquanto psicóloga e *master coach,* refletindo sobre este vídeo da beleza emocional pude expressar: "Obrigada, Senhor por me dar o dom de acolher as pessoas que entram em minha vida com tanto carinho. Porque quando as encontro, não penso apenas 'eu gosto de você'! Eu penso como amei conhecer esta pessoa, ela é linda! Ajude-me a ajudá-la". Com certeza, eu consegui muitas coisas em meus atendimentos, então aqui estava o segredo: O amor com que eu olhava, acolhia e atendia cada pessoa que passava por meu caminho. Despertei-me então para a importância do amor que exalo na minha vida, nas minhas ações, relações, na minha profissão (que exercito como proposta maior de missão). Com toda convicção de alguém que sabe POR QUE faz, COMO faz e O QUE faz, fiquei pensando no quanto podemos CURAR SIM. Curar com a essência do amor para obtenção de resultados em excelência.

*"O amor é a força mais curativa do mundo. Ele cura não apenas o corpo ou a mente, mas também a alma"*
(Osho).

## Marluy Nogueira

Isto é sério! Todos nós temos o dom da cura! Inclusive, com um grupo que acompanho, pude comprovar esta realidade. Compartilhando a história de minha escolha profissional lhes dizia:

"Minha primeira profissão era de fisioterapeuta, tinha uma clínica de estética, trabalhei quase 10 anos nesta profissão com muito amor e dedicação. Mesmo assim, uma inquietude me acompanhava, era minha missão que não tinha se concretizado. Em um momento de oração, me vi executando o trabalho como missão de vida. Pensando no que poderia desenvolver para alcançar esta plenitude, vi a possibilidade de fazer medicina, pois a faculdade de fisioterapia despertou em mim um desejo muito grande de conhecer ainda mais o ser humano, fiquei encantada por esta invenção fantástica de Deus. Queria me aprofundar neste tema, ainda mais porque desde pequena, tinha em minha alma a chama do desejo do saber ardendo dentro de mim. Quando pensei na possibilidade de desenvolver a minha missão enquanto médica, me frustrei porque queria poder fazer algo mais do que simplesmente dar remédio de graça às pessoas. Despertei-me para a possibilidade de fazer a diferença com a psicologia. Preferi ser MÉDICA DE ALMA. Ao final, uma das integrantes do grupo me falou: Sabe por que você não queria dar apenas o remédio para as pessoas? Porque você queria ser o próprio remédio, como tem sido nas nossas vidas."

O poder daquelas palavras ficou ecoando dentro de mim e durante o programa "Vida saudável" que desenvolvo na Rádio Onda Viva, refleti com meus ouvintes: "É claro que podemos, sim, ser o remédio na vida das pessoas e principalmente na nossa vida. E como eu consigo ser este remédio? Por meio da prática da essência do amor, pois ela é curativa e tudo acontece com o seu poder."

*"A ciência moderna ainda não produziu um medicamento tranquilizador tão eficaz como o são umas poucas palavras boas"*
(Sigmund Freud).

Embasando estas minhas convicções, coloco aqui três neurocientistas internacionais que falaram em um congresso de trauma no Rio de Janeiro: "O que cura é o engajamento social, o face a face, o olho no olho". Falar de cura é falar de amor, de coisas simples e gestos pequenos com um poder extraordinário que nos leva a resultados surpreendentes. Partindo deste princípio, coloco outra frase, de autor desconhecido, que gosto muito: "O missionário não faz grandes coisas, faz grandes as coisas pequeninas".

O que seriam estas coisas pequenas que devemos valorizar para sermos o remédio na nossa vida e na vida das pessoas? Temos um exemplo simples, o poder das palavras mágicas: POR FAVOR, MUITO OBRIGADA, ME PERDOE, EU TE AMO, SINTO MUITO, COM LICENÇA. Temos também o poder do sorriso, do elogio, do bom humor.

Peter Levine nos transmitiu outro exemplo maravilhoso no mesmo congresso de trauma no Rio de Janeiro: a importância de provocar um aumento desta conexão com o outro, simplesmente por aceitar o café que lhe é oferecido. Ele dizia que mesmo que você não goste de café, aceite, pois o outro se sentirá acolhido e mais aberto para o encontro. Fiquei pensando: "Como é possível alguém vir de tão longe para nos ensinar coisas tão simples?!". A resposta em que cheguei: se as pessoas se amassem mais, se tivessem mais tempo umas para as outras, mais sensibilidade e disponibilidade interna, descobririam o valor das pequenas coisas e nada disto seria necessário.

Precisamos acordar! Isso só acontece porque estamos adormecidos, anestesiados, com medo do encontro, do relacionamento, do amor. Tudo bem, as defesas até nos protegem do sofrimento, mas será que também não nos protegem do amor e assim adoecemos?!

Sinceridade, eu nunca vi e nunca li nada que me provasse que existiu algum ser humano que não necessitasse se sentir amado e reconhecido. Afirmo novamente, o remédio é o amor. Se quiser ser remédio e liderar com a essência do amor, primeiramente tem que se sentir amado, valorizado, protegido, reconhecido e perdoado, afinal, como diz na Bíblia, devo "amar o próximo como a mim mesmo". Não é possível eu querer amar o outro se não me amar. Respeitar se não me respeitar. Perdoar se não me perdoar. Não é possível desenvolver uma liderança com maestria se não estiver bem comigo mesmo. Não é possível dar o que não tenho. Devo olhar, então, para o que tenho, o que estou fazendo comigo mesmo e com os outros. Será que tenho buscado crescer como pessoa? Tenho me protegido, me amado e me respeitado? Ou pelo contrário, quantas vezes me aprisiono, me coloco em situação de abandono, me privo do remédio mais puro e verdadeiro: a essência do amor. O quanto também tenho me sujeitado a ser um verdadeiro caminhão de lixo, que fica pegando todos os entulhos?! Estamos sobrecarregados, morrendo de dor na coluna, devido a tantos "lixos" alheios, tantos micos que pegamos, tantos pesos desnecessários que carregamos. O que seria pegar o mico? Para exemplificar citarei um caso clínico (vou falar de sogra, mas sem preconceitos, foi coincidência): A cliente estava falando do quanto as atitudes de sua sogra a incomodavam. Pedi, então, que esperasse um momento, peguei um mico de pelúcia e joguei para a cliente. Ela o pegou e eu falei: "Ok! Podemos continuar. Por que você pegou o mico?". Ela meio sem entender respondeu: "Porque você o jogou para mim!" Então, eu lhe disse: "Não é deste que falo. Por que você pegou o mico de sua sogra?".

Quantas vezes nos sujeitamos a pegar tudo que nos é apresentado? Acorda! O outro pode fazer, falar e ser o que quiser! Eu é que não tenho que pegar os micos, os lixos, os presentes indesejáveis. Eu que tenho que estar saudável o suficiente para dizer quando vierem jogar seus entulhos: Não! Chega! Não quero isto para mim! Pode inclusive apertar o botão do "DANE-SE" ou até mesmo pensar:

1. O jeito dele é o jeito certo.
2. Deixe que venha! Deixe que vá!
3. Senhor tenha piedade dele porque ele não sabe o que faz.
4. Não preciso aceitar os PRESENTES que eu não quero.
5. Não sou caminhão de lixo para pegar os entulhos de ninguém.

Vou lhes contar uma metáfora, de autor desconhecido, que nos clarifica o que seria o não pegar os micos, entulhos, presentes indesejáveis que nos são apresentados:

Um samurai famoso pela calma inabalável foi desafiado por um soldado que decidiu colocá-lo à prova. O guerreiro começou a fazer coisas terríveis, como xingá-lo, cuspir em seu rosto, ofender os ancestrais. Fez isto por muitas horas, mas não conseguiu nada. No fim, o soldado já cansado se rendeu e partiu envergonhado. Os alunos do samurai, surpresos, perguntaram: "Mestre o Senhor não se irritou com nada do que o soldado fez! Como conseguiu?". O Mestre respondeu: "Se alguém chega até vocês com um presente e você não o aceita, o que acontece com o presente?". Eles responderam: "Fica com quem o trouxe". O Mestre completou: "Pois foi isso que eu fiz: eu não aceitei a raiva, os insultos, a inveja e nada do que ele me ofereceu, porque não me pertenciam. Portanto ele teve que ficar com eles".

Para finalizar, convido você a pensar que sua paz interior, seu bem-estar, sua saúde física, psíquica e espiritual depende exclusivamente de você e são fundamentais para o exercício de uma boa liderança. Temos também que estar capacitados, conscientes de nossa verdadeira missão, abertos ao valor das pequenas coisas, colocando muita energia e um toque mágico da essência do amor, pois é ela que faz a diferença para se obter resultados surpreendentes na arte de liderar.

Sabendo quem você é, ousando sempre ir além, exercitará sua liderança, até mesmo como poder curativo, promovendo a saúde, o equilíbrio, a serenidade, a paz de espírito a todos os envolvidos. Curar com a essência do amor.

Assim, ao se conhecer, se gerenciar, se amar, se curar, vai se capacitando por inteiro e se apropriando da importância do exercício de uma liderança diferenciada, fazendo com que as pessoas o reconheçam e tenham a vontade de segui-lo.

*"Para ser um líder você tem que fazer as pessoas quererem te seguir, e ninguém quer seguir alguém que não sabe onde está indo"*
(Joe Namath).

## 27

# O desafio dos líderes
## Como a maturidade profissional e a disciplina podem ajudar a gerar resultados valorosos

Fazer coisas comuns de uma maneira extraordinária!
Este é o grande desafio dos líderes de sucesso.
A consciência gerada pela maturidade profissional
(ser emocionalmente inteligente e racionalmente sensível)
e o desenvolvimento de competências pelo uso da
disciplina segundo o ciclo (júnior, pleno e sênior),
é o caminho dos que almejam este objetivo

**Noberto Ferreira**

## Noberto Ferreira

Palestrante com mais de 20 anos de experiência profissional e atuação em todo o país. Consultor de inteligência comercial junto a distribuidoras, indústrias e comércio varejista. *Coach Master* empresarial e profissional Sócio diretor de empresa de comunicação e marketing digital - CMN – Marketing & Comunicação Ltda e Total Métrica Ltda. Autor dos livros: *O fator humano nas vendas & negociações* (30 mil livros vendidos em todo o país, como publicação independente). *Telemarketing 100%* da Editora Record e do livro *Um impulso para as águias - Como desenvolver a energia realizadora* (em lançamento). Entre as empresas que já participaram de suas palestras/seminários e convenções de vendas, destacamos: Bunge, Nagem, Gerdau, Tramontina, Philips do Brasil, Write Martins, Siemens, Shopping Center Recife, Concessionárias Fiat e Volkswagem, Banco do Brasil/Caixa Econômica Federal, Rede Globo, Grupo Telemar e Grupo UNIMED.

**Contatos**
www.nobertoferreira.com.br
nobertoferreira@uol.com.br
(81) 9948-6302

# Noberto Ferreira

Existe um senso comum de que os profissionais de alto desempenho são seres especiais, presenteados pela vontade divina com conhecimentos e habilidades diferenciados. Apesar de reconhecer a importância das aptidões naturais e a influência de fatores ambientais nos nossos resultados, minha experiência ensinou que determinadas práticas têm um peso determinante no desenvolvimento da capacidade das pessoas fazerem coisas extraordinárias.

Como palestrante e *coach* especialista em desenvolver profissionais de vendas e líderes empresariais, tenho dedicado minha vida à busca de conhecimentos que uma vez compreendidos e aplicados, possam impulsionar a performance de profissionais e ajudá-los a se tornarem campeões naquilo que fazem.

Colocando uma nova luz sobre o tema aprendizado e desempenho, apresento alguns entendimentos, no formato de perguntas e respostas, que podem inspirar novas reflexões e gerar consciência.

- *O que significa ser um profissional? - Um profissional é aquele que possui conhecimentos, habilidades e atitudes necessárias para colocar em prática as boas técnicas que aprendeu;*
- *O que é desempenho? - É a expressão do potencial realizador de cada um;.*
- *Quando podemos dizer que um profissional tem um desempenho diferenciado? - Quando ele consegue ser o melhor naquilo que faz.*
- *Como alguém consegue ser o melhor naquilo que faz? Os melhores profissionais são pessoas comuns, que fazem coisas comuns, contudo de uma maneira extraordinária.*
- *O segredo dos profissionais de alto desempenho é fazer coisas de uma maneira extraordinária? - Exatamente! Todo o segredo consiste em aprender a fazer coisas de uma maneira extraordinária.*

Essas respostas remetem a mais uma pergunta: como um profissional pode aprender a fazer coisas de uma maneira extraordinária? - Esta não é uma pergunta fácil de responder.

Não se trata apenas de definir um caminho a ser seguido. Precisamos ter as pessoas certas (conscientes, inconformadas, talentosas e com disponibilidade para aprender), que assumam responsabilidade pelo seu aprendizado e que desejem alicerçar sua atuação com competências diferenciadas (conhecimentos, habilidades e atitudes de alto desempenho).

Vamos agora compreender como ocorre o processo de desenvolvimento de competências diferenciadas. Na prática, o ciclo evolutivo é constituído de três níveis de aprendizado: júnior, pleno e sênior. Compreender o que significa estar em cada um desses níveis, vai ajudá-lo a entender como deve ser seu processo de desenvolvimento.

**Nível júnior –** Um profissional se encontra no nível júnior quando está "aprendendo a técnica", ou seja, quando ainda está buscando conhecimentos e desenvolvendo habilidades para fazer as atividades que deseja ou precisa fazer.

Esta fase do aprendizado é normalmente confundida com o momento em que o profissional está começando o aprendizado (iniciante). O grande erro desse entendimento é a associação entre o termo júnior e a expressão "iniciante". O termo júnior refere-se ao nível de aprendizado e não ao tempo de aprendizado. Você pode ter dez anos de experiência, ou seja, já não é mais nenhum iniciante no que faz, e cometer erros de júnior. Neste caso, mesmo atuando há dez anos, você ainda está no estágio júnior. O que caracteriza o nível Júnior é o fato de estar ainda buscando conhecimentos, usar algumas coisas que aprende, mas, não tudo, e ter ainda pouca experiência acumulada.

O grande desafio do Júnior é desenvolver as novas habilidades que precisa. É uma fase onde tudo parece difícil e complicado. A energia para aprender e para usar o que aprendeu é grande. A maioria das pessoas que está nesse nível tem um desempenho irregular (às vezes ruim, às vezes bom no que faz).

A fonte de energia para entrar e ultrapassar esta fase do processo de aprendizado é a energia emocional. Aqui sua vontade determina a intensidade e a direção de sua energia realizadora. Esta energia pode ser intensificada por dois sentimentos:

- Entusiasmo: sentimento importante para iniciar o processo de aprendizado. O entusiasmo é uma grande fonte de energia emocional para o profissional. O problema do entusiasmo é que ele dura muito pouco. Além disso, o entusiasmo tem limitações, visto que só sentimos entusiasmo quando fazemos algo que gostamos, queremos ou sentimos prazer (poucas coisas se enquadram nesta categoria o tempo todo). Em tudo que fazemos existem atividades que embora não gostemos, nós devemos fazer (querendo ou não, dando prazer ou não). É nesse momento que o entusiasmo acaba e perdemos esta maravilhosa energia extra para fazer as coisas que precisamos fazer.

- Motivação: esta é uma grande fonte de energia para dar continuidade ao aprendizado. Sem motivação as coisas não acontecem. O impulso por agir é fraco, o profissional preguiçoso relaxa, o inseguro não avança e o indeciso não sai do lugar. Todos se apequenam e se acomodam dentro da zona de conforto. Fogem do erro, do fracasso, do risco, por medo ou por excesso de zelo e busca de segurança. Toda realização ocorre fora da zona de conforto. Quanto maior o desejo de aprender, maior a atenção, quanto maior a atenção, maior a energia, quanto maior a energia, melhores serão os resultados. A rigor não existem pessoas desmotivadas, existem pessoas sem objetivos.

**Nível pleno** – Este estágio é definido pelo domínio da técnica. Podemos dizer que alguém domina a técnica quando temos:
- Execução com precisão – O profissional consegue fazer corretamente suas atividades e de acordo com as boas práticas;
- Desenvoltura – Ele faz com facilidade e velocidade o que aprendeu.
- Fluência - Competência prática que consiste em desenvolver um rico repertório de opções de como se fazer algo.

O nível pleno é uma fase onde aprender e usar as habilidades, parecem mais fáceis e simples (relação esforço / aprendizado ótima).
O profissional que deseja atingir o estágio de pleno precisa enfrentar três grandes desafios:

- Aprender a maneira certa de fazer as coisas (fazer o certo, no tempo certo, com o resultado certo).
- Aprender várias maneiras de fazer a mesma coisa (desenvolver seu repertório pessoal de técnicas).
- Enfrentar o tempo necessário para atingir os dois desafios anteriores. A verdade é que não é rápido chegar ao nível de domínio na realização de tarefas.

A maioria das pessoas que atinge esse nível tem um desempenho excelente.
A fonte de energia para entrar e ultrapassar esta fase do processo é a energia mental. A sua força de vontade, ou seja, a sua capacidade de autodomínio, determinará a sua condição de se manter aprendendo o tempo que for necessário. Sem a força de vontade no comando de nossa mente, não persistimos o que deveríamos.
Esta etapa requer tempo, curiosidade e acesso a técnicas e orientações de profissionais mais experientes.

**Nível sênior** – Este estágio é definido pela liberdade da técnica.

A expressão liberdade da técnica deve ser entendida como a capacidade de fazer o que aprendeu com naturalidade e espontaneidade e não o abandono da técnica (achar que é superior a técnica e, portanto, pode negligenciar seu uso).

Quando atinge o estágio sênior você e a técnica são um só. Sua mente já integrou o jeito certo de fazer. Aqui você simplesmente faz.

O nível sênior é uma fase onde fazer as atividades que aprendeu parecem muito mais fáceis e simples (você quase não percebe como faz, mas faz). A relação esforço/aprendizado é ótima.

A maioria das pessoas que atinge esse nível tem um desempenho extraordinário (resultado diferenciado).

A fonte de energia para chegar a esta fase do processo é a energia mental. O profissional que deseja atingir o estágio de sênior precisa enfrentar o maior de todos os desafios: a educação da vontade, que consiste em moldar sua vontade para fazer atividades de alto desempenho. A sua disciplina, ou seja, o impulso consciente para fazer o que é necessário para atingir os resultados que deseja, independentemente de seu estado de ânimo é a grande fonte de energia realizadora neste estágio.

Vejamos agora sete orientações práticas para acelerar seu processo de desenvolvimento profissional:

**1 – Desenvolva suas habilidades diariamente -** Invista tempo todos os dias para trabalhar em si mesmo. Crie continuamente uma versão mais poderosa de você. Procure a cada instante ficar melhor, mais forte e mais sábio. Use a motivação intelectual para fazer o que deve ser feito. Não espere pela motivação emocional (sentir vontade de fazer algo). É muito importante que você goste do que faz, mas não confunda isto com só fazer o que gosta. Seja dedicado. Assuma compromisso de fazer o que deve ser feito para produzir resultados. Nunca se acostume com resultados medianos. Cuidado com os estacionamentos confortáveis da vida. Nunca esteja satisfeito com o que sabe. Se quiser evoluir você precisa sair de onde está;

**2 – Exercite continuamente a evolução de sua maturidade profissional –** A maturidade é fruto da consciência e da responsabilidade pela vida. Ela define o jeito certo de caminhar para construir seu destino.

Na prática, a maturidade é o exercício consciente de sentir, pensar e agir de uma maneira saudável e eficaz.

É entender quando cabe o "eu quero" (comportamento infantil que só em algumas situações da vida profissional conseguimos ter).

É usar com mais regularidade o "eu posso" (comportamento afirmativo de poder pessoal muito comum em adolescentes e que infelizmente perdemos à medida que ficamos adultos).

É ser sábio ao usar o "eu devo" (comportamento consciente gerador de ações que devemos usar sempre que possível);

O objetivo de trabalhar sua maturidade é ajudá-lo a desenvolver o domínio sobre si mesmo e suas emoções (ser emocionalmente inteligente e racionalmente sensível). O caminhar consciente e contínuo proporcionado pela luz da maturidade vai lhe dar o tom e o ritmo certo para enfrentar os desafios da evolução pessoal.

**3 – Crie bons hábitos** - Pessoas bem-sucedidas têm sucesso por que desenvolvem bons hábitos pessoais e profissionais.

Construa conscientemente os hábitos que deseja. Faça os hábitos trabalharem para você. São estes hábitos que comandam seus comportamentos para fazer o que deve ser feito.

Crie rotinas que tenham impacto positivo em sua energia para gerar resultados - Horários de exercícios, saída de casa, tempo para dormir e se alimentar adequadamente entre outras.

Elimine hábitos que não estejam alinhados com seus objetivos. Hábitos que lhe roubam tempo ou lhe mantém apenas ocupado (aqueles que sejam alienantes, desnecessários ou não agreguem valor para sua vida ou não lhe tragam algum resultado prático).

Elimine condutas relacionadas com fugas e acomodações. Exemplo: comer exageradamente, beber, ver televisão, dormir demais etc.

**4 – Seja disciplinado** – Precisamos continuamente aprender a liberar uma maior quantidade de nosso talento potencial (existente e ainda não desenvolvido) e transformar seu uso em resultados.

Repita disciplinadamente suas atividades essenciais até ficarem automáticas. Use o poder da repetição para integrar à sua vida rotinas valorosas. Qualquer pensamento ou ação que você repete com frequência suficiente se torna um novo hábito. Levamos em torno de 21 dias para desenvolver um hábito.

**5 - Desenvolva seus talentos** - Dê mais ênfase ao desenvolvimento de seus talentos (evolução com técnica dos dons e aptidões naturais).

**6 – Adote atitudes realizadoras** – No aprendizado algumas atitudes como curiosidade, escuta e humildade têm peso fundamental, contudo dê atenção especial a duas:

- Paciência - Na vida não há resultados rápidos, instantâneos,

gratuitos, fáceis. O imediatismo, o conformismo e a busca contínua por prazeres funcionam como prisões que nos impedem de expandirmos nossas realizações.
- Persistência - Não dê a si mesmo qualquer chance de desistir. A disciplina é para pessoas persistentes. São dias e às vezes meses ou anos até atingir um desempenho satisfatório. Os resultados só virão no longo prazo. Não conte com gratificações de curto prazo;

**7 - Domine sua vontade de fazer –** No processo de aprendizado é muito importante ter constância de esforço.

Assuma compromisso. Faça o que deve ser feito. O maior abismo da vida é aquele entre saber o que fazer e fazer. Habitue-se a fazer a o que deve ser feito e não somente o que gosta ou é obrigado. Não adie. Aja como um guerreiro. Aumente sua "pegada" de ação. Seja competitivo. Entre no jogo para ganhar. Procure bater seus recordes todos os dias. Acompanhe diariamente seu desempenho.

Trazer para sua vida os benefícios da maturidade e da disciplina profissional é o desafio dos líderes de mercado. Lembre-se, você não consegue da vida o que deseja, espera ou merece, consegue da vida o que investe nela. Este é o caminho para ser o melhor naquilo que faz. Este é o caminho dos campeões.

## 28

# O que é felicidade para você?

Realização e reconhecimento são ações importantes que ocorram nas empresas? Muitos profissionais têm demonstrado que são essenciais e que estão relacionadas à felicidade. A falta dessas ações tem motivado profissionais a trocarem de empresa. Esse cenário pode ser alterado com pequenas mudanças de atitude. Espero poder ampliar sua percepção para potencializar seu papel como líder

**Norimar José Tolotto**

## Norimar José Tolotto

*Coach* pelo ICI - *Integrated Coaching Institute*; *practitioner* (PNL- Programação Neurolinguística); certificado em Cultura Organizacional pela Intercultural Management Certification - The Hofstede Centre. Certificado em instrumento de avaliação de personalidade MBTI; físico graduado - Univ. de Guarulhos; pós-graduado em Telecomunicações - Faap; pósgraduado em Redes - Fasp. Sócio-diretor da Interação Social, consultoria que atua com foco no desenvolvimento humano, utilizando como metodologias a Neuroeducação, Andragogia, Cultura Organizacional, *Coaching, Human Dynamics* e CAV (Ciclo de Aprendizagem Vivencial). Atua com o desenvolvimento e a potencialização de competências comportamentais por meio de treinamentos vivenciais, jogos C-RPG *indoor* e *outdoor*, mapeamento de perfis comportamentais por meio de ferramentas MBTI e *Human Dynamics*, e desenvolvimento de líderes e equipes com a utilização de processos de *Coaching* e *Team Coaching*.

**Contatos**
www.interacaosocial.com.br
norimar@interacaosocial.com.br

**Norimar José Tolotto**

O que faz você feliz? Com esse *slogan* a rede de supermercados Pão de Açúcar produziu diversas peças publicitárias. A Coca-Cola lançou várias campanhas com o tema felicidade. A Kibon também já associou seus produtos à felicidade. Esse é um tema que une as pessoas. Assim inicio este texto. O que é felicidade para você?

É comum desejarmos felicidade para nós e para as pessoas, muitas vezes de forma inconsciente. Proponho uma análise sobre alguns exemplos: desejamos feliz aniversário aos amigos, aos familiares e às pessoas próximas na data comemorativa de seu nascimento. Feliz ano novo, feliz dia das mães, dos pais, dos namorados, dos profissionais e várias outras datas.

A análise é: **"O que está por trás"**, ou deveria estar, quando desejamos às pessoas e a nós mesmos a felicidade?

Felicidade é ter ou ser algo ou alguém?

Reflita sobre isso. O que é felicidade para você? Faça uma lista das coisas e dos momentos que o fazem feliz.

Com certeza possuir bens, como carros, casas, barco, ajuda muito a ser feliz, mas esses bens sozinhos não "fazem a felicidade". Se assim fosse, não seria possível que pessoas simples e sem bens fossem felizes. Frequentemente vemos em matérias e reportagens a felicidade estampada na face das pessoas em momentos da vida, simplesmente por estarem em algum lugar ou com alguém. Então, o que nos faz "felizes de verdade" é "ser alguém?" Ser reconhecido pelo trabalho realizado, por uma ação concretizada, por uma ajuda prestada? Com certeza todas estas situações que já vivemos diversas vezes, nos trouxeram momentos de felicidade.

Eu diria que felicidade é tudo isso junto, um misto de **ter** e **ser**. Ser Feliz é ter vários "momentos de felicidades", que juntos nos completam e nos "realizam". Essa palavra, **realização**, está ligada diretamente à felicidade.

Quando o convidei a pensar sobre o que é felicidade para você, se o fez, pode provavelmente constatar que a palavra **realização** apareceu explícita (ou não) como base ou consequência da felicidade.

Minha conclusão é que dificilmente paramos para pensar sobre: "O que aconteceu ou está acontecendo que me ajuda a ser feliz?"

Descobrir "esse processo", pode ajudar a repetir as mesmas ações, para manter presentes os momentos de felicidade.

Análise: **o que está por trás daquela ação e/ou momento que me gerou felicidade?**

Exemplo: o que existe por trás de você parar para ouvir uma criança de poucos meses, que está aprendendo a falar chamá-lo pelo nome, mesmo que trocando ou suprimindo algumas sílabas? Meu afilhado Guilherme, de 18 meses, começou a me chamar de "Dido", uma abreviação de Dindo, padrinho. Quando isso acontece, todos se encantam com ele, e sorrisos de felicidade acompanham frases do tipo: "Que gracinha, que bonitinho".

Para mim, o que está por trás dos momentos felizes é a "**realização** de ser reconhecido". A realização pode estar conectada diretamente à felicidade ou ser complementada por outras ações. Neste momento, conectei "**realização** ao **reconhecimento**".

Há necessidade humana "pelo reconhecimento", está cada dia mais latente. Os *reality shows* estão cheios de pretendentes a ter seus 15 minutos de fama para serem reconhecidos nas ruas. O prêmio em dinheiro, sim, é importante, mas não essencial. Vários desses famosos por um dia não ganharam prêmio, mas obtiveram seu passaporte para a mídia e conseguiram **reconhecimento** por algum tempo.

Com esses alinhamentos, proponho refletirmos sobre: "O que está por trás de nossos desejos", junto com a "realização" e o "reconhecimento", para pensarmos em como potencializar nossa felicidade e das pessoas à nossa volta. Pense em você, nos vários papéis que desempenha. Como líder em sua empresa, em sua família ou simplesmente líder de sua vida. O que está em "suas mãos", em seu poder, fazer e também influenciar as pessoas para todos serem felizes?

Para ajudá-lo, compartilho este modelo, que pode ser utilizado em qualquer campo da vida.

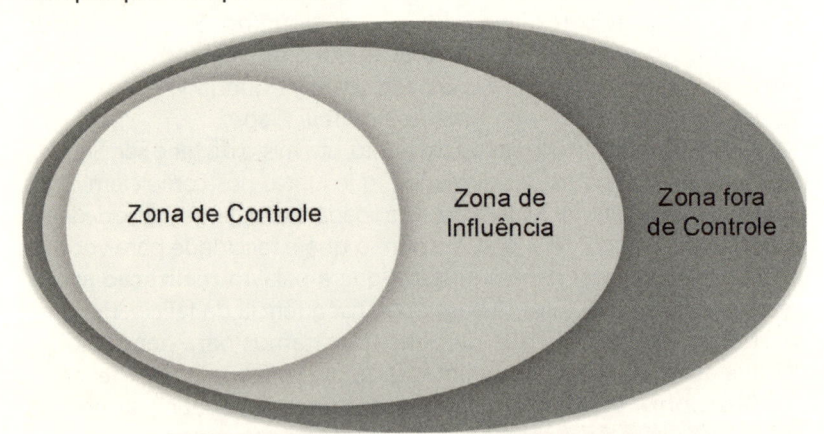

**Modelo: Zona de Poder e Zona de Influência.** Adaptado por Norimar Tolotto e Eliane Diniz do "Modelo de Influência", descrito pelo filósofo Sêneca e traduzido pelo Dr. Stephen Covey (Os 7 hábitos das pessoas altamente eficazes).

Na área Zona de Controle está você, o indivíduo, e o que pode fazer com seu poder, cargo e atitudes. Ali estão todas as suas ações concretas para a sua felicidade e também o que essas ações irão representar para todos aqueles que estão à sua volta. É lá que você mostra, com exemplos e atitudes, seus valores e a coerência entre pensar, falar e fazer, que é uma postura conhecida como integridade.

Na área, Zona de Influência, estão os impactos de seus depoimentos e ações que irão influenciar positiva ou negativamente, diretamente ou indiretamente, as pessoas. É ali que cada um faz a diferença entre ser líder ou ser chefe, ser exemplo a seguir ou ser esquecido, ser inspirador ou simplesmente "passar pela vida". É lá que você investe seu tempo, atenção e energia para motivar, inspirar e influenciar as pessoas com quem se relaciona. Nessa área estão suas equipes, sua família e seus círculos de amizade. Essa é sua área de Influência.

Antes de seguirmos, proponho outra reflexão: líder modelo - Pense durante dois minutos num líder que conheceu ou conhece e a quem você admira pela história de vida ou pelas realizações.

Ao pensar nesse líder, faça uma lista dos pontos que o(a) fazem admirá-lo(a), liste também o que ele(a) faz ou fez que motivou você a lembrar dele(a). O que motiva você a pensar nele(a) como quando éramos crianças?

**"Quando eu crescer, quero ser igual a ele(a)"**

Se você fez a lista de qualidades de seu líder modelo, verá que grande parte, eu diria 80% da lista, são competências comportamentais. São atitudes que ele(a) tem/tinha, faz/fazia para e com as pessoas, apoiando, fortalecendo a motivação e o reconhecimento.

Retornando à Zona de Influência, agora com a reflexão do "Líder Modelo", proponho buscar na história de vida das pessoas à sua volta **"o que está por trás"** de suas ações e desejos? O que e como você pode fazer para orientar, guiar, influenciar as ações dessas pessoas, para que consigam efetivar suas realizações?

Durante esse processo de "influência", busque ressaltar os benefícios e ganhos, ajustar o modo de fazer de seu liderado, mas jamais faça por ele(a). JAMAIS faça a parte dele(a).

Na última área, Zona Fora de Controle, como o próprio nome diz, as decisões tomadas não pertencem ao líder ou aos liderados. Essa área está relacionada com as decisões da empresa, das políticas do governo, das estratégias dos concorrentes. São decisões externas à sua área de atuação. O importante é ter consciência de que esses pontos existem e não permitir que minem ou dificultem seu caminho na busca das realizações.

Com as atuações, responsabilidades e áreas definidas, **como colocar em prática sua liderança para responder à pergunta-tema?**

O desafio é: como estamos lidando com pessoas, não há fórmulas prontas para todas as situações - o que não é novidade nenhuma. Lidar com pessoas é caminhar por um terreno com experiências, histórias, criações, traumas, oportunidades e expectativas diferentes. Atender a tantas variáveis requer soluções personalizadas - algumas podem ser mais adequadas, com mais felicidade, enquanto outras podem apresentar mais dificuldade de assimilação e muitas vezes alguma "dor". A oportunidade é que existem formas de minimizar as "dores", ou a intensidade delas.

Esse líder-modelo, que ajusta seu modo de agir, de delegar, de cobrar, de desenvolver, avaliar e medir os resultados de formas diferentes com cada liderado e equipes, pode ser chamado de *leader coach*.

Para atuar como um *leader coach* é necessário que se tenha intenção verdadeira de ajudar, dedicação, transparência na forma de agir, persistência e resiliência, além de todas as competências técnicas que o cargo exige.

Para o desenvolvimento de seus colaboradores, o *leader coach*, deve iniciar um mapeamento individual das atuações profissionais, da vida pessoal, das histórias e planos de futuro de cada colaborador. Inclua também os objetivos, metas, desejos e projetos pessoais. Valide se esse profissional teve grandes realizações e obteve sucesso em projetos que exigiram coragem, iniciativa e persuasão. A história de cada um conta muito como ele(a) é, como atua, se é arrojado(a) ou conservador(a), se é inquieto(a) ou acomodado(a), se prefere um ambiente com respostas previsíveis ou desafiadoras.

No caso de profissionais com histórico de realizações em grandes projetos, é provável que ele(a), deseje esse tipo de desafio e que possua em "sua caixa de ferramentas", em sua "bagagem de vida", as competências para essas realizações. Delegar um novo e grande projeto provavelmente irá motivá-lo(a) e poderá trazer grandes resultados à empresa. Agora, se a atuação dele(a) sempre foi mediana, sem grandes diferenciais, delegar um projeto ou tarefas com muitas responsabilidades exigirá uma atuação nunca antes efetuada. Isso poderá causar um efeito estressante nesse profissional e uma grande possibilidade DE QUE VOCÊ fique frustrado(a) por SUA EXPECTATIVA idealizada e não atingida. Cabe ao líder encontrar as melhores tarefas e responsabilidades para utilizar as características desses profissionais para obterem os melhores resultados na direção da **realização** e do **reconhecimento** de todos os envolvidos.

A etapa seguinte é validar suas descobertas e confirmar o tamanho do desafio em que seu liderado consegue e deseja atuar. Para isso, utilize uma ferramenta disponível a todas as pessoas:

**"As perguntas"**

Isso. Simples assim. Por mais incrível que pareça, a ação de perguntar é pouquíssimo utilizada nas empresas e no dia a dia. Provavelmente é resquício de nossa cultura educacional, em que as crianças que perguntavam muito ou insistentemente eram punidas ou discriminadas. Isso inibiu e inibe essa ação na vida adulta.

Pergunte a seus colaboradores o "tamanho" do desafio, da **realização** que os fará felizes.

Outra estratégia, muito simples e também pouco utilizada, que tem poder e eficácia muito grande é a **escuta verdadeira**, com atenção, interesse e respeito.

Com a quantidade de tarefas, problemas e informações que somos obrigados a gerenciar diariamente, é "quase uma desculpa justificada" dizermos que não temos tempo para cumprir todas as demandas necessárias. A forma que encontramos é priorizar as tarefas por ordem de importância, pressão e outros critérios particulares.

Tenho ouvido nas empresas onde atuo muitos elogios de colaboradores aos gestores pelas realizações. Muitas vezes, após esses elogios vem a palavra "mas" (mas ele não nos atende, não nos ouve, não presta atenção). O "mas" tem o poder de apagar quase totalmente as atuações de sucesso.

A notícia agora é que se você deseja uma equipe integrada, motivada, dedicada e realizadora, terá que colocar em sua agenda de prioridades **atender e ouvir seus colaboradores de verdade.**

Frustrado ficará o gestor que achar que sua falta de tempo e de atenção com as equipes pode ser substituída por desculpas, explicações, aumento salarial ou outros benefícios. Numa escala de zero a dez, o salário tende a ficar em quinto ou sexto lugar quando um colaborador decide mudar de emprego. O **reconhecimento**, as perspectivas de desenvolvimento, o propósito e os desafios alternam-se nas quatro primeiras colocações em pesquisas efetuadas com colaboradores que buscam a mudança para novas empresas.

Para desenvolver e fortalecer as competências de um *leader coach* e praticá-las, que é a ação desejada, os processos de *coaching* e *team coaching* para as equipes têm se mostrado muito eficientes. Esses processos expandem a consciência dos envolvidos, possibilitando a descoberta de novas competências e a prática de todas as que já possuem, potencializando as entregas e as ações assertivas dos líderes e equipes.

O processo traz:
- Autoconhecimento - base da atuação (descobrir suas habilidades e competências).
- O que deseja executar (seu plano de ação).
- Como colocar em prática o plano de ação (atitudes e ações).

# Team & Leader Coaching

O *coaching* é uma metodologia, um processo estruturado de reuniões com técnicas, foco, ações combinadas e avaliação de resultados.

Só é possível obter resultados diferentes com atitudes diferentes.

Definir metas e prazo real para alcançá-las é responsabilidade de cada um. "Deixa a vida me levar, vida leva eu!" só serve para letra de música. É nesse momento que o *coaching* atua, estruturando "como" essas ações serão efetivadas.

A liderança tem como meta alcançar resultados e precisa apoiar e desenvolver seus colaboradores e equipes para que também se tornem *leader coaches*. Dessa forma, esse processo fica sustentável, tornando possível as **realizações**, **reconhecimentos** e consequentemente gerando muito mais **felicidade**.

E aqui retornamos à questão inicial:

O que é felicidade para você?

Para contribuir com suas ações de desenvolvimento, deixo aqui duas questões:

Como você fará a partir de hoje para se desenvolver e desenvolver suas equipes e colaboradores?

Como fará para conquistar suas **realizações**?

Para mim, uma forma de conquistar realização é através do desenvolvimento dos líderes e das equipes onde tenho atuado.

Desejo muitas felicidades e realizações!

# 29

# *Leader* e *team coaching*: o poder da transformação

"A maior habilidade de um líder é desenvolver habilidades extraordinárias em pessoas comuns." (**Abraham Lincoln**)

**Patricia Barbosa da Silva**

## Patricia Barbosa da Silva

*Master coach* pela Sociedade Brasileira de Coaching SBCoaching®™, filiada à Harvard Medical School. MBA em *Coaching* pela FAPPES, Analista DISC pela SUCCESS TOOLS®™. Graduada em Ciências Contábeis, pós-graduada em gestão tributária pela FECAP.

**Contato**
patricia@coachsolutions.com.br

## O que é *leader coaching* e *team coaching*?

O *leader coaching* é o processo onde o líder avalia suas capacidades e as possibilidades de melhora, tanto na sua forma de liderança quanto na sua capacidade de aceitação, mudanças e influência.

## O que é *coaching*:

"O *Coaching* é a arte de facilitar o desempenho, a aprendizagem e o desenvolvimento de outros". (Downey, 1999)

"*Coaching* é fazer uma parceria com os clientes em um processo estimulante e criativo que os inspira a maximizar o seu potencial pessoal e profissional". (*International Coach Federation* - ICF).

O *Coaching* é um processo, pois possui começo, meio e fim. E é desta forma que o líder é conduzido a melhorar sua *performance* e a levar a sua equipe a traçar e executar os mesmos objetivos.

O *team coaching* é o processo onde a equipe é levada à transformação. Fazendo com que toda a equipe trabalhe com recursos diferentes buscando crescimento coletivo, harmonia, produtividade, enfim o mesmo objetivo.

## Líder x chefe:

### O que diferencia o chefe do líder?

Ser chefe é manter as pessoas em funcionamento máximo, para que o processo dentro da organização não pare. Não importa se o processo de chefia é por meio do medo, ou da força. O importante é executar o processo de produção exatamente como está determinado nos manuais. Nestes casos os chefiados só cumprem suas tarefas, sem serem considerados uma força mutável que cresce e evolui.

O chefe determina e faz com que as regras sejam cumpridas. O *leader coaching* é o processo que incentiva o líder a estimular sua equipe.

As principais capacidades de um líder:

- **Habilidades de comunicação:** escuta ativa, comunicação assertiva: clara e direta, *feedback*.
- **Visão:** ver as coisas como são e não pior do que são. Criar uma nova visão, tornar essa visão real. Visão para inspirar.
- **Trabalho em equipe:** saber delegar, dividir as tarefas, manter

a equipe unida. Incentivar o gosto pela descoberta, pela criatividade, pela colaboração.
- **Assumir riscos:** trazer a responsabilidade para si, não terceirizar, não arrumar culpados.
- **Tomar decisões:** fazer escolhas, ponderar os possíveis resultados, entender que nem sempre perder é deixar de ganhar.
- **Focar nas pessoas:** escolher as pessoas certas para as funções certas, não ter medo de experimentar. Saber reconhecer qualidades, estar atento ao material intelectual que você tem na equipe. Conhecer as capacitações de cada um, empatia e gosto pelo relacionamento.
- **Liderar pelo exemplo:** estar atento às suas atitudes, porque seus atos serão seguidos. Respeitar as diferenças e desenvolver a confiança.
- **Planejamento estratégico:** ganha-ganha. Segundo Louis Burlamaqui: "negociar ganha-ganha é pensar no outro além de seus interesses, é considerar outras realidades, é proporcionar relacionamentos, construir uma reciprocidade verdadeira e genuína que retroalimente futuras relações e negócios." Paixão pelo desenvolvimento dos outros.
- **Resiliência:** a resiliência é a aceitação da realidade. Crença inabalável no sentido da vida. Incrível capacidade de improvisar. De acordo com os estudos da Dra. Fredrickson, o principal motivo da rápida recuperação dos resilientes é a sua atitude positiva. A conclusão da pesquisadora: quando nosso foco está limitado a um conjunto de sensações ruins, nossa capacidade de uma visão mais ampla, de encontrar soluções e de superar dificuldades fica comprometida. As emoções positivas exercem o efeito oposto. Elas ampliam a capacidade de raciocínio e a percepção e, ao fazerem isso, nos ajudam a construir nossa própria fonte de recursos internos para lidar com as adversidades.

E mais:

- "Sentir-se bem" é algo que pode mudar as pessoas para melhor, deixando-as mais otimistas, resilientes e socialmente integradas. Essa mudança para melhor não se restringe apenas aos indivíduos. Ela também pode afetar grupos, comunidades e organizações. Segundo a Dra. Fredrickson, "as emoções positivas de uma pessoa podem ressoar através de outras".

## Patricia Barbosa da Silva

**Quando é sua primeira liderança?**

Liderar é fazer com que sua equipe crie, execute, comemore. No processo de *leader coaching* o objetivo é levar ao autoconhecimento.

A primeira liderança é quando você se torna seu próprio líder!

Toma suas próprias decisões, considerando os riscos, assumindo-os e sendo congruente com suas crenças e seus valores. A conscientização, aprimoramento e desenvolvimento das capacidades de liderança é totalmente possível. Todos nós somos passíveis de mudanças e só mudamos quando conscientemente buscamos crescimento pessoal e profissional. Não existe mudança por imposição, existe mudança pela necessidade de se tornar melhor a cada dia. Só temos êxito quando somos capazes de mudar primeiro nossos comportamentos, quando estamos comprometidos com o resultado.

O *leader coaching* pode utilizar várias ferramentas para atingir o processo de mudança. Os questionamentos são as ferramentas mais poderosas que um *coach* possui. Por meio do questionamento o *coachee* é levado a identificar em que área deverá focar para atingir o objetivo desejado.

Para realizarmos toda e qualquer mudança é necessário foco e determinação. Portanto seja LÍDER e não apenas chefe!

*Coaching* é o processo construído por meio da análise do resultado que se quer como resultado final. Neste processo, pela identificação das capacidades, pela determinação das ferramentas a serem utilizadas e após a identificação das necessidades do grupo passamos a construir o plano de ação. É essencial a escuta ativa, a comunicação assertiva e a mudança comportamental consciente. O processo só ganha credibilidade e força para prosseguimento quando se torna uma transformação efetiva e eficaz.

*"Você poderia tirar de mim as minhas fábricas, queimar os meus prédios, mas, se me der o meu pessoal, eu construirei, outra vez, todos os meus negócios."* **(Henry Ford)**

# 30

# *Coaching* para o desenvolvimento da nova geração

O artigo aborda os aspectos comportamentais da Geração Y, suas habilidades e seus anseios no campo profissional. Traça um paralelo entre o mercado de trabalho e a inserção desses novos talentos, e apresenta sugestões práticas para a gestão dessa nova geração, seja você gestor da Geração de *Babyboomers*, Geração X ou até mesmo da própria Geração Y

**Pedro Eduardo Rodrigues**

## Pedro Eduardo Rodrigues

Administrador com foco em Recursos Humanos há 20 anos; MBA em Gestão Empresarial Estratégica pela Universidade de São Paulo; *coach* pela SBCoaching; palestrante; docente e consultor de carreira e imagem. Sócio-diretor da Consultoria *Coach* de Carreira e gerador de conteúdo para o blog Dicas do *Coach*.

**Contatos**
www.coachdecarreira.com.br
pedro.rodrigues@coachdecarreira.com.br
http://dicasdocoach.blogspot.com
(11) 97551-6622

**Pedro Eduardo Rodrigues**

**A Geração Y e o mercado de trabalho**

Não é de hoje que o mercado de trabalho sofre mudanças constantes: remuneração, leis, concorrência acirrada e as pessoas que passam a fazer parte dele. As empresas, assim como o resto de tudo que nos cerca, acompanham o ciclo da vida que nos apresenta uma nova geração de tempos em tempos.

As diferenças entre os profissionais que interagem entre si sempre podem ser vistas, mas nunca foram tão discrepantes quanto agora, com a tão debatida Geração Y, que vem ocupando o seu espaço no mercado de trabalho.

Por serem frutos de um período em que as máquinas passaram a ter extrema relevância no ambiente de trabalho, esses jovens são os "sempre-conectados". Sabem, muitas vezes, mais sobre o que acontece no mundo *on-line* do que na realidade. São aqueles que "fuçam" um aparelho por meia hora e já passam a dominá-lo como se fosse ultrapassado.

Dentre as muitas características desses profissionais, as que mais chamam atenção são suas habilidades para inovações tecnológicas. Em contrapartida, há uma dessemelhança gritante no jeito em que cada um desses jovens lida com sua carreira.

Atualmente, existem vários tipos de profissionais dentro desse mesmo grupo. Aqueles que desejam focar em *startups* – empresas fundadas recentemente e que ainda estão na fase de desenvolvimento e pesquisa –, pois buscam crescimento constante junto a essas companhias. Aqueles que focam nas empresas líderes de sua área. Ou, ainda, jovens que não ligam para o tamanho e buscam empregos com base na remuneração e/ou satisfação no ambiente de trabalho.

Apesar dessas diferenças, uma coisa é certa: os jovens que fazem parte da Geração Y são motivados pelo *status*: projetos conquistados, atividades concluídas ou dinheiro ganho. No fim, todos estão atrás de prestígio, seja qual for o significado desse êxito que os encoraja.

Ao observar profissionais na faixa de 20/30 anos, é fácil perceber o dinamismo que os move. O fato de terem evoluído e se desenvolvido com a internet faz com que a Geração Y possua um dinamismo sem igual. Um bom currículo hoje se constrói com base nas experiências anteriores, ou seja, quanto mais esse jovem tiver "rodado", mais áreas ele dominará e, portanto, se tornará mais atraente para uma empresa.

E essa também é uma das razões pelas quais esses trabalhadores podem ser encontrados nos mais diversos ramos de negócios que compõem o mercado de trabalho. Sua alta mobilidade e entusiasmo fazem com que esses jovens se enquadrem rapidamente e, a partir desse ponto, passem a buscar novas oportunidades. Isso é um processo contínuo no início de sua vida profissional – nos estágios, por exemplo -, até o momento em que encontram um ambiente que lhes forneça o ingrediente certo para matar sua sede de crescimento.

Muitas vezes, devido ao imediatismo em que vivem, esses jovens migram entre áreas por não estarem satisfeitos. De certa forma, a ansiedade e a pressa são mais duas das várias características desses profissionais que planam pelo mercado de trabalho até atingirem o *status* que tanto desejam.

**Os anseios da Nova Geração**

Mas esse objetivo final envolve inúmeras exigências feitas pela Geração Y. A estabilidade profissional – e, muitas vezes, financeira – que perseguem deve oferecer oportunidade de crescimento, aprendizagem, sucesso e valorização. Claro que esse aspecto não é exclusivo dessa etnia, mas se revela fortemente nos indivíduos que fazem parte dela.

Porém, inegavelmente existe o "fator X" da Geração Y: sua habilidade tecnológica. Se eles são cada vez mais vistos no mercado de trabalho, essa constância se deve, em grande parte, aos seus atributos científicos nesse meio.

O *know-how* desses jovens fica evidente ao serem contratados para lidar com qualquer tipo de tecnologia. Seja na área de Marketing, Design, Computação, etc. esses profissionais se destacam pela intimidade com novidades digitais. Ainda mais porque vivemos em uma época em que o mercado se encontra altamente aquecido para essa Geração que domina tais modernidades.

O ingresso desses profissionais acaba afetando as próprias organizações. A implementação de novos métodos de trabalho – como o investimento em máquinas cada vez mais potentes e nos softwares mais atuais – tem sido uma forma eficaz e frequente de motivar os jovens Y.

Devido à diversidade de características que impulsionam esses jovens, é difícil estabelecer suas expectativas. Porém, esse investimento tecnológico das empresas é um dos tipos de motivação que excitam esses profissionais.

Mais detalhadamente, ainda é possível perceber que uma das principais perspectivas que esses profissionais procuram em sua vida profissional é o reconhecimento. São, em sua maioria, pessoas que querem ser apreciadas e valorizadas. Por isso, as empresas que trabalham com esse grupo estão cada vez mais cientes que devem oferecer benefícios, planos de carreira ou qualquer motivação para manter o jovem Y na sua equipe.

Realizei uma pesquisa pela *Coach* de Carreira com 250 profissionais nascidos entre 1980-1995, atuantes no mercado de trabalho: Questionados sobre o que os fazem permanecer em uma empresa, 70% deles responderam reconhecimento, 25% sinalizaram a questão de remuneração e carreira e apenas 5% apontaram estabilidade profissional.

Por serem dinâmicos e estarem constantemente em busca de novos desafios, esses profissionais não costumam, no começo da carreira, ficar tempo o suficiente em um lugar que não lhe dê a satisfação necessária, ou seja, o reconhecimento.

Os mesmos participantes também foram questionados sobre o que os leva a buscar um novo emprego. E aí está uma das deficiências dessa geração: a falta de engajamento. Essa fome de querer chegar muito rápido ao "destino final" faz com que as companhias lidem com certa instabilidade profissional. E é comum que as empresas não possam fazer nada para evitar essa alta rotatividade, característica da Geração Y, já que, muitas vezes, nem mesmo esses jovens sabem aonde querem chegar.

**Utilize as habilidades de um leader coach**

Saiba contratar:
A pressa e a ansiedade dos jovens profissionais faz com que a tarefa de contratá-los seja complicada. Isso se dá porque a empresa precisa e até mesmo incentiva essa sede e energia juvenil, porém, os chefes ficam receosos pela confusão e despreparo que tais profissionais aparentam.

Dessa forma, é possível ver claramente o que diferencia os bons e os não tão bons jovens que vêm aquecendo o mercado de trabalho. Aqueles que trazem modernidade em uma mão e virtudes como energia e fidelidade na outra são os profissionais que vale a pena guardar. São esses que serão disputados entre as empresas.

O que os distingue dos outros é exatamente o esforço contínuo de atingirem seus objetivos, ao mesmo tempo em que "vestem a camisa" de seu empregador. Eles também têm urgência em alcançar o *status* ideal, mas fazem isso em parceria com a empresa em que trabalham. Por esse motivo, o processo de seleção para contratação de um profissional da Geração Y deve ser pautado em clareza e objetividade para minimizar uma situação frustrante.

Seja a área de RH, seja você, como gestor, no primeiro contato com esse profissional é preciso deixar claro o que se espera dele; não só falar do trabalho técnico, mas como a empresa administra seus talentos, quem são os profissionais envolvidos no projeto, mencionar casos de profissionais que foram promovidos de cargo ou área e precisar o tempo que levou para isso ocorrer. Por exemplo: "Jorge, iniciou conosco há seis anos no nosso programa de estágios, em dois anos, quando formado, participou de nosso programa de *trainee* e recentemente assumiu a gerência de Novos Produtos".

Com esse exemplo você deixa claro que não será daqui seis meses ou um ano que ele assumirá um novo posto.

Nas minhas sessões de *coaching*, ou quando atuo como recrutador, ouço muitos jovens justificarem seus curtos períodos nas empresas com a resposta "eu não vi possibilidade de crescimento". Percebem que na empresa ninguém é promovido e caem fora do barco, pois não querem uma carreira profissional sem ascensão.

Tão importante quanto exemplificar casos de sucesso, é deixar claro o que a empresa ou o gestor espera desse profissional, suas habilidades técnicas, comportamentais, enfim, o que precisará ser desenvolvido para alcançar a tão cobiçada ascensão profissional. Dessa forma, tanto você, RH ou gestor, quanto o candidato poderá ter uma ideia prévia do que os espera e, assim, evitar a frustração de um processo seletivo malsucedido para ambos.

Lidere com entusiasmo:

O perfil desses jovens profissionais é de muita energia: querem ser ouvidos, querem ser envolvidos e participar, estão sempre à procura de um novo significado para algo e, como já mencionado antes, querem ser reconhecidos.

Para liderá-los, seja você da Geração *Babyboomers* ou da Geração X, não importa, é preciso liderar com entusiasmo.

Liderar com entusiasmo é ser coerente com suas convicções; é ter o discurso igual à prática; é ser parceiro de sua equipe envolvendo-a nos projetos, na busca de solução para um problema.

O profissional dessa nova geração tem sede em solucionar problemas. Ele quer ser útil, estar certo, ter as melhores ideias. Quando você, gestor, abre para a sua equipe a oportunidade de encontrar uma resposta, você valoriza a criatividade desse profissional.

A tomada de decisão é sua, como gestor, porém, com a participação de sua equipe, ela se sentirá valorizada e se a solução ou a resposta ao problema partir da opinião de um dos integrantes, ponto para você. Sua equipe o verá com outros olhos, o gestor que a valoriza.

Estabeleça uma relação de *coach* e *coachee* com sua equipe:
Defina meta. Em vez de solicitar tarefas rotineiras, defina metas que envolvam essas tarefas. Estimule-a a buscar soluções, novas formas de executar a mesma tarefa. Atribua responsabilidades. Crie um propósito para a equipe, pois uma equipe sem propósito tende ao individualismo das pessoas, o que irá influenciar negativamente o seu resultado.

Tem uma pequena frase, dita por Napoleão Bonaparte, que gosto muito: "É mais fácil puxar do que empurrar!". Quando você, líder, está junto com a sua equipe, na frente de batalha, isso a inspira, a encoraja. Desperta o potencial criativo; aumenta a energia da equipe e, por consequência, você colhe melhores resultados.

Desenvolva a sua equipe. Seu papel como líder é desenvolver os profissionais que estão sob sua gestão. É direcioná-los para o aumento da performance. Identifique o potencial de cada um e trabalhe-o de forma que consiga mesclar esses potenciais e fortalecer o grupo como um todo. Por exemplo, João é especialista em criar apresentações, porém, é tímido; já Carol é comunicativa e ótima para falar em público; porém, José tem a expertise com cálculos, tabelas e gráficos. Em vez de deixar aquela apresentação importantíssima apenas em suas mãos, que tal envolver todos e potencializar habilidades?

Quando você reconhece os diferentes talentos que fazem parte de sua equipe, você a torna mais completa e vencedora. Busque sempre enxergar o melhor em cada um e, posteriormente, o que cada um precisa desenvolver.

Dê *feedback* constante e em tempo real. Atue como *coach* de sua equipe no dia a dia. Os cinco, dez minutos de pausa para o café são suficientes para um *feedback*, seja sobre uma postura inadequada, um comportamento que deve ser alinhado ou mesmo uma habilidade técnica que necessita ser melhorada ou adquirida. Esteja aberto a ouvir e demonstre isso a todos. Nesses momentos de *feedback*, abra espaço para que eles também falem; questione sobre o que pensam de você e esteja pronto a ouvir.

Avalie sempre:
Você seguiu os passos listados acima. Estabelecendo metas claras, potencializou o desenvolvimento profissional, deu *feedback* constante e ainda assim percebe no profissional uma constante postura reativa – ele reclama de tudo, quer uma flexibilidade não compatível com as normas da empresa –, então não tenha dúvidas, manter esse profissional em sua equipe será uma péssima influência para os demais. Como diz o dito popular, jogue fora a maçã podre. Não tenha medo de estar perdendo um grande talento só pelo fato do jovem pertencer a tão inteligente geração Y, afinal de contas, sempre existem as exceções.

Enfim, os jovens que hoje adentram no mercado de trabalho oferecem o equilíbrio perfeito entre duas ou mais gerações para as companhias que os contratam. Eles estão dispostos a crescer com rapidez, mas cabe a você, gestor, direcioná-los para que isso ocorra sem atropelamentos. E sempre tenha em mente que os profissionais mais valorizados e indispensáveis de hoje são aqueles que oferecem a mistura perfeita entre o imediatismo da tecnologia e a tranquilidade das gerações anteriores.

# 31

## O poder e a responsabilidade do *leader coach*

Todo *coach* é líder, portanto, precisa-se entender o que torna uma pessoa um líder, seus poderes e suas responsabilidades, além das competências e habilidades, para que exerça o papel de *coach* com excelência

**Philip Mark Magrath**

## Philip Mark Magrath

Membro da Sociedade Brasileira de *Coaching* - 2009. Especialização em Life *Coaching* Skills - Canadá - 2010. Consultor DISC pela Etalent - 2010. Palestrante e Treinador de Vendas - 2003. Coautor do livro *Treinamentos Comportamentais* pela Editora Ser Mais. PNL *Practitioner* - 2004 e Fundador da Taurus Coaching - 2013.

**Contatos**
philmagrath@gmail.com
tauruscoaching@gmail.com
Skype: philipmagrath ou Coach Phil

# Philip Mark Magrath

*"Com muito poder, vem muita responsabilidade". Foi essa frase simples do filme "Homem-Aranha" que veio à minha cabeça no fim da minha formação como coach pessoal, profissional e executivo, no momento em que o palestrante fez a seguinte afirmação: "Nem todo líder é coach, mas todo coach é líder".*

Como *coach*, passaria a ter o "poder" (entende-se por capacidade) de ajudar a transformar positivamente a vida de pessoas, ajudando-as a utilizar seu potencial ao máximo, para atingir resultados com felicidade e alinhados com seus valores. Quanta responsabilidade! E a minha trajetória com o *coaching* provou ser assim mesmo. Um "poder positivo e responsável' que vem transformando indivíduos e equipes em pessoas de sucesso. . . FELIZES.

Uma vez *coach*, realmente é preciso ser líder, e para tal, é preciso saber quais são as responsabilidades e deveres de quem exerce liderança. Primeiramente, é preciso ser líder de si: ter autoliderança. O *coaching* acontece de dentro para fora. É preciso ter consciência de quem você é, de quais são suas forças, fraquezas e sabotadores, e aprender como se desenvolver antes de começar a querer ajudar os outros da mesma maneira: ter autoconsciência. É necessário ser o modelo que você deseja ver nos outros. Tem de focar mais em suas competências de inteligência emocional, as habilidades fundamentais do *coaching*. Será que você é um bom ouvinte? Pergunta mais do que responde? Tem paciência para ouvir os problemas dos outros, ou tenta resolvê-los antes de ouvir a história toda? Dá *feedback* regularmente às pessoas para apoiar o desenvolvimento contínuo delas?

Ninguém pode presumir liderar alguém sem poder se autoliderar. Dentre as centenas de definições que podemos encontrar para definir o papel de líder, a que eu escolho como principal é "Um líder forma novos líderes". Novamente, a palavra responsabilidade bate à porta da mente.

Ser um líder capaz de formar líderes e até uma equipe de líderes requer alguns ingredientes. Há quem diga que os líderes são natos, e que existem pessoas que nasceram para serem líderes. Muitas vezes, ouvimos "Fulano nasceu para ser médico, Ciclano nasceu para ser engenheiro". Entretanto, se não estudarem e se desenvolver nessas áreas, não se tornarão nem médico e nem engenheiro. Logo, se estudarmos Engenharia, aprenderemos a ser engenheiros. Se estudarmos Medicina, seremos médicos. Por analogia, se estudarmos e lermos sobre liderança, seremos. Líderes!" Primeiro ingrediente de um bom *leader coach*: "Líderes são leitores!"

Autoliderança, indispensável para um bom *coach*, começa com autoconhecimento. "Aquele que conhece o outro é inteligente, mas aquele que se conhece é iluminado", já dizia o filósofo e pensador chinês Lao Tsé. Saber como você se comporta em situações diversas já favorece um resultado positivo. Saber como as pessoas enxergam você é fundamental para relações interpessoais saudáveis. Para isso, existem os testes de perfis comportamentais e os processos de *feedback* 360º.

Quando o *coach* tem um profundo autoconhecimento, ele precisa ter a consciência de que, como líder que todo *coach* é, ele estará sujeito às forças de espelhamento e modelagem. Sendo assim, ele tem que se certificar que suas ações combinam com suas palavras. Responsabilidade é falar ao seu *coachee* que o ajudará a realizar sonhos de segurança, estabilidade, disciplina e felicidade, sem mostrar insegurança, falta de estabilidade, indisciplina e infelicidade, senão, acabará destruindo qualquer liderança. Ao ser espelhado e/ou servir de modelo, o *leader coach* consegue ser efetivo, ao passar confiança, admiração e respeito ao *coachee*. Um líder jamais promete algo que ele não possa cumprir. Ninguém vai querer espelhar um líder que ninguém gostaria de ser.

Aliás, gostar de você mesmo é a principal semente para uma boa autoestima, que gera autoconfiança, levando à autorrealização.

Outro importante ingrediente de um bom *leader coach* e *team coach* é o entusiasmo. Segundo o dicionário, entusiasmo vem do grego "en+theos", literalmente "em Deus". Atualmente, pode ser entendido como um estado de grande arrebatamento e alegria. Uma pessoa entusiasmada está disposta a enfrentar dificuldades e desafios, não se deixando abater e transmitindo confiança aos demais ao seu redor. O entusiasmo pode, portanto, ser considerado como um estado de espírito otimista. Por definição, então, um *leader coach* não pode ser outra coisa, a não ser entusiasmado. Só com entusiasmo é que um *coach* ou líder consegue motivar e inspirar seus clientes a atingir seus tão sonhados objetivos. Porque os liderados compram o líder antes da missão que ele propõe e não, o contrário.

Todo bom *leader coach* também precisa ter excelentes competências interpessoais. Para isso, é fundamental que saiba estabelecer um rápido *rapport* com seus *coachees*. *Rapport*, do francês, é a habilidade de criar, rapidamente, uma relação de confiança mútua e/ou afinidade emocional, formando uma forte ligação entre *coach* e *coachee*, que faz com que ele sinta aquela sensação confortável de "Parece que o conheço há tanto tempo!". Essa é a essência de uma relação interpessoal bem-sucedida.

### Coaching para equipes - *team coaching*

Segundo uma pesquisa do Gallup, "o mundo corporativo é consternadoramente ruim em potencializar as forças de suas pessoas".

Essa condenação é dirigida aos líderes, que são incapazes de invocar o comprometimento total e voluntário de suas equipes, para que concentrem energias para atingir metas corporativas. A necessidade tornou-se clara: é preciso criar um ambiente de trabalho forte e vibrante, no qual gerentes se comprometam com os corações e as mentes dos indivíduos e das equipes, para que essas equipes utilizem todos os talentos para contribuir para resultados de alta performance. A pesquisa sugere que o *leader coach* atenda a essa necessidade.

O *coaching* usado para mudanças comportamentais é um processo vital, por meio do qual executivos e gerentes aprendem como "liderar" pessoas, levando-os a atingir resultados expressivos, com aumento de moral, mais comprometimento, criatividade e trabalho em equipe. Outros resultados incluem diminuição de conflitos destrutivos, aumento de desafios construtivos e mais capacidade de resolução de problemas. Para a mudança comportamental acontecer, é preciso antes mudar o padrão mental que produzirá novos sentimentos, gerando novos comportamentos e melhores resultados. É a Fórmula PenSAR, que explico mais a fundo, no livro *Treinamentos Comportamentais*, também da Editora Ser Mais.

Infelizmente, a maioria dos líderes corporativos não é formada por bons *coaches*. O *coaching* exige um nível de inteligência emocional que os deixa bastante desconfortáveis. Eles tendem a começar a carreira em papéis técnicos e/ou profissionais, nos quais fazem seu trabalho sozinho usando conhecimento especializado.

Isso significa que eles têm de lidar com performance, dar *feedback*, confrontar questões, lidar com conflitos e outras habilidades que estão no fim da lista de competências de liderança. Eles precisam aprender a equilibrar seu entendimento dos fatores externos – estratégias, prioridades, resultados – com igual entendimento de fatores internos – valores, propósito, autoconsciência.

Assim que você construir um plano de desenvolvimento pessoal, você se encontrará numa posição para começar a trabalhar com os membros de sua equipe, para que eles também possam criar planos de desenvolvimento pessoal similares. Esse planejamento deve cobrir aonde você se encontra, onde você quer ir e como vai chegar lá. Uma vez criado o plano, o *leader coach* apoia, desafia e motiva o cumprimento de metas específicas.

Na teoria, é fácil; porém, tudo isso requer disciplina, responsabilidade, foco e persistência para se atingir resultados. A seguir estão três habilidades que considero fundamentais para que todos comecem a se tornar *leader coaches* melhores:
1. **Ouvir:** em conversas individuais, tente ouvir com concentra-

ção total o que está sendo dito. Ouça a história com atenção. Perceba o recado que está sendo transmitido. Evite distrações. Não tente resolver o problema instantaneamente. Estabeleça contato visual e preste atenção à sua linguagem corporal e à do *coachee*.

2. **Silenciar:** estamos sempre com tanta pressa que achamos que o silêncio é uma perda de tempo. Consequentemente, tiramos conclusões precipitadas. Procuramos soluções impacientemente. Deixe o silêncio acontecer. Tente usar pausas antes de responder. Use este silêncio para realmente pensar no que você deseja dizer em vez de formular respostas e questões enquanto a outra pessoa ainda está falando. Afinal, se as palavras valem prata, o silêncio vale ouro.

3. **Usar uma abordagem apreciativa:** aborde toda interação com um ponto de vista apreciativo. Normalmente, formamos uma opinião sobre uma pessoa ou uma questão mesmo antes de a conversa começar. Tente se libertar de julgamentos e considere a pessoa positivamente. Valorize-a como ser humano e valorize suas opiniões, mesmo que sejam diferentes das suas.

Encoraje todos a agir e a fazer acontecer para que atinjam seus sonhos!

Sucesso com felicidade.

# 32

## *Coaching* e PNL – Pontos de partida para o sucesso de todo líder

Se você quer ser um profissional diferenciado, sabe que deve desenvolver grandes habilidades para lidar com os desafios do dia a dia. Tanto o *coaching* quanto a Programação Neurolinguística podem ajudá-lo muito nesta caminhada, pois são duas ferramentas especiais para lidar com pessoas e objetivos. Apresento a seguir uma forma simples e eficaz de se desenvolver e lidar com pessoas

**Reuque Milke**

## Reuque Milke

Empresário e diretor da empresa Foco Soluções, professor de *coaching* e de Programação Neurolinguística. É *coaching* Executivo (ICF); *trainer, master e practitioner* em PNL com reconhecimento pela Southern Institute of NLP e pela Society of NLP; avatar pela Star Edge; graduado em Processamento de Dados. Possui especialização em Educação e MBA em Gestão Empresarial. Por meio de treinamentos, palestras e *coaching*, vem contribuindo para a preparação e planejamento de pessoas e organizações que desejam alcançar resultados maiores e mais significativos em suas vidas.

**Contatos**
www.rmilke.com.br
contato@rmilke.com.br
(27) 3727-4683

## Reuque Milke

*"Você obtém o melhor esforço dos outros não por acender uma fogueira sob seus pés, mas por atear um incêndio dentro deles".* **Bob Nelson**

O *coaching* é uma ferramenta que ajuda o cliente a se despertar para o sucesso, para a alta performance. E este despertar vem por meio das diversas perguntas efetivas que um *coach* aprende a fazer. Saber fazer perguntas é a base do sucesso deste profissional. E porque não dizer que também é a base do sucesso de um bom líder. Peter Drucker, um dos pais da Administração Moderna dizia que *"o líder do passado era uma pessoa que sabia como dizer. O líder do futuro será uma pessoa que sabe como perguntar".*

Por meio do uso de perguntas um *coach* ajuda seu cliente a tirar o foco do problema e direcioná-lo para a solução. Podemos dizer então que passar por um processo de *coaching* é descobrir como sair do Estado Atual e ir para um estado melhor, um Estado Desejado. Portanto, o segredo de um bom *coach* não está nas respostas, mas nas perguntas.

Um líder que trabalha usando as ferramentas de *coaching* e PNL sabe que em primeiro lugar é importante descobrir para onde ele vai direcionar seu foco, onde quer estar, descobrir o que ele merece e quer viver plenamente. A este lugar damos o nome de Estado Desejado, ou seja, é o objetivo, o alvo a ser conquistado.

Mas existem pessoas que não sabem exatamente o que querem, não sabem para onde estão indo. *As primeiras perguntas que faço aos meus clientes em uma sessão de coaching são: Qual é o seu objetivo principal? Em que direção você vai manter seu foco durante os próximos meses?* Por meio do uso destas perguntas pude perceber que muitos com os quais trabalhei não tinham uma resposta clara sobre o que queriam, na verdade alguns diziam que queriam dar conta do recado, não fracassar, não ser demitido, ter uma equipe que não gerasse muitos problemas e outros diziam que não trabalhavam com objetivos em mente. Geralmente eram vagos em relação ao que queriam ou focavam no que não queriam.

Esta forma de pensar é muito limitada, *pois pra que pensar no que eu não quero, se posso pensar no que quero?* O pensar é a matéria-prima da realidade e é por meio do pensamento que começamos a conquistar novos resultados e a construir uma nova vida.

Para compreender melhor isso, podemos usar o exemplo de um bom carpinteiro que, para fazer uma cadeira de qualidade depende de matéria prima de qualidade. Das diversas madeiras que existem, ele sabe que se fizer uma cadeira de madeira fraca, ela não prestará e vai durar muito pouco. Então ele escolhe a melhor madeira, a mais resistente e assim constrói uma cadeira perfeita, que vai durar por muito tempo. *Quando a matéria prima é boa, o resultado pode se tornar extraordinário.*

Assim também funciona a nossa vida, as nossas conquistas. Se nossos pensamentos são bons, positivos, nossa realidade se transforma, pois pensar de forma positiva em como queremos estar no futuro é a matéria-prima necessária para criarmos a realidade que desejamos. Assim como o bom carpinteiro seleciona a melhor madeira, nós devemos selecionar os melhores pensamentos e depois transformá-los em realidade. Certa vez ouvi que: "Quem não for capaz de mudar o próprio tecido de seus pensamentos, nunca será capaz de mudar a realidade e, portanto, nunca fará progresso", ou seja, devemos começar a mudar nossa forma de pensar no que queremos da vida.

Portanto, o primeiro passo para transformar as ações de um líder é justamente definir um objetivo que seja positivo e tão claro, que dê a sensação de que podemos tocar nele, vê-lo. Perguntas como: *Qual é o seu objetivo? Como você pode especificá-lo colocando os mínimos detalhes? Quando você vai conquistá-lo?* São ótimas para começar a construir uma nova realidade. Um objetivo deve ser o mais específico possível. Se seu objetivo é ser um bom líder, é importante especificar o que significa ser um bom líder para você. Se você quer realizar seus sonhos, comece por escrevê-los de forma bem detalhada e crie apego emocional a eles.

Depois de definir claramente o que você quer, o próximo passo é criar estratégias para sair do Estado Atual e ir para o Estado Desejado, para o Objetivo. É importante responder à pergunta "como vou conquistar meu objetivo?" ou "de que forma posso realizar meu sonho?". Seja bem específico ao responder este tipo de pergunta. Uma estratégia bem definida, bem especificada, é aquela que quando anotada, se outra pessoa a ler, vai saber exatamente o que deve ser feito para executá-la, ou seja, na hora de criar as estratégias evite usar linguagem abstrata, vaga.

Escreva seu objetivo com uma linguagem concreta e o mais específica possível. Não adianta coisas como "vou caprichar mais" ou "vou me dedicar mais", se você vai se dedicar mais, vai fazer isso como? O que significa se dedicar mais para você? *Detalhe cuidadosamente cada passo para realizar seu sonho, este será o mapa do seu destino.*

Durante a criação das estratégias, vale levar em consideração um precioso pressuposto da Programação Neurolinguística que diz que "as pessoas mais flexíveis têm mais probabilidade de obter os resultados que desejam". É importante pensar de forma bem flexível, de forma bem criativa em diversas estratégias para alcançar o que você deseja. Encontre internamente respostas para as perguntas: *Como posso fazer para sair do Estado Atual e ir para o Estado Desejado? De que outra forma posso conquistar o que quero?* Estas são ótimas perguntas para praticar a flexibilidade. É importante buscar sempre um mínimo de três respostas a estas perguntas, pois pensar em um ou dois caminhos é correr riscos demais, mas a partir do momento em que você começa a pensar em três ou mais estratégias, as possibilidades de sucesso aumentam significativamente.

Jeff Olson dizia que "insanidade é fazer as mesmas coisas repetidas vezes e esperar obter resultados diferentes". Se você quer um resultado diferente, faça algo diferente, seja criativo. Se sua estratégia já deu errado, não perca mais tempo com ela, procure outras, experimente novos caminhos, os resultados sempre aparecem.

O terceiro passo é criar um mecanismo de medida para avaliar seu desempenho, ou seja, criar um método para saber se você está se aproximando ou se afastando do objetivo. É muito importante criar uma forma de *feedback*, e para isso você pode começar se perguntando: *como saber se estou me aproximando ou me afastando do objetivo?* E a partir desta pergunta criar formas de medir, de mensurar os resultados. Gráficos, pesquisas, cronogramas são ótimas formas de saber se você está ou não no caminho certo.

A ideia é ter um método de avaliar seus resultados de forma quantitativa e qualitativa. Não adianta análises intuitivas, do tipo "acho que estou melhorando". Se você está melhorando, está melhorando quanto? Com base em quais critérios? Um bom mecanismo de *feedback* é importante para evitar perda de tempo.

Depois de ter um objetivo bem definido, de estratégias para alcançá-lo e de um bom mecanismo de *feedback*, lembre-se de que todo líder lida com pessoas, e não adianta saber exatamente o que se quer, se o líder não criar uma estrutura para conduzir sua equipe junto com ele. A confiança é a liga que mantém todo este conjunto em harmonia, e nós desenvolvemos esta confiança por meio do bom relacionamento. Saber cobrar resultados e ao mesmo tempo ser amigável com a equipe e mantê-la motivada é um dos grandes desafios do líder moderno.

A Programação Neurolinguística é uma ferramenta talhada para se obter sucesso neste sentido, uma vez que ela estuda como as pessoas de sucesso funcionam e como elas fazem suas escolhas para atingirem seus objetivos.

Uma de suas grandes contribuições para as relações humanas é a ferramenta *rapport*, uma das técnicas mais avançadas em relação a criar relacionamentos de qualidade e de confiança. O processo é muito simples, basta criar uma comunicação o mais similar possível com as pessoas, pois o ser humano sempre gosta do que é semelhante a ele, do que ele se identifica.

Para criar *rapport* é necessário praticar o *espelhamento*, que consiste em se igualar ao outro por meio dos gestos, da postura corporal, da tonalidade de voz, da respiração, ou seja, se igualar por meio da linguagem verbal e não verbal. Ao mesmo tempo, procurar se colocar no lugar do outro, sendo humilde, respeitando as opiniões adversas, sendo bem humorado e cumprindo com as pequenas promessas do dia a dia. Com o espelhamento você constrói *rapport* com os outros, o que gera uma relação de muita qualidade e de confiança.

Outra grande contribuição da PNL para liderança é um pressuposto que diz que "as pessoas possuem todos os recursos que necessitam para obter sucesso na vida". Este é o princípio da confiança na própria competência. Ele demonstra que tanto o líder quanto o liderado têm recursos próprios para evoluírem como pessoas e como profissionais, basta acreditar.

Não adianta ter objetivos, ser bom de relacionamentos, se não acreditar que pode muito mais. Se você não acreditar em suas capacidades, não fará muito esforço para conquistar o que deseja. Mas se você acreditar na sua capacidade e na capacidade de sua equipe, vai conseguir superar os desafios e conquistar os resultados esperados. Portanto, procure também deixar claro para cada liderado que ele pode mais, mostre que você confia nele e ele será capaz de melhorar expressivamente.

Durante todo meu trabalho como *coach* e professor, sempre procurei despertar em cada cliente e em cada aluno, a crença de que é possível realizar os sonhos e se tornar um profissional melhor. Procuro demonstrar que se a pessoa tiver um objetivo em mente e criar estratégias para alcançá-lo, ela consegue seguir em frente e ter uma carreira de muita prosperidade. Saiba que você também pode ser melhor a cada dia, pode alcançar tudo que deseja, basta despertar suas capacidades e colocá-las em prática. Você merece!

---

**Liderança próspera**

*Estrutura básica de coaching e de PNL para melhorar seu estilo de liderança*

Perguntas de *coaching* para traçar suas mudanças

1. Qual é o seu objetivo? Pense positivo. Os pensamentos são a matéria-prima de nossa realidade.
2. Como você vai fazer para alcançá-lo? Crie as estratégias necessárias.
3. Como vai medir seus resultados? *Feedback* quantitativo e qualitativo.

> Cuidando de sua equipe por meio da Programação Neurolinguística
>
> 1. Use muito *rapport* com seus liderados. Lembre-se de que um líder não vai direto aos objetivos, ele vai às pessoas para conquistar seus objetivos.
> 2. Flexibilidade. Quanto mais estratégias de mudança melhor.
> 3. Confiança na competência. Em relação aos seus resultados e os de sua equipe, acredite sempre que é possível, que vocês são capazes e que vocês merecem.

**Referências**

O'CONNOR, Joseph e Seymour, John. *Introdução à Programação Neurolinguística*.
GOLDSMITH, Marshall. *Coaching de Liderança*.
BANDLER, Richard e Grinder, John. *Usando sua mente*.
LAGES, Andréa e O' Connor, Joseph. *Coaching com PNL*.
ROBBINS, Anthony. *Poder Sem Limites*.

# 33

## Liderar pelo exemplo. Seguir pelo modelo

O mundo carece de grandes líderes. No passado já tivemos grandes nomes, pessoas que foram exemplos de atitude e de conquistas. Estas pessoas nos deixaram grandes lições e nos mostraram inúmeras formas de se obter sucesso. Quero apresentar aqui um processo de *coaching* baseado em uma forma didática de moldá-los para se agir como verdadeiro líder e formar grandes equipes

**Rodrigo Belmonte**

## Rodrigo Belmonte

*Trainer* em PNL – Programação Neurolinguística – com certificado internacional reconhecido pela International Association of NLP Institutes – IN e International Association for NLP – IANLP, treinado pessoalmente por Arline Davis, *Master Coach Trainer* e *Master Trainer* NLP reconhecida mundialmente. Fez especialização em práticas da PNL com Anthony Robbins nos Estados Unidos – Califórnia, um renomado *coach* pessoal e de vida de grandes personalidades do mundo, através do treinamento vivencial *Date with Destiny*. Fundador do Instituto Belmonte para Coaching, Treinamentos e Terapia. Atua como Terapeuta em atendimento individual e em Treinamento Comportamental de Liderança no IEF – Instituto Emerson Feliciano. Atua também como *coach* pessoal e corporativo. Formado inicialmente em Ciências da Computação pela Universidade Presbiteriana Mackenzie com MBA em Gestão de Negócios e Tecnologia pelo IPT, sua experiência no mundo corporativo em bancos e grandes multinacionais e sua trajetória em grande mudança de carreira são diferenciais importantes no apoio pessoal e profissional através das práticas terapêuticas e de *coaching*.

**Contatos**
www.institutobelmonte.com.br
rodrigo@institutobelmonte.com.br
www.facebook.com.br/InstitutoRodrigoBelmonte

O que faz de alguém um *líder*? O que faz de alguém um bom *liderado*? E finalmente, o que faz de um grupo um grande *time*? Em minha opinião existem características mínimas inegociáveis que um indivíduo precisa ter para se enquadrar em qualquer destes modelos.

Um grande líder precisa inspirar; um excelente liderado precisa contribuir; e um verdadeiro time é composto de pessoas que confiam umas nas outras e remam na mesma direção. Inspirar, contribuir e confiar... Estas são, sem dúvida, ações muito nobres. Isso mesmo: ação! Pois sem atitude, estes três modelos não são formados.

Tudo isso parece óbvio, mas...

Quando olho à minha volta me deparo com pessoas com extrema capacidade de liderança e que agem de forma inspiradora, mas que, por algum motivo, vivem ocultas. Vejo outras incrivelmente dedicadas e altruístas, mas que por algum motivo não se apresentam. Alguns resultados destes comportamentos são: isolamento, arrependimento, infelicidade, acomodação, entre outros. Sem dúvida, grandes inimigos de verdadeiros líderes e grandes equipes.

Afinal, o que os diferencia daqueles que olhamos e dizemos "puxa, eu queria ser como ele(a)!?" Em resumo, a palavra "como" no meio desta frase explica tudo, pois significa simplesmente estratégia! Ou seja, "como" estas pessoas fazem o que fazem. Queremos, essencialmente, aprender que estratégias elas utilizam para terem sucesso, realização, satisfação, felicidade e tantos outros valores que buscamos.

Sem a necessidade de reinventar a roda, quero abordar aqui "as sete mentiras do sucesso" de Anthony Robbins, pois acredito que nelas estão ingredientes incrivelmente valiosos e que fazem parte da estratégia destes conquistadores.

**Procura-se um líder...**

Há basicamente duas coisas que movem todo e qualquer ser humano: suas crenças e seus valores. Nossas crenças são compostas de tudo aquilo que passamos a acreditar em algum momento de nossas vidas, baseadas nas experiências que tivemos e no significado que demos a elas. Nossos valores são as coisas que consideramos mais importantes em nossas vidas. É em função deles que criamos nossas estratégias de conquista e com eles trilhamos nossos caminhos e moldamos nosso destino.

As sete mentiras do sucesso são nada mais do que crenças incrivelmente fortalecedoras utilizadas por pessoas de grande sucesso da história. São como fórmulas que compõem suas estratégias. Vamos então conhecer estas fórmulas e como elas se relacionam com o tema deste livro. Mas, por que as chamamos de mentiras? Não entendam como algo a ser repugnado. Como Anthony Robbins bem explica em seu livro *Poder sem limites*, trata-se de um lembrete de que não sabemos como as coisas funcionam, de que podemos estar abertos a novas possibilidades e de que, quem sabe um dia, elas podem se tornar grandes verdades.

**Tudo acontece por uma razão e um fim, e isto nos serve**

O que seria de um grande líder se ele se abatesse com resultados não desejados? Algumas possibilidades são: ficar desanimado, entristecer-se, esbravejar, sentir-se culpado, culpar aos outros... Estas atitudes não me parecem ser nada inspiradoras.

Recentemente ouvi a história de uma pessoa que perdeu os pais e o namorado em um acidente de carro. Ela e a irmã foram as únicas sobreviventes. Ela teve poucas escoriações, a irmã, porém, ficou paraplégica. Três pessoas que ela amava muito se foram e outra carrega a consequência para o resto da vida. Um prato cheio à tristeza e à depressão.

Porém, identifiquei ali uma grande líder, pois ela conta que desde então passou a valorizar ainda mais a vida. Está sempre sorrindo, ensinando o quanto devemos perdoar e curtir cada momento e, com sua irmã, faz diversos trabalhos voluntários em prol dos deficientes físicos, busca arrecadações para aquisições de cadeiras de rodas às pessoas de baixa renda. Quando contou sua história, não me parecia triste, exaltava tudo que aprendeu com esta experiência. Uma atitude e tanto.

**Não há esta coisa chamada fracasso. Há apenas resultado**

Que tal se nós acreditássemos na "mentira" de que aquele resultado foi o melhor possível, e de que, se ainda não foi o esperado, serviu de grande aprendizado para continuar buscando o que tanto desejamos? Um verdadeiro líder é capaz de fazer de algo que é supostamente um fracasso, algo extremamente positivo e produtivo, e não só se automotivar como também motivar a equipe toda.

Thomas Edison, empresário e inventor da lâmpada incandescente, disse as seguintes frases: "Uma experiência nunca é um fracasso, pois sempre vem demonstrar algo"; "Eu não falhei, encontrei dez mil soluções que não davam certo". A propósito, ele tentou milhares de vezes até encontrar o filamento ideal, e dois grandes pesquisadores, antes dele, falharam em suas tentativas.

## Assumo a responsabilidade por qualquer coisa que aconteça

Pense bem: se a responsabilidade é sua, nas mãos de quem está a solução? Vamos lá... Esta é uma mentira e tanto! Se atribuímos a outro a responsabilidade sobre algo, entregamos a ele todo o poder sobre nosso estado emocional.

Quantos supostos líderes não saem à caça dos culpados pelos resultados de sua equipe? Quantos liderados não apontam o dedo a outro quando algo dá errado? Mais uma vez, neste cenário, não vejo exemplos de inspiração, muito menos de contribuição ou de confiança.

Quando assumimos a responsabilidade sobre algo, temos duas escolhas pela frente: sentir-nos culpado ou começar a pensar em alternativas de solução. Os grandes líderes empresariais não só assumem a responsabilidade por qualquer resultado gerado por sua equipe, como valorizam os membros que imediatamente fazem o mesmo por suas escolhas e ações, e que também trazem uma ou mais soluções para um determinado problema. Muitos se incomodam com o clichê "não me traga problemas, traga soluções!". Eu fico com o clichê.

## Não é necessário entender tudo para ser capaz de usar tudo

Está aqui mais uma grande "mentira" a ser usada por todo grande líder e toda grande equipe: o líder não é aquele que sabe mais e sim aquele que sabe usar melhor os recursos que tem. Ele monta a equipe de tal forma que as pessoas se complementam, que a fraqueza de um é superada pela fortaleza de outro. Desta forma ele tem em mãos uma equipe de tamanha efetividade que o sucesso é quase inevitável.

Além disso, cada indivíduo passa a valorizar muito mais suas virtudes do que seus defeitos, pois vê cada ponto forte sendo colocado em ação e gerando resultado. As fraquezas tornam-se oportunidades e cada membro da equipe que possui uma habilidade que outro não tem torna-se um exemplo e não um motivo de inveja e disputas internas.

## As pessoas são os seus maiores recursos

Vejo esta crença como uma grande demonstração de respeito e de reconhecimento. Em algum nível de nossa hierarquia de valores com certeza encontraremos a necessidade de sermos respeitados e reconhecidos. São necessidades básicas.

Uma vez que o líder entende a importância de cada pessoa de sua equipe, os *feedbacks* tornam-se mais efetivos e a necessidade de motivação torna-se mais clara. Motivação é nada mais do que o motivo ou a razão que temos para agir. Se não entendemos que as pessoas são de fato os maiores recursos de uma equipe, que motivo um líder tem para agir em prol delas? E que motivo um membro da equipe tem para apoiar outro membro?

Tenha na cultura individual ou de sua empresa a valorização genuína e irrestrita das pessoas à sua volta e observe os resultados.

**Trabalho é prazer**

Este é sem dúvida um dos maiores paradigmas a serem quebrados, especialmente na sociedade brasileira. Poucos são os que de fato acreditam nisso. Mas esta "mentira" pode fazer toda a diferença entre ter um indivíduo motivado e feliz com o que faz, ou alguém extremamente frustrado e sem energia para contribuir com uma equipe.

Honestamente, quantos à sua volta encaram o trabalho desta forma? Ora, não é comum falarmos de ambos de forma separada? O prazer está quase sempre relacionado a atividades fora do trabalho, tais como viagens, prática de esportes, leitura de livros, cinema, teatro, encontros familiares, entre outros tantos exemplos, todos identificados como "diversão".

Gosto muito de uma frase do filósofo chinês Confúcio. Ele diz: "Escolhe um trabalho de que gostes, e não terás que trabalhar nem um dia na tua vida".

Quando mudamos nossa crença em relação ao trabalho, mudamos nosso estado emocional interno durante boa parte do nosso dia a dia. Imagine-se passando aproximadamente um terço de sua vida não mais fazendo algo que "tem que fazer", mas algo que "tem prazer em fazer". Será, pelo menos, 33% mais feliz. Pessoas felizes são mais produtivas, como inúmeras pesquisas já demonstraram. Que tal uma "mentira" como esta?

**Não há sucesso permanente sem confiança**

As pessoas de maior sucesso não desistem enquanto ele não é alcançado. Conheci pessoas que chegaram a abrir o próprio negócio e falir por duas ou três vezes seguidas. Depois disso, desistiram e passaram a fazer "o que era possível e necessário" para pagar as contas e seguir em frente. Podemos aqui elucubrar sobre suas estratégias de marketing ou vendas que podem não ter dado certo, mas acima de tudo, faltava-lhes confiança.

Uma equipe onde as pessoas não confiam umas nas outras ou não confiam na possibilidade de sucesso de uma empreitada está fadada ao fracasso. Talvez a crença apresentada acima onde não existe fracasso, apenas resultado, ajude neste momento, mas sem confiança esta crença não passa de mais um clichê. O papel do líder diante desta situação é primordial, pois é dele que virá o maior exemplo de confiança, tanto no objetivo a ser alcançado como em sua equipe.

Uma tendência de comportamento de alguns líderes que deve ser observada, e o mais rápido possível revista, é a do líder centralizador. Estamos falando daquele que não apenas executa atividades que poderiam ser realizadas por membros de sua equipe, mas também aquele que simplesmente executa por não confiar no resultado que será obtido por outros. Uma das crenças mais perigosas que um time ou uma equipe pode ter é aquela onde o indivíduo diz "se quer algo bem feito, faça você mesmo!". Cuidado! Ela pode ajudar em algumas situações, mas aqui ela se torna um caminho quase certo para a desmotivação e a desconexão de uma equipe.

Como mencionei antes, acredito muito no poder destas grandes "mentiras" do sucesso, especialmente quando aplicadas aos conceitos de liderança e equipes.

Um líder que coloque estas crenças em prática tem grande chance de obter sucesso, mas a excelência em liderança começa, antes de mais nada, liderando a si mesmo.

**Eu me lidero; eu lidero você; eu vos lidero**

Muitos já ouviram o ditado "não faça o que eu digo, faça o que eu faço". Pois bem, o quanto você já se sentiu motivado a fazer o que lhe foi dito? É realmente muito difícil com falta de exemplo. Este é o ponto: o líder inspira pelo exemplo e não apenas por palavras. Para se tornar um grande líder, busque antes liderar a si mesmo. Mas afinal, o que isto significa? A resposta já foi dada acima.

Antes de dizer a alguém que é preciso confiar nas pessoas (mentira número sete), você acredita nelas? E antes, você acredita em você mesmo? Ou antes de dizer a alguém que assuma as responsabilidades sobre os resultados (mentira número três) e busque mais soluções do que só apresentar problemas, você coloca isso em prática? É alguém que se responsabiliza por tudo que ocorre ao redor, não só no ambiente de trabalho, mas em tudo que o cerca?

O verdadeiro líder surge quando ele lidera suas emoções e suas escolhas para começar a servir de exemplo. O próximo passo é exercitar este poder com, pelo menos, mais uma pessoa, servindo de inspiração. Você já recebeu algum *feedback* indicando que uma atitude sua serviu de exemplo? Se não, procure se conectar mais com as pessoas, se interessar mais pelos anseios e objetivos dela. Em seguida, exercite a troca, questione as alternativas e estratégias que ela tem para resolver problemas e – por que não? – apresente como você faria ou até já fez para lidar com algo parecido. Se percebeu sinais de que exerceu a liderança com pelo menos uma pessoa, está pronto para seguir em frente e liderar um time.

Acredito muito neste tipo de estratégia, no "como" que faz com que nos inspiremos nas ações de pessoas de sucesso que utilizaram estas "mentiras" para chegar onde queriam. Um processo de *coaching* baseado nesta receita pode contribuir com qualquer indivíduo ou grupo, utilizo-o sem receio ou restrições.

Lembre-se de cercar-se de verdadeiros líderes, de pessoas que não apenas lhe inspiram, mas que, também, de alguma forma, lhe estimulam a ser melhor do que é porque acreditam em você.

# 34

## Decidi ser líder!

Creio piamente que todas as pessoas são líderes, ora prontos, ora com habilidades involuntárias ou secretamente abafadas prestes a serem despertas. E como tudo na vida é um exercício, em vez de preparar um artigo optei por "ensaiar" uma sessão de *coaching*, onde cada leitor possa começar o questionamento e a descoberta de respostas pessoais e únicas que o conduzam a exercer sua liderança

**Rosangela Ojuara**

## Rosangela Ojuara

*Coach*, palestrante e instrutora com foco em liderança e motivação, Gestão de tempo e organização, relacionamentos e alavancagem de autoestima. Administradora de empresa com MBA em Finanças pela FGV-RJ. Trinta anos de vivência na área de negócios e como executiva no mercado financeiro. Certificada pela Sociedade Brasileira de *Coaching* em *Personal & Professional Coaching e Career Coaching*. Membro do Grupo Mediare. Certificada pela *International Academy of Collaborative Professionals* (IACP). Escritora com dois livros publicados na categoria de autoajuda pela Editora Novo Século.

**Contatos**
www.scalacoach.com.br
rosangelaojuara@hotmail.com
rosangelaojuara@scalacoach.com.br
br.linkedin.com/pub/rosangela-ojuara/51/691/893

*"Conte-me e eu esqueço. Mostre-me e eu apenas me lembro. Envolva-me e eu compreendo." Confúcio*

Sem invalidar qualquer tipo de terapia, que aliás inúmeras vezes é necessariamente complementar, nem concorrer com nenhuma outra técnica, o que faz do *coaching* um processo especialmente distinto é a capacidade que o *coaching* tem de provocar a descoberta das habilidades mais primorosas, muitas vezes secreta e involuntariamente ignoradas, abafadas como um escaninho dentro de si, a portas levemente cerradas, prontas para serem despertas.

Isso, graças ao foco e metas que se elegem quando começamos um trabalho de parceria entre *coachee* (cliente) e *coach*.

Na verdade, o *coaching* é apenas o fio condutor e o *coach* só o provocador.

A capacidade e a força verdadeiras são o comprometimento, a vontade e a **decisão** genuína do *coachee* (cliente) de descobrir essas competências.

Assim acontece com qualquer habilidade que se queira despertar ou dar ênfase.

E não é diferente quando falamos de LIDERANÇA.

Há quem por pura "crença" no primeiro momento afirme com convicção quase visceral:

-"Não nasci para ser líder", "Não tenho nenhuma competência para liderar", "Até hoje jamais fui líder, não vou conseguir agora".

As perguntas são: Você realmente tem interesse em liderar? Já tentou desenvolver esse talento ou prefere encobrir sua destreza debaixo de justificativas ao invés de fazer desabrochar sua aptidão?

Essa crença é verdadeira? Você ganha ou perde acreditando nela? O quê?

Essas são verdades absolutas ou desculpas para não ter que agir?

**"Você quer de verdade se aperfeiçoar como líder?"**

Se sim, relembre algum momento, situação simples ou extrema, onde seu "comando" norteou e/ou salvou alguém ou uma situação de problemas maiores; ou seja, o seu direcionamento, sua iniciativa, por necessidade ou vontade resolveu algo importante que só você poderia naquele instante.

Lembrou-se?

É provável que lhe veio à mente um ou vários fatos importantes.

Todos nós, com mais ou menos habilidades, já fomos "líderes" em algum momento.

Essa é a prova cabal de que se pode, se consegue liderar, por imposição, sobrevivência ou vontade.

*"A única pessoa que você está destinado a se tornar é a pessoa que você decide ser."* - **Ralph Waldo Emerson**

A propósito de tudo isso, a teoria (muitíssimo importante), sobre qualidades e características necessárias para ser um líder modelo, será largamente difundida e discutida nesse livro por grandes mestres no assunto.

Mas como tudo na vida é exercício, optei por "ensaiar" uma sessão de *coaching*, onde cada leitor possa já, nesse instante, começar o questionamento e a descoberta de respostas absolutamente pessoais e únicas que o conduzam a exercitar sua liderança.

Importante lembrar que não há certo ou errado. O sucesso deste "**ensaio**" de sessão de *coaching* "**só depende**" de quão **profundo** e sem bloqueios será seu autoquestionamento, suas autocríticas e suas respostas verdadeiras.

*Não se trata de um julgamento, ou receber louros, mas de uma "apreciação" com o intuito e a vontade, únicos e sinceros, de "destapar" suas carências e crenças como líder para desafiá-los e se conscientizar das muitas forças e habilidades que você seguramente tem para levá-las à potência máxima.*

Vou permear a "sessão" com frases destras, de quem muito antes de se falar em *coaching*, já sabia muito mais do que a gente. Se quiser, pare um minuto, respire e pense se essas frases lhe dizem algo e/ou merecem reflexão.

Daqui em diante, sugiro que anote em uma folha, cada e toda resposta para "autorregistro":

- Para começar, reflita e responda que nota de zero a dez você se dá como líder.

Embaixo da nota dada, liste as qualidades e as competências que justificam sua nota e, caso a nota não seja dez, liste em seguida o que você acha que falta para que sua nota melhore ou chegue à nota máxima.

No fim de todas as perguntas a seguir você poderá confirmar ou repensar a nota que se deu.

**Vamos ao "ensaio" da sessão:**

**Rosangela Ojuara**

- Você dá ordens ou motiva?

Se sua reposta for: "dou ordens", então – **em que situação isso acontece?** Por exemplo: "Toda vez que precisa dar instruções para alguém?"; **Como se evidencia?**: "Falando sempre em voz alta, não deixando que argumentem?" "Exigindo muito porque os funcionários só se mexem sob pressão?".

E por quê?: "Precisa manter o seu poder?" ou " Você só será respeitado(a) caso se imponha desta forma?" ; O que só você pode fazer para mudar essa característica? Por exemplo: "Baixar o tom de voz?" "Dar instruções bem fundamentadas e claras?".

"Acreditar que pode se impor pelos valores e não pela força?","Valorizar os funcionários para que eles tenham motivação para executar?" "Não intimidar, porque o medo limita as pessoas e as leva a fazer somente o necessário à sobrevivência na empresa?" E o que mais? E o que mais??

*"A diferença entre um chefe e um líder: um chefe diz, vá! - um líder diz, vamos!"* E.M.Kelly

- **Tem gestão sobre seu tempo?**

Se sua reposta foi: "Não tenho boa gestão sobre meu tempo", em que situação isso acontece?: "Quase todo dia"; Como se evidencia?: "Não tendo agenda?" "Ou tendo agenda, mas jamais conseguindo cumpri-la?" ou ainda, "Se esquecendo de coisas importantes?" ou "Geralmente terminando o dia com pendências consideráveis?" "Voltando para casa sempre com a sensação de não ter fechado a porta, mesmo que nunca a tenha deixado aberta?", "Às vezes perdendo prazos?".

E por quê?: "Não anota os compromissos?"; "Leva sempre trabalho para casa?".

O que só você pode fazer para mudar essa "característica?" "Agendar, anotar tudo na hora para não se esquecer?" ; "Separar o que é importante do que é urgente para saber o que fazer primeiro?", "Eleger prioridades?" ,"Ter agenda diária, ticando cada compromisso concluído para aos poucos ter a sensação de tarefas cumpridas?", "Acompanhar as pendências?" Ou ainda "começar por organizar sua mesa, gavetas, agenda e tarefas para conseguir acompanhar as etapas de forma ordenada e produtiva?" E o que mais?? E mais o quê?

*"O que você faz fala tão alto que não consigo escutar o que você diz."*
**Ralph Waldo Emerson**

- As metas que você dá são focadas? Tem planejamento? As instruções são claras? Alcançáveis?

Se sua resposta for: "Não ou às vezes, em que situação isso acontece? Por exemplo: "Vendo que as pessoas não entendem direito o que você quer?","Constatando que as metas nunca são cumpridas a contento?", Como se evidencia?"Na forma atrapalhada como são executadas","No contumaz atraso na entrega dos resultados";"Por quê? "Por que tem coisas demais para organizar?", "Por que qualquer coisa para ser bem feita depende de você?", O que só você pode fazer para mudar essa situação? "Verificar se as pessoas estão no lugar certo e seu potencial bem utilizado?". Definir metas mostrando o que realmente se pretende, por que, como, com que prazo, feito por quem?", "Criar objetivos e metas de fácil, médio e dificílimo alcance, nessa ordem, para que você possa avaliar a capacidade de cada pessoa?", "Para que elas se sintam motivadas e percebam que têm capacidade de realizar e se fortaleçam para as de dificílimo alcance?", "Dar *feedback* constante, não com tom 'investigativo', mas com senso de colaboração?"; "Valorizar cada etapa cumprida?"; "Mostrar aonde cada pessoa pode chegar esmerando-se em seu desempenho?"; "Preparar, treinar a todos ou a cada um, para além de otimizar a capacidade, explorar o potencial de todos?", "Fazer uma coisa de cada vez e terminar cada uma que começar?".

- Prepara substitutos ou é insubstituível?

Se sua resposta for: "Infelizmente sou insubstituível, esse é o motivo pelo qual não tenho tempo para nada", em que situação isso acontece, ou como se evidencia? Por exemplo: "Estando sempre sobrecarregado?"; "Vendo que ninguém é capaz de realizar qualquer tarefa sem ao menos uma interferência?"; "Constatando que na sua ausência as coisas não funcionam bem?", "Não conseguindo se "desconectar" nos fins de semana, nas férias?"; Por que isso acontece? "No fundo acha que ninguém consegue fazer tão bem feito como você?", "Não tem tempo de preparar as pessoas?", "tem mais trabalho do que gente para fazer todas as tarefas?","Preparar as pessoas é muito difícil?", "Teme que o substituam para valer?"- O que só você pode fazer para deixar de ser insubstituível e as coisas funcionarem mesmo sem você?; "Descobrir e confiar nos motivos que tem para ser seguro?" "Acreditar que sendo competente e bom gestor, aprimorar os liderados não tira seu lugar, e sim propicia a chance de exercer seu verdadeiro papel de líder?", "Preparar ou permitir que todos se aprimorem e exerçam sua capacidade máxima?", "Otimizar e fazer valer a capacidade de cada um?", "Delegar e fazer *feedback* constante? "

*"Qualquer um pode tomar o leme quando o mar está calmo."*
**Siro Públi**

- Suas reuniões são bem elaboradas?

"Entramos na reunião sem saber o que será discutido e saímos sem saber o que foi resolvido".

Se sua resposta for: "Às vezes", em que situação ou como se evidencia essa falta de preparação? "Muitas reuniões são improvisadas?","Várias reuniões não rendem?".

E por quê? Prefere fazer reuniões marcadas mesmo sem conteúdo específico para que os funcionários não percam o hábito?", "Nem sempre tem tempo para elaborar as reuniões?" ; "As improvisações têm dado certo?" O que você pode fazer para torná-las produtivas?: "Comunicar a tempo todos os participantes?"," Informar o assunto com antecedência para que se preparem?","Levar sempre pauta objetiva e clara a ser discutida?","Ter horário para começar e terminar?"," Só promover encontros que possam ser produtivos para não banalizar as reuniões?", "Solicitar ata?", "Receber e dar *feedback* conforme o caso?", "Permitir que todos opinem?", "Exercitar a capacidade de ouvir e aceitar críticas que tenham propósito?".

Ao responder todas as perguntas já feitas ou as que se seguem, lembre-se de que quando perguntamos "por quê?", na maioria das vezes, temos "desculpas" que justificam nossa resistência às mudanças ou crenças que nos impedem de sair da inércia.

Se autorize as crenças sem medo, "por que" são elas que nos limitam, nos paralisam.

Aceite o desafio.
Vela muito a pena!

Seguem-se outras perguntas que permitirão novos questionamentos:
Você age ou reage?
Reclama ou procura soluções?
É competitivo ou aliado?
Impulsivo ou planejado?
Prefere que respeitem, admirem ou tenham medo de você?
Encoraja ou impõe?

*"Um líder é alguém que sabe o que quer alcançar e consegue comunicá-lo."* **Margaret Thatcher**

Se entrevistássemos seus "pares" no trabalho e seus liderados, o que eles diriam de você?

Você se considera um bom líder? Sim? Mais ou menos? Não? Por quê?

Relembre as qualidades que tem e as que pode potencializar. Aquelas das quais falou no início do capítulo quando se deu nota de zero a dez. Onde e quando as usou para conseguir o que quis ou para chegar onde está hoje?

Quais delas podem ajudar a melhorar sua liderança?

O que precisa mudar? O que está fazendo e está dando certo? O que não está fazendo e precisaria fazer? Como? Quando?

Você está lendo este livro por que não consegue ser líder? Ou exatamente ao contrário, porque sabe que tem muito potencial e não está se valendo dele?

Por que sabe que não pode? Ou porque tem certeza de que "só depende de você" tomar posse do que está à sua frente?

Que tal fazer um "inventário de atitudes", rotina, agenda e o que mais você decidir reforçar?

Anote e deixe à vista, para acompanhar e comemorar cada etapa concluída.

E se sua nota no início desse artigo não foi "dez", o que pode começar a fazer agora, hoje, para subir um ponto a cada etapa, rumo ao "topo?".

*"O único lugar onde o sucesso vem antes do trabalho é no dicionário."*
**Albert Einstein**

Muito trabalho e muito sucesso para você!

**Referências**
CHOPRA, Deep. *A alma da liderança*. Ed Rocco, 2010.
CARNEGIE, Dale. *Liderança: como superar-se e desafiar outros a fazer o mesmo*. Companhia Editora Nacional, 2012.
STÉFANO, Rhandy Di. *O líder coach: líderes criando líderes*. Qualitymark Editora, 2005.
*Curso 24 Horas. Chefia e liderança*. Disponível em: <www.curso24horas.com.br>.

# 35

## *Leader coach* e estratégia Disney

As organizações enfrentam grandes desafios. Surge a necessidade de adaptação. Um dos principais fatores que fazem a diferença são seus líderes. Os líderes precisam adotar novas maneiras de liderar. O *coaching* parece ser uma ferramenta para a sobrevivência das organizações. O *leader coach* potencializa o desempenho de cada pessoa de sua equipe. Uma ferramenta do *leader coach* é a Estratégia Disney

**Rosaura Fontoura
& Wendell Araújo**

## Rosaura Fontoura
## & Wendell Araújo

**Rosaura Fontoura**
*Master* em Programação Neurolinguística (IANLP – Suíça e DVNLP – Alemanha), *Master Coach* Sistêmico (ECA e ICI – Alemanha), *Business Coaching*, Consteladora Familiar Sistêmica e Consteladora Organizacional Sistêmica, todos com certificação internacional. Sistema *Body Mind*; *Mindfulness and Trance* (Metaforum Internacional). Química pela Universidade Católica do Paraná, MBA de Gestão Empresarial pela FGV. Consultora de empresas. Especialista na área de gestão, treinamento corporativo e administração bancária. Palestrante. Diretora da Holos Ser Desenvolvimento Corporativo e Coaching.

**Contato**
rosaura@holosser.com.br

**Wendell Araújo**
*Master e trainer* em Programação Neurolinguística (IANLP – Suíça e DVNLP – Alemanha), *coach* sistêmico (ECA e ICI – Alemanha), *business coaching* e constelador sistêmico, todos com certificação internacional; Sistema Body Mind Talk; administrador pela Universidade Federal do Rio Grande do Norte e químico pela Universidade Federal da Paraíba; consultor de empresas, auditor de sistema integrado de gestão e especialista na área de Gestão e Planejamento. Palestrante, terapeuta holístico, reikiano, teatro, canto e dança.

**Contato**
wendellaraujo22@gmail.com

Atualmente as organizações enfrentam grandes desafios para lidar com as novas exigências do mundo moderno, como: a globalização, o mercado aberto e sem fronteiras, as parcerias com fornecedores, relacionamentos com todos os *stakeholders* (partes interessadas), a logística reversa, o crescimento com sustentabilidade, a responsabilidade social e ambiental, o relacionamento interpessoal interno, alcançar melhores resultados, motivar pessoas, entre outros. Surge então a necessidade de se adaptar para sobreviver no mundo dos negócios. E, além disso, aprender. E aprender a aprender para evoluir e sobreviver.

Assim a experiência das organizações mostra que um dos principais fatores que fazem a diferença no alcance dos resultados são seus líderes.

Líderes que motivam pessoas, que fazem uma equipe trabalhar unida e focada nos resultados, que dão o exemplo, que inspiram confiança, que sabem contornar as situações de contingência mais complexa. Estes líderes podem fazer a diferença e impedir que uma empresa caia ou, até mesmo, fazê-la se destacar entre as outras.

Nas organizações atuais, um indivíduo altamente capacitado provoca e alavanca o sucesso de todo o sistema. Assim é o sistema que tem que servir ao trabalhador. O sistema deve gerar todas as condições necessárias para que o trabalhador gere resultados e agregue valor à empresa.

Isso implica uma nova maneira de lidar com as pessoas. Os líderes precisam adotar novas maneiras de trabalhar para liderar essa nova organização, abandonar os antigos métodos de controle e supervisão e privilegiar o compartilhamento de ideias, dotar os subordinados de *empowerment*, ou seja, dar mais autonomia de decisão e responsabilidade.

O líder assume, então, um papel importante para satisfazer a necessidade de mudança da organização. Precisa agregar valor intelectual às pessoas, conduzi-las em processos de mudança e adaptação, desenvolver a capacidade de aprender continuamente, construir uma visão compartilhada, inspirar compromisso e encorajar decisões eficazes na empresa.

Com isso o *coaching* parece ser realmente uma ferramenta indispensável para a sobrevivência das organizações e nas próximas décadas. Além de fazer parte de uma metodologia que usa o pensamento sistêmico, ou a visão sistêmica, por considerar não apenas o que está lá fora, mas o que está também dentro do ser humano.

Como o processo de *coaching* objetiva potencializar o desempenho de uma pessoa, grupo ou organização, incrementando resultados, ampliando o foco, oferecendo novas alternativas e estabelecendo um compromisso não apenas com o resultado, mas com a pessoa em si; o *leader coach* assim também o faz com cada pessoa de sua equipe.

Um líder é algo mais que um chefe. E um *leader coach* é algo mais que um líder. Ele não apenas lidera, mas orienta, guia, treina, desenvolve e estimula.

Um *leader coach* é muito valioso, tanto para as pessoas quanto para a organização. Ele impulsiona mudanças e inovação, possui uma capacidade de inspirar as pessoas a realizarem metas que antes pareciam inalcançáveis e estão sempre buscando o aprendizado e o crescimento.

Para enfrentar o mundo atual dos negócios com suas mudanças frequentes, o ideal é que nas organizações todo líder fosse um *coach*. Mas para ser um *coach*, o líder também tem que ter habilidades de formador, orientador, impulsionador e encaminhador de talentos, podendo também ser considerado como um treinador, um preparador, um técnico, um conselheiro, um "guru", entre outros termos que o conceito popular privilegia. Investir em seu desenvolvimento pessoal, o que implica em mudanças necessárias de perspectivas, mudança de visão e na própria forma de comunicação para lidar com seus liderados. Assim, os líderes se tornariam alavancadores de vantagem competitiva e atores principais da inovação organizacional.

O *leader coach* desenvolve em si, desde aspectos pessoais como equilíbrio emocional, autoconfiança e segurança, até aspectos profissionais como definição de metas, delegação, foco e gestão do tempo.

Também é capaz de promover um melhor relacionamento interpessoal entre ele e sua equipe e entre os membros da equipe. A melhora no relacionamento interpessoal da equipe melhora também o trabalho em equipe, o ambiente de trabalho e, por consequência, a eficiência e a produtividade, podendo também gerar um ambiente mais propício à aprendizagem individual e da organização.

E dentre as atividades que o *leader coach* pode realizar de forma diferente e que naturalmente gera uma mudança de postura da equipe, está o planejamento colaborativo. Dentro de uma gestão participativa em que o líder envolve toda a equipe nas decisões mais importantes. Isso aumenta o comprometimento e o sentimento de pertencimento de cada membro e os motiva por meio de uma maior consciência da importância de suas atividades dentro de uma visão sistêmica do conjunto das partes, refletindo diretamente nos resultados da organização.

Planejar sistematicamente e em sinergia com o seu time de colaboradores é um dos maiores desafios do *leader coach*. Ao utilizar uma comunicação integrativa e sistêmica, gera o desejo e o movimento da equipe em ser parte efetiva do planejamento, com presença cocriativa no futuro da organização.

Assim, cada parte do sistema (membros da equipe) passa a agir de forma mais colaborativa com todo o sistema (organização).

Da interação entre as partes de um sistema, emergirão ideias e características do planejamento estratégico, tático e operacional que jamais poderiam ser encontradas na visão isolada das partes.

Uma ferramenta que facilita ao *leader coach* a aplicação dos princípios sistêmicos no planejamento de qualquer ordem (estratégico, tático e operacional) é a Estratégia Disney. Criada por Robert Dilts, um dos precursores da PNL (Programação Neurolinguística), ao se estudar a forma como Walt Disney equilibrava suas partes criativa, realista e crítica; para se criar um filme, e depois, todo um império de entretenimento.

Quando do planejamento para fazer um filme, Walt Disney se utilizava de uma estratégia específica. Ele revia sua ideia por meio de três posições distintas. A posição de sonhador, onde deixava livre toda a sua criatividade sem limites; a posição de realizador, desenvolvendo formas de como colocar sua ideia em prática; e a posição de crítico, questionando o conteúdo e a forma e procurando oportunidades de melhoria.

Mas como aplicar esta ferramenta na organização? Por meio de nossa prática em empresas e treinamentos, desenvolvemos um roteiro para reuniões de planejamento com visão sistêmica e baseado na Estratégia Disney. Tem como objetivo elaborar proposta de negócios e ações criativas para o planejamento estratégico, tático e operacional.

As temáticas trabalhadas são:

- Visão de futuro;
- O papel do Sonhador ou Visionário, do Realista e do Crítico na empresa;
- Planejamento estratégico, tático e operacional;
- Análise de Forças, Fraquezas, Oportunidades e Ameaças;
- Ação pragmática e ação vaga;
- Sinergia.

Desenvolvida para um número de até trinta participantes divididos em grupos de até dez pessoas, com um tempo estimado de três horas. Recomenda-se um espaço adequado e com toda a infraestrutura necessária para as atividades.

**1ª Parte – Preparação para a atividade:**

- Utilizar técnicas de grupo informativas e participativas para gerar a compreensão linear das temáticas.

- Organizar os grupos e solicitar para nomear um mediador e um registrador.
- Explicar o objetivo e temas do planejamento.
- Relembrar os conceitos das temáticas trabalhadas na técnica de grupo.
- Detalhar o papel de cada posição de referência (sonhador, realista e crítico).

**SONHADOR:** aquele que vê além é o criativo, que pensa fora da caixa, que inova de verdade. Aquele que vê a oportunidade de avançar no tempo e no conhecimento, e sabe que existe algo além do que se conhecia como correto. Sonhar como uma criança.

**REALISTA:** aquele que pensa de forma muito realista, que é capaz de traçar um plano com os recursos existentes e rapidamente colocar em ação. É o executor, o prático e o objetivo.

**CRÍTICO:** aquele que é capaz de criticar construtivamente e avaliar um plano, bem como encontrar problemas futuros. Consegue perceber oportunidades de melhoria, incluir o que está faltando e retirar o que está sobrando.

**2ª Parte – Eliciação de estados:**

Solicitar os participantes que acompanhem mentalmente sua orientação e condução. Eliciar, ou seja, provocar uma resposta automática por meio das três posições perceptuais da Estratégia Disney. Recomenda-se uma música instrumental no ambiente.

**Eliciar estado do papel de sonhador – 40 minutos**

Fala do condutor: Pense numa época quando você era capaz de, criativamente, sonhar ou fantasiar novas ideias sem qualquer inibição. Nesta hora você exerce o papel do sonhador. Reviva mentalmente esta experiência. Lembre-se de pessoas visionárias da história que você conhece e admira. Podem ser nomes como Bill Gates, Henry Ford, Isaac Newton ou Steve Jobs. Escolha sua referência e inspire-se nessa pessoa visionária. Encontre referências ou analogias que ajudem você a pensar de forma criativa. Imagine, enquanto sonhador, que ideias você teria à temática do seu grupo, e à medida que você tem essas ideias, pode anotá-las. Caso seja necessário, você pode dividir suas ideias em ações. Neste momento não há espaço para críticas.

Cada pessoa compartilha com o grupo suas ideias criativas gerando uma lista de ideias do grupo.

**Eliciar estado do papel de realista – 30 minutos**

Fala do condutor: Identifique uma época em que você era capaz de pensar de uma forma muito realista e traçar um plano para colocar determinada ideia realmente em prática. Lembre-se de pessoas que você já conviveu que fazem com habilidade planejamentos práticos e realistas. Agora, em conjunto, crie ações realistas para as ideias sonhadas. Importante saber que ainda não é a hora de criticar as ideias.

**Eliciar estado do papel de crítico – 30 minutos**

Fala do condutor: Pense em momentos da sua vida que você foi capaz de criticar construtivamente e avaliar um plano, isto é, oferecer crítica positiva e construtiva, bem como encontrar problemas que podem vir a acontecer na aplicação de um plano. O que poderia estar faltando ou sobrando na ideia? Agora, em conjunto, descubra se há qualquer coisa faltando ou algo que seja necessário em relação ao seu plano.

**Reviver os papéis – 20 minutos**

Fala do condutor: Após as sugestões do crítico, entre novamente na posição de sonhador e observe o que poderia ser melhorado ou adaptado. Perceba de que forma a ideia poderia incorporar as informações obtidas pelo realista e pelo crítico.

**3ª Parte – Conclusão da dinâmica**

Se necessário, repita novamente os papéis até que cada participante possa estar tranquilo com relação à assertividade de suas ideias e ações.

Poderá ocorrer a continuidade ao planejamento, compartilhando com os demais grupos as ações, e novamente efetuando o uso dos três papéis para as novas ideias que venham a ser agregadas.

Esta dinâmica pode ser facilmente aplicada por um *leader coach*. No entanto, caso não se tenha este conhecimento e tenha alguma dúvida na forma de aplicação, pode procurar a ajuda de um *coach*.

Muitas outras formas criativas podem ser utilizadas para se aplicar a Estratégia Disney numa reunião de planejamento (estratégico, tático ou operacional). Abordamos aqui apenas uma forma que tem demonstrado muito bons resultados. A prática mostra que quando fazemos uso da liderança *coach* e adotamos uma gestão participativa, há um aumento no nível de comprometimento e de confiança dos liderados. Promovendo, com uma visão sistêmica, melhores resultados para todos.

# 36

## O *leader coach* e o diagnóstico do perfil comportamental: entendendo o colaborador

Considerando que o trabalho da liderança é primordial para que as organizações alcancem os resultados desejados, em um cenário cada vez mais competitivo, a premissa básica deste artigo é o estudo referente à importância do diagnóstico de perfil comportamental, como uma importante ferramenta de trabalho para os novos líderes

**Sandra Bini & Gilbertto Barrouin**

## Sandra Bini & Gilbertto Barrouin

**Sandra Bini:** Administradora de empresas com especialização em Gestão de Negócios. *Master Coach*, com formação completa pelo Center for *Advanced Coaching*, Instituto Brasileiro de *Coaching*, Net Profit Brasil e Instituto Holos de Qualidade. Experiência como gerente de negócios e gerente geral, em instituições financeiras, consultora e *coach* na Sandra Bini Consultoria, *Coaching* & Treinamento.

**Contatos**
www.sandrabini.com.br
sandra@sandrabini.com.br
(31) 2127-1424 / (31) 9952-5506

**Gilbertto Barrouin:** Administrador e contador com especializações em Análise de Sistemas, Gestão Pública e Gestão de Pessoas com *Coaching*. *Master Coach*, com formação completa pelo Instituto Brasileiro de *Coaching*, Sociedade Brasileira de *Coaching*, Net Profit Brasil e Instituto Holos de Qualidade. Experiência como auditor na administração pública municipal de Belo Horizonte, professor de graduação e pós-graduação, em diversas Instituições de Ensino Superior de Minas Gerais, e *coach*.

**Contatos**
www.gilberttobarrouin.blogspot.com
gilberttobarrouin.coach@gmail.com
(31) 7137-4920

## 1 - Introdução

Uma das principais novidades dentro da administração moderna é proporcionar às organizações a possibilidade de manter em seus quadros novos líderes que estimulem seus colaboradores, contribuindo para que apresentem o melhor desempenho possível, conquistando, assim, melhores resultados. Para isso, entre outras técnicas e ferramentas de *coaching*, é interessante que estes líderes tenham, oportunamente, em mãos, um diagnóstico exato do perfil comportamental dos colaboradores de sua equipe, para que possam criar condições, que irão potencializar os pontos fortes e tratar os pontos de melhoria desses colaboradores.

## 2 - Liderança

> *"Para se tornar um líder, primeiro você precisa se tornar um ser humano".*
> **Confúcio**

Entre outros aspectos, a falta de preparo de alguns líderes, muitas vezes, ainda é responsável pela saída de profissionais das empresas. Muitos profissionais que pedem demissão, frequentemente o fazem por falta de uma boa relação com seus superiores. Então como seria um líder preparado? Qual é o melhor perfil de líder para uma organização?

Para um melhor entendimento, considerando que há diversos conceitos, nos reportaremos a um autor que contribui fundamentalmente com uma visão mais objetiva das várias concepções da administração, no que se refere à liderança. Idalberto Chiavenato em seu livro Introdução à teoria geral da administração:

> "A liderança é necessária em todos os tipos de organização humana, principalmente nas empresas e em cada um de seus departamentos. Ela é essencial em todas as funções da administração: o administrador precisa conhecer a natureza humana e saber conduzir as pessoas, isto é, liderar".

> "Liderança é a influência interpessoal exercida numa situação e dirigida por meio do processo da comunicação humana à consecução de um ou de diversos objetivos específicos". (1999)

# Team & Leader Coaching

Quando pensamos em um líder preparado, podemos pensar no *leader coach*, aquele líder que agrega conhecimentos, habilidades e aptidões de um *coach*, profissional que conduz o processo de *coaching*, realizado com o seu *coachee* (cliente).

> "*Coaching* é um processo que contribui para que as pessoas e os grupos se transformem, reflitam a respeito de sua visão de mundo, de seus valores e crenças, aprofundem sua aprendizagem, incorporem novas habilidades e capacidades, expandam sua prontidão para agir de forma coerente e eficaz. Por essa razão, constitui uma forma de provocação construtiva, de desafio e estímulo para o desenvolvimento e aprendizagem contínuos." (KRAUSZ, 2007, p.27).

Chama a atenção no livro *A quinta disciplina* de Peter M. Senge, diferenciando-o de outros autores que abordam o tema líder/ liderança, a ênfase dada à importância da liderança que tem como foco as pessoas, e colocar amor naquilo que se faz.

Podemos reconhecer, principalmente por sua preocupação em entender as pessoas, a importância e o diferencial das características de um *leader coach*. Hoje, as empresas, que realmente desejam ter os melhores colaboradores, preparam cada um de seus líderes para atuar como um *leader coach*, em função dos bons resultados obtidos por este tipo de liderança, comprovados por meio de pesquisas divulgadas pela mídia.

## 3 - Metas e resultados

As organizações, para atingirem seus objetivos, trabalham com um planejamento adequado, quando definem claramente suas metas e resultados desejados. Obviamente, entre outros recursos que devem estar disponíveis, para que tais metas e resultados sejam alcançados, os recursos humanos, ou seja, a equipe de colaboradores deve apresentar alto nível de desempenho e trabalhar em um cenário onde cada colaborador também esteja alcançando objetivos pessoais e profissionais, à medida que a organização tenha resultados positivos a partir de sua contribuição. O papel do líder é fundamental para que as empresas atinjam os melhores resultados, por meio de um bom alinhamento entre os objetivos das organizações e os objetivos de seus colaboradores.

> O comportamento de liderança (que envolve funções como planejar, dar informações, avaliar, arbitrar, controlar, recompensar, estimular, punir etc.) deve ajudar o grupo a atingir

os seus objetivos, ou, em outras palavras, a satisfazer suas necessidades. Assim o indivíduo que possa dar assistência e orientação ao grupo (ajudar o grupo a escolher melhores soluções para seus problemas) para que atinja um estado satisfatório, tem mais possibilidades de ser considerado seu líder. A liderança é, pois, uma questão de redução de incerteza do grupo. O comportamento pelo qual se consegue essa redução é a escolha. A liderança é uma questão de tomada de decisão do grupo. (Chiavenato, 1999 p.95).

### 4 - Diagnóstico de perfil comportamental

Comportamento, pontos fortes, pontos de melhoria, fatores motivacionais e valores são aspectos evidenciados e analisados, a partir de um bom diagnóstico de perfil comportamental, proporcionando aos novos líderes uma excelente oportunidade para conhecer seus colaboradores e contribuir com o desenvolvimento deles, proporcionando capacitações específicas e direcionadas, para que os mesmos potencializem seus pontos fortes e trabalhem os pontos de melhoria, aumentando a efetividade e competência de toda a equipe.

É, particularmente, importante para um líder, um criterioso diagnóstico do perfil comportamental, objetivando o entendimento de como funciona o outro, para auxiliá-lo a criar um ambiente favorável à adequada alocação e capacitação dos colaboradores, a um melhor relacionamento interpessoal e à maximização do potencial individual e da equipe. Os resultados desejados pela organização terão mais possibilidade de serem alcançados em função da satisfação e motivação de seus colaboradores, por desenvolverem bem o seu trabalho, favorecidos por uma total adequação ao cargo que ocupam.

### 4.1 – Um modelo de sistema para diagnóstico de perfil comportamental

O *coaching assessment* do Instituto Brasileiro de Coaching, desenvolvido pela Solides Tecnologia, é um dos sistemas de identificação de perfil profissional/comportamental existentes. Segundo o site, <www.avaliacaocomportamental.com.br>, o *coaching assessment* é destinado à seleção de pessoas/candidatos, remanejamento individual ou de equipe, construção de equipes, gestão motivacional, gestão de pessoas, autoconhecimento, direcionamento de carreira ou de vida, mapeamento comportamental, para prever possibilidades nas mais diversas circunstâncias profissionais ou pessoais, baseado na metodologia DISC, nascida originalmente em 430 a.C.

Conforme o site, <www.avaliacaocomportamental.com.br>, a metodologia é amplamente utilizada em todo o mundo e foi implementada pela Procreare Softwares em um dos raros sistemas produzidos inteiramente no Brasil, com termos e tradução específicos para este país. Sua aplicação é corriqueira em diversas empresas e amplamente conhecida por sua eficácia e facilidade na aplicação, razão do sucesso que vem obtendo no meio empresarial e até mesmo nas práticas clínicas.

**4.2 – Os quatro perfis do coaching assessment**

Segundo o site, <www.avaliacaocomportamental.com.br>, o *coaching assessment* tem como base a avaliação em *cluster* de combinações de quatro perfis básicos e distintos. Há centenas de combinações possíveis de predominâncias diferentes de diferentes níveis para estes quatro perfis, que geram personalidades singulares, índices e percepções de mundo diferentes que são medidos pelo sistema, apenas reforçando que cada pessoa é única, mas ainda assim pertencente a um grupo. No *coaching assessment*, estes quatro perfis têm uma nomenclatura que traz à luz exatamente o que querem dizer e sua classificação traduz sua característica principal.

Adequadamente, o *coaching assessment* permite o diagnóstico dos perfis, com um excelente nível de detalhamento das características de cada um deles. Sinteticamente, a classificação dos perfis pode ser obtida pelas características básicas de cada um:

**Comunicador:** comunicativo, persuasivo, entusiasmado, otimista e se relaciona com facilidade.

**Planejador:** estável, paciente, tem ritmo consistente e conservador.

**Executor:** autoconfiante, dominante, gosta de desafios, competitivo, audacioso e corajoso.

**Analista:** preciso, detalhista, diligente, organizado, autodisciplinado e conservador.

É compreensível, pelas informações acima acerca de uma ferramenta, que faz um diagnóstico do perfil comportamental, o quanto sua adequada utilização pode trazer de benefícios para as organizações, seus líderes e colaboradores.

**5 - Conclusão**

Analisando o papel da liderança nas organizações no cenário atual, observa-se a importância das ferramentas que permitem ao líder entender melhor os seus colaboradores, onde o diagnóstico do perfil comportamental aparece como um diferencial.

À medida que for mais utilizado pelas organizações, como um instrumento que auxilia na gestão de pessoas, facilitará a criação de um ambiente que proporciona o contínuo desenvolvimento pessoal e profissional, fazendo com que as equipes de colaboradores por meio de um melhor desempenho, contribuam, efetivamente, para o alcance dos resultados desejados.

**Referências**
CHIAVENATO, Idalberto. *Introdução à teoria geral da administração*. 2.ed. Rio de Janeiro: Editora Campus, 1999.
SENGE, Peter M. *A quinta disciplina*. 28ª ed. Rio de Janeiro: Editora Bestseller, 2012.
KRAUSZ, Rosa R. *Coaching executivo: a conquista da liderança*. São Paulo: Nobel, 2007.

# 37

## O que aprendi com meus *coachees*

O *coach,* antes de qualquer coisa, tem que ser alguém com interesse genuíno no ser humano. Há que despertar em si o desejo intenso de ver resultados no outro. Mais que uma carreira é uma missão de vida. Importar-se sinceramente com o *coachee* e, antes de pretender ensinar, tem que estar aberto a aprender. Eu aprendi!

**Sandra Lúcia Freitas do Nascimento**

## Sandra Lúcia Freitas do Nascimento

Especialista em Gestão Estratégica em Recursos Humanos. Comunicóloga. *Master coach* com Formação Internacional de *Coaching Business / Life*; Formação Internacional de Coaching, *Mentoring* e Holomentoring; *Coaching* Ontológico, Sistêmico e Holístico. Extensão em Educação com foco em Andragogia; *Practitioner* em Programação Neurolinguística. Formação em Programa de Enriquecimento Instrumental (PEI); Formação em MindMap. Formação em Filosofia Quântica. Consultora Empresarial na Área de Pessoas; Professora Universitária. Palestrante Comportamental; Diretora da Caciari Treinamentos, atuando no desenvolvimento de pessoas e organizações, há mais de 20 anos.

**Contatos**
www.caciaritreinamentos.com.br
sandralucia0630@yahoo.com.br
(11) 2427-0167 / (11) 98969-8581

## Sandra Lúcia Freitas do Nascimento

Há, nessa missão, a eliminação total do ego e a consciência plena de que o milagre da mudança ocorre no outro e pelo outro. É a percepção sensível dos sentimentos inibidores que paralisam os resultados e da libertação das crenças limitantes que impedem o desenvolvimento humano.

Todo ser humano guarda dentro de si as ferramentas necessárias para superar dificuldades e atingir resultados. O *coach* aciona essas ferramentas e resgata a consciência da força individual.

O mais surpreendente é o quanto nós, *coaches*, aprendemos com cada *coachee*, pois cada um, por meio de seus relatos, desnuda um pouco de nós mesmos.

Grandes constatações práticas que, aliadas ao conhecimento técnico científico, revelam-se como verdades incontestáveis.

Vamos a duas delas, pois dividindo significados nos tornamos mais fortes e mais úteis.

**Não são os fatos, mas a sensação dos fatos que marcam a nossa mente**

A mente não registra os detalhes do fato, mas guarda profundamente a sensação que o fato trouxe. Isso é essencial para ditar nossos resultados, pois podemos decidir como um fato em nossas vidas ficará marcado no inconsciente, dependendo do tipo de pensamento que construímos no momento da ocorrência.

No que prestamos atenção? No lado bom ou ruim dos fatos? Esse é o grande segredo das memórias.

O cérebro humano aprende por repetição e por emoção. Se repetirmos uma emoção negativa estaremos insistindo numa sensação ruim e será isso que a mente registrará.

Se, ao contrário, focarmos nossa atenção ao que de esplendoroso está acontecendo em nossa vida a cada dia, valorizando os fatos positivos, proferindo palavras boas e provocando pensamentos saudáveis, nossos resultados serão muito mais benéficos. O programa neural foi aprendido e o foco foi direcionado aos fatos positivos, minimizando automaticamente os fatos negativos.

Quando o cérebro evoca uma lembrança, ele recupera um registro de sensações. A memória é ativada e um grande número de neurônios e sinapses cria um padrão neural. Esse processo nos dá a oportunidade de mudar, aos poucos, as nuanças emocionais da configuração anterior. Ou seja, se trouxermos um fato à memória e nesse momento despertarmos boas sensações, a amígdala cerebelar vai, automaticamente, associar esse fato a uma nova sensação e da próxima vez que a memória for ativada, ela trará essas novas associações. Assim, um fato negativo perde seu impacto destrutivo, pois os detalhes do fato serão deixados de fora e o que ficará registrado são as sensações reconstruídas.

Aí está o grande segredo da cura da dor. É assim que usamos a técnica *"peak* performance". Quando um *coachee* traz uma sensação desagradável, de medo, de incompetência, trocamos rapidamente a lembrança por um momento em que ele sentiu-se bem, seguro, amparado, bem-sucedido e a dor é amenizada por conta das novas associações que o cérebro fez.

É como se penetrássemos em feridas antigas, acalmando-as como um bálsamo, preenchendo espaços e substituindo crenças e sentimentos ruins, por bons.

Utilizo sempre com meus *coachees* o exercício de trazer para a memória consciente, fatos implícitos da infância, pois ali está inserida a origem de tudo o que costuma nos afetar profundamente.

### O que resgatei em mim ao trabalhar esse ponto nos *coachees*?

Era criança vivia com meus avós, portugueses da Ilha da Madeira. Pessoas simples, mas ricas em sabedoria. Estava, eu, certa vez, muito triste, pois uma amiguinha havia dito que ganhara um vestido lindo da mãe e que ficou parecendo uma princesa. Ao olhar para mim, disse-me: - Não adianta você querer ter um, porque você é muito baixinha e vai ficar horrível com um vestido assim.

Naquela tarde, ao retornar da escola, contei para os meus avós o motivo das lágrimas intensas. Eles escutaram a minha dramática narração atentamente. Olharam-me nos olhos e disseram-me: - Vamos ver se sua amiguinha tem razão.

Dias depois, meus avós chamaram-me e senti um mistério no ar pelo sorriso que traziam. Havia uma caixa grande, embrulhada com um papel de padaria. O pacote improvisado parecia ser a maior caixa de presente do mundo. Enquanto eu rasgava o simples embrulho, eles batiam palmas e me estimulavam: - Abre, abre...

Eu abri! Dentro havia o vestido mais lindo do universo. Todo branco e bordado com florzinhas cor-de-rosa. Tinha um forro de tule que deixava o vestido todo armado. Havia, também, uma coroa de florzinhas de pano, coladas cuidadosamente numa armação de arame. Naquele momento entendi as longas noites que minha avó havia passado acordada, acobertada por meu avô, para que eu não os flagrasse. Ela havia costurado e bordado por noites a fio. Era o vestido perfeito para uma princesa.

Meu avô, então, colocou em sua eletrola um disco de Amália Rodrigues - a rainha do fado. Minha avó, carinhosamente, vestiume, penteou meus cabelos, colocou a coroa na minha cabeça e disse-me: - Faltaram os sapatinhos, mas uma princesa é princesa mesmo sem o sapato. Lembras-te da Cinderela?

Ao som da música, caminhei vagarosamente até vislumbrar minha imagem no velho espelho da sala. Lá estava uma verdadeira princesa. Meus avós sorriam e aplaudiam. Eu me sentia tão feliz. Olhando-me com amor, eles disseram-me: - Olhes, bem, menina, para essa imagem e digas o que vês. Já vistes uma princesa mais linda? Essa princesa é você.

Nunca me senti tão linda. A sensação da frustração com a minha amiguinha havia sido transformada em minha mente e acredito, sinceramente, que a intensidade desse momento mágico, forneceu-me a base e a estrutura para lidar com muitas outras frustrações em minha vida.

**Não importa o tempo que uma ação dura, mas a sensação que ela provoca**

Habituamos-nos a justificar nossa falta de atitudes e ações, por falta de tempo. Quando mudamos essa programação e passamos a acreditar que a intensidade das atitudes é o que causa o registro positivo na memória, mudamos nossos hábitos e valorizamos mais os momentos. Para o cérebro não importa quanto tempo um fato durou, mas a sensação que ele provocou. A partir disso, percebemos que o tempo não importa, mas, sim, o que fazemos com ele. Um momento mágico vivido, por exemplo, entre filhos e pais, deixará na memória uma sensação intensa, perpetuada como legado. Um pai ou uma mãe com pouco tempo pode provocar, assim mesmo, memórias impagáveis nos seus filhos. Dez minutos rolando no tapete, fazendo cócegas, brincando, dando e recebendo carinho, pode valer para o resto da vida como reforço positivo. Independe do tempo que a ação durou.

Costumo ouvir relatos de *coachees* que se sentem ansiosos por não terem tempo de aproveitar certos momentos.

O segredo para reformular esse programa mental é vivenciar cada experiência com intensidade sem prender-se ao tempo que ela tem de duração. O fato de experimentar uma sensação, mesmo que ela dure cinco minutos, cuidando para não desviar a atenção para outra coisa, ficará retido na mente e quanto mais estimulante emocionalmente isso for, mais neurônios disparam e se conectam e maior é o rastro na memória.

Em alguns momentos da vida, ao resgatarmos boas sensações teremos força interna suficiente para superar obstáculos. Ou seja, as sensações boas, independentemente do tempo que duraram, ao serem recuperadas trazem de volta essas mesmas sensações e isso nos fortalece.

Mas é preciso cooperar com nossa mente, assumindo o hábito saudável de transformar o mais simples momento num episódio histórico. Por menos tempo que dispormos, ainda assim poderemos viver uma vida intensa. Atitudes positivas repetidas constroem caminhos neurais. Não precisamos de um grande evento para marcar nossas emoções. Felicidade é algo simples.

As células do nosso corpo respondem a cada 21 dias em média e esse é o tempo mínimo que temos que insistir para que o nosso programa mental seja alterado e alguns hábitos saudáveis sejam instalados com sucesso em nossa mente.

Perdemos a vontade (importante força motriz) quando deixamos de insistir em novos comportamentos. Esse é um grande desafio. Levar o *coachee* a insistir em novas atitudes e deslumbrar-se com seus novos resultados, levando-o a concluir que o pouco tempo não significa falta de condição para transformar momentos em legados.

**O que resgatei em mim ao trabalhar esse ponto nos *coachees*?**

Tive meu primeiro filho, jovem. Trabalhava muito e a questão que mais incomodava era o pouco tempo que eu tinha para me dedicar ao papel de mãe. Naquela época, a mulher que trabalhava e buscava sucesso na carreira não era muito aplaudida pela sociedade. As outras mães sempre me olhavam de forma desaprovadora. Eu as ouvia trocando experiências culinárias e sentia-me frustrada, desejando ser uma mãe mais talentosa. Até que descobri algo que me equipararia, ao menos em talento culinário: "miojo lámen, três minutos e pronto, já vem com tempero!".

Era só criar uma sensação forte em um momento mágico e eu compensaria o pouco tempo para me aprimorar. E foi o que fiz, ou melhor, que fizemos. Criei com meu filho o evento "miojo", aquele momento especial entre nós dois que seria inesquecível.

- Filho, adivinha o que vamos fazer hoje?
- Miojo, mamãe.
- Isso mesmo querido, ebaaa.

A regra era a seguinte: ele tinha que achar o temperinho dentro do pacote, mas se deixasse cair algum pedacinho de macarrão no chão, perdia a vez. Óbvio que sempre caía um pedacinho e ele, rapidamente, o chutava para baixo da mesa, para eu não ver. Eu fingia que não via e ele acabava encontrando o temperinho no pacote. Enquanto isso, eu colocava a água para ferver e avisava que assim que começasse a fazer bolhinhas seria o momento mais perigoso e importante dessa missão, porque somente eu, uma mãe corajosa, heroína, forte e legal (isso tudo, dito em tom de voz gutural), conseguiria atirar o macarrão dentro da panela. E como era tão perigoso, ele me ajudava, olhando se não havia riscos por perto, como coisas para eu tropeçar. Então, eu dava alguns passos teatrais para trás, me preparando para a grande façanha e ele avisava: - Pode vir, mamãe, vem que tá tudo certo. Então, eu fazia pose de arremessadora e, muito compenetrada, atirava o miojo dentro da panela. Ele vibrava e batia palmas. – Você conseguiu, mamãe... Isso mesmo!

Aí olhávamos o relógio em formato de frutas e quando o ponteiro passasse três vezes pelo abacaxi, estaria pronto.

Com pose de imensa sabedoria eu tirava o miojo da panela e então sentávamos para degustar essa iguaria culinária. Nesse momento, conversávamos sobre coisas importantes: O amiguinho que o chamara de alemãozinho...

O monstro que morava no armário dele... Ah! Então eu ia até o armário e ameaçava o monstro: - Se perturbar meu filho novamente, vai se ver comigo. E meu filho me olhava com orgulho. Eram momentos de sensações mágicas.

O tempo passou, sempre passa. Meu filho tornou-se um homem. Continuei na carreira e na correria. Em certo momento de sua história, ele passou por uma situação muito difícil e a vida lhe trouxe uma grande dor. Abati-me juntamente. Não sabia o que fazer e o que dizer. Cobrava-me muito, pois com minha profissão eu ajudava tantas pessoas e, justamente, com meu filho, não conseguia dizer ou fazer algo que realmente ditasse a diferença. Isso me doía profundamente. Cheguei a sentir uma sensação de inutilidade.

Certa noite, voltando de uma viagem, ao chegar ao aeroporto, recebi uma ligação dele. Procurei palavras sábias para dizer, mas nada de muito profundo me inspirou. Então, ele fez um convite: - Mãe, vem aqui pra minha casa e vamos fazer um miojo juntos?

Nesse momento, a grande verdade surgiu. Entendi o legado deixado. As boas sensações que havíamos plantado juntos estavam ali, vivas, trazendo seus resultados. E, assim fizemos. Novamente, a mãe heroína retomou seu espaço e, vitoriosamente, jogou o miojo na panela. Aquele miojo que produzimos juntos, após tantos anos, comprovou que não importa a enormidade de um momento, desde que seja marcado pelo amor e por sensações intensas. Tudo estava lá, dentro da memória dele, guardado especialmente e quando precisou pode resgatar. Sermos heróis da nossa história não é tão complicado assim.

Qual o melhor epitáfio: "Aqui jaz uma mãe que cozinhava maravilhosamente" ou "Aqui jaz uma mãe que amou demais e construiu momentos de mágicas sensações?".

## Concluindo

Como *coach* aprendi que não devemos nos colocar numa condição acima ou privilegiada ao *coachee*, mas com humildade suficiente para compreender significados diferentes.

Ao libertar minha sensibilidade, permito-me sentir algo bem próximo ao sentimento do *coachee*.

Pratico o *coaching* Ontológico que impede julgamentos e faz prevalecer um querer intenso de que o *coachee* possa beneficiar-se dos mesmos resultados que percebi em minha vida.

A humildade que essa profissão ensina, ajuda-me a ajudar e a ser uma pessoa melhor amparada no meu papel profissional que evolui a cada atendimento.

Tenho consciência de que um *coach* não é dono da verdade, nem conhece todas as respostas, só possibilita a reinterpretação da história de cada um. Sou grata a cada *coachee*, pois por meio das trocas valiosas fortaleço experiências e adquiro novos significados.

Esse resultado conjunto só é possível quando o *coach* vê a profissão como missão.

Como *coach*, transformei-me num ser humano melhor e pessoas em seres humanos melhores.

Agradeço aos meus avós Manuel e Maria e aos meus filhos, Diogo, Bruna e Marcella, por terem me ensinado tanto...

# 38

# *Coaching* e neurociência: *leader coach* no desenvolvimento da inteligência emocional financeira

Muitas vezes presenciamos o nosso cérebro em conflito diante de decisões vitais, então o cérebro emocional toma a direção e escolhe o que promoverá menor sofrimento, sem levar em conta as consequências. Aprender a lidar com esse conflito em relação às finanças levará você a fazer escolhas mais racionais e liberar as memórias emocionais que interferem nessas escolhas

## Sandra Regina Amaral Martinhago

## Sandra Regina Amaral Martinhago

Diretora do Núcleo de Formação Empresarial NEFESH – presidente da Sociedade Sul Brasileira de *Coaching*. Formação em Psicologia, pós-graduada em Psiquiatria e Dependência Química, clínica em EMDR, *Trainer* NSTT PNL, Neurossemântica e Psicologia da Autorealização, criadora do Sistema Nefesh de Terapias-SNT, criadora do workshop Nefesh, criadora do Curso Neurociência Aplicada ao *Coaching*, *personal coaching* e *executive coaching* pela Sociedade Brasileira de *Coaching* SBC e ICI do Chile. *Master* e *trainer* em PNL pela DVNLP e NLP-IN, *coaching* de negócios pela ICI – Chile, *coaching* de gerentes pela Idear - Venezuela. Coautora do livro *Usos y perspectivas del Coaching: Un recorrido por el Coaching Iberoamericano* actual da Ril Editores, Santiago, Chile, 2012.

**Contatos**
www.nefeshcoaching.com.br
sandramartinhago@nefeshcoaching.com.br
(44) 3227-1503

## Sandra Regina Amaral Martinhago

Atualmente é reconhecido pelos economistas que, para compreensão global da dinâmica das sociedades e dos padrões econômicos, é necessário não somente entender os comportamentos, como também compreender a sua origem.

Daniel Kahneman, criador do conceito "neuroeconomia", Prêmio Nobel de Economia, diz que "o *self* das nossas experiências" não tem voz, e que nossas decisões são feitas por meio do que é menos desagradável.

Diante de processos que geram mudanças "o *self* das nossas experiências" não tomará decisões baseado nas experiências, mas nossas escolhas estarão entre as memórias emocionais dessas experiências. Ainda que estejamos pensando sobre o futuro, o pensamento não será com nossas experiências, estaremos projetando memórias antecipadas. Se essas memórias estiverem carregadas de emoções negativas, poderemos fazer uma inversão psíquica e trabalharmos contra nós mesmos.

Conhecer o processo de liberação da memória emocional e os conceitos de neurociência contribuirá para a excelência do desempenho no processo de mudança, proporcionando um equilíbrio e uma melhor utilização da inteligência emocional. Ao utilizarmos o conhecimento que a neurociência vem apresentando, proporcionamos ao empresário uma maior compreensão de seus questionamentos. Muitas pessoas têm se perguntado: por que as empresas vivem num sobe e desce financeiro? Por que eu tenho bons rendimentos e ainda assim não consigo manter a empresa em crescimento? Como liberar o estresse para uma melhor qualidade de vida? Tudo isso pode ser respondido quando se entende o processo do cérebro que proporciona essas sensações e se aprende a liberar essas emoções.

Ter acesso a esse conhecimento potencializa as técnicas de *coaching*, que são capazes de modificar os processos neuroquímicos e contribuem, assim, para que o executivo esteja mais aberto aos processos de mudança. A compreensão de que seus comportamentos podem estar sendo moldados por uma estrutura de funcionamento do cérebro e armazenamento das memórias emocionais vividas, lhe proporcionará mais atenção às suas percepções da realidade.

Não tenho a pretensão de trazer todos os conceitos de neurociência nesse momento, mas apresentar algumas áreas de funcionamento do cérebro que contribuem com o processo de mudança e, quando utilizadas com as técnicas de *coaching*, podem oferecer mais equilíbrio entre mente, corpo e comportamentos.

### 1. Alguns dos conceitos da neurociência utilizados no processo de *coaching*

O Sistema Nefesh de Terapias (SNT), que trabalha com o equilíbrio entre corpo e mente, parte do princípio de que nosso corpo registra quatrocentos bilhões de *bits* de informação por segundo, utilizando-se dos sistemas representacionais, e nossa mente consciente registra dois mil *bits*. O que significa que não sabemos muito de nossa vida de forma consciente.

Quando estamos nos referindo às memórias armazenadas no cérebro, estamos falando de dois grandes níveis de percepções: conscientes e inconscientes. No nível consciente é onde se tem consciência do que está acontecendo no momento presente. Ferrarezi (2012) diz que estudos mostram que a capacidade de armazenamento de informações do nível consciente, na chamada memória de curto prazo, varia entre cinco e nove fatos simultaneamente.

A memória inconsciente pode ser "lembrada" ou "não lembrada". Na memória "inconsciente lembrada", podemos acessar as informações imediatamente. Tanto os fatos não presentes na mente consciente, como outros acontecimentos do passado mais remoto poderão ser trazidos facilmente para o consciente por meio de estímulos ou associações com fatos semelhantes no presente.

A memória "inconsciente não lembrada" é difícil de ser trazida para o consciente. Mas as memórias do passado, associadas a acontecimentos de forte emoção, marcam de forma intensa e são facilmente lembradas. Agora, se o fato tiver uma excessiva carga emocional, que ocasione um "trauma", a mente inconsciente evita que este seja lembrado, por meio de um mecanismo de proteção e preservação do indivíduo, evitando assim o sofrimento de lembrar-se desse fato traumático.

Nossas experiências emocionais vivenciadas, sejam elas boas ou não, se acumulam no corpo em forma de energia bioelétrica. A energia de vivência traumática possui uma carga energética de alta tensão tão poderosa, que pode bloquear ações do presente, sabotando nossas metas, como ainda tendo impacto em nossa vida financeira.

Esse processo ocorre porque a nossa mente se esquece dessas emoções e vivências. Geralmente acreditamos que as superamos, e de certa forma é verdade. No campo racional já compreendemos e até superamos muitas dessas vivências, mas a memória emocional do corpo ainda está latente e basta qualquer estímulo para que as vivências surjam interferindo em nossas decisões.

Quando somos expostos a algum tipo de estresse, ou desafio, essa bagagem emocional pode vir à tona em forma de fracassos, boicotes para crescer ou problemas físicos. É aquele momento em que se tem tudo para dar certo, e com uma distração, você põe tudo a perder, como possibilidades de investimentos, crescimento, etc.. Nesse momento, existe uma grande possibilidade de alguma memória emocional estar emergindo e colocando os três cérebros em conflito.

Segundo Kahneman (2012) a emoção está agora em nossa compreensão de juízos e eleições intuitivas muito mais presente que no passado. As decisões dos executivos seriam hoje descritas como um exemplo de heurística afetiva, no que os julgamentos e as decisões são diretamente regidos por sentimentos agradáveis e desagradáveis, com pouca deliberação ou racionalidade.

Diante de um problema onde se tenha que fazer uma escolha, se o indivíduo tem uma experiência relevante, reconhecerá a situação e é provável que a solução intuitiva que lhe venha à mente seja a correta. Quando o problema é difícil e não se tem uma solução adequada, a intuição dispõe, todavia, de um cartucho: uma resposta pode vir rápida à mente; mas não a resposta da questão original.

O nosso sistema automático sugere intuição, sensações e intenções para o nosso racional e conta com a aprovação dele, e essas impressões do racional se tornam crença, levando aos impulsos e ações voluntárias.

## 1.1 Teoria do cérebro trino

Na década de 1950, o neurologista Paul McClean desenvolveu uma teoria sobre a estrutura do cérebro, apresentada em 1990 no seu livro *The triune brain in evolution: role in paleocerebral functions*, na qual identificava três áreas distintas, cada uma delas controlava funções diferentes, e que evidenciavam um estágio diferente de nosso desenvolvimento evolucionário.

Obviamente nenhuma metáfora simples para algo tão incrivelmente complexo como o cérebro humano será por completo precisa, e pesquisas posteriores indicam que a evolução não foi tão linear quanto McClean imaginou. Mesmo assim, seu modelo ainda é uma maneira prática de entender como o cérebro está organizado e como esta organização afeta o raciocínio e o comportamento, sobretudo no que se refere a dinheiro (Klontz, 2011).

### 1.1.1 Cérebro reptiliano

É o cérebro que se ocupa com o fazer. Ele não pensa, não sente. Será representado pelo crocodilo por ter se desenvolvido há uns 500 milhões de anos. Ele é formado pelo tronco cerebral e pelo cerebelo conectado com a medula espinhal. O cérebro reptiliano controla os reflexos, o equilíbrio, a respiração e o ritmo cardíaco. Também age como coletor de informação sensorial, mas o processamento desta informação em termos de raciocínio e sentimentos acontece em outro lugar. O único foco do cérebro reptiliano está na sobrevivência. Ele é bom para morder coisas, fugir, ou ficar imóvel, seja qual for a ação que lhe garanta sobrevivência (Klontz e Klontz 2011).

### 1.1.2 Cérebro emocional (subcortex)

Começa a se desenvolver nas aves e se completa nos mamíferos. Será representado pelo macaco, que carrega consigo o número oito símbolo do equilíbrio. O *subcortex* é o que nominamos de cérebro emocional, que é a camada interna e o berço das emoções, onde se estabelece a inteligência afetiva e emocional. Os neurocientistas chamam o sistema límbico de "Cérebro do Cérebro", uma vez que ele determina e impulsiona as ações por uma emoção de acordo com o bem-estar que irá proporcionar e só então coloca esforço para agir.

### 1.1.3 Cérebro racional (neocortex)

Representado pelos cientistas simbolizando os hemisférios direito e esquerdo. Conhecemos o cérebro racional como o neocórtex. Ele é composto pelo córtex telecenfálico, que é a camada mais externa do cérebro dos vertebrados, é o local do processamento neuronal mais sofisticado e distinto.

Desempenha um papel central nas funções complexas do cérebro, como na memória, atenção, consciência, linguagem, percepção e pensamento. É dividido em lobos, sendo esses: frontal, parietal, temporal, occipital e insular. O cérebro racional é o que diferencia o homem/primata dos demais animais. Segundo Paul McClean é apenas pela presença do neocórtex que o homem consegue desenvolver o pensamento abstrato e tem capacidade de gerar invenções.

### 1.2 Os três cérebros no SNT

Imagine o que poderia acontecer com esses três cérebros dentro de um mesmo lugar sob grande pressão ou estresse. Esse estresse cria tensão e conflito na comunicação dos três cérebros. O cérebro racional paralisa e o cérebro emocional é ativado, se ele não encontrar recursos suficientes para lidar com a tensão, imediatamente acionará o cérebro racional que reagirá de forma impulsiva, seguindo os seus registros instintivos.

Nós sabemos que as emoções não se misturam bem com os negócios ou mesmo com a vida profissional.

A questão é: como fazer para o racional não nos abandonar e não nos deixar a mercê das emoções e do instinto?

A função do *coach* é devolver a habilidade para descobrir qual cérebro que o cliente está utilizando e colocar os três em equilíbrio.

No curso de neurociência aplicada ao *coaching* apresentamos ferramentas para trabalhar com os executivos sem que eles tenham que expor os conteúdos emocionais que estão envolvidos no processo. Tudo pode ser feito de forma sigilosa com o cliente simplesmente pensando.

**Referências**
ANWANDTER, Paul et al. *Uso y perspectivas del coaching. Un recorrido por el coaching iberoamericano actual.* Santiago: Ril Editores, 2012.
FERRAREZI, Eugênio. *O insubstituível cérebro: manual do proprietário.* 2. Ed. Rio de Janeiro: Qualitymark Editora, 2012.
GARDNER, Howard. *Mentes que mudam: a arte e a ciência de mudar as nossas ideias e a dos outros.* Porto Alegre: Artmed/Bookman, 2005.
GOLEMAN, Daniel, PhD. *Inteligência emocional.* Rio de Janeiro: Editora Objetiva, 1995.
GREGORI, Waldemar De. *Os poderes dos seus três cérebros.* São Paulo: Pancast Editora, 1994.
DAMÁSIO, António. *O sentimento de si.* Lisboa: Publicações Europa-América, 1999.
_____. *Ao encontro de espinosa.* Lisboa: Publicações Europa-América, 2003.
KAHNEMAN, Daniel. *Pensar rápido, pensar despacio.* 2ª Ed. Tradução: Joaquim Chamorro Mielke. Buenos Aires: Debate, 2012.
KLONTZ, Brad; KLONTZ, Ted. *A mente e o dinheiro: impacto das emoções em sua vida financeira.* Tradução: Cláudia Vassão Ruggiero. Osasco, SP: Novo Século Editora, 2011.
ROS, Steven. *O Cérebro do século XXI: como entender, manipular e desenvolver a mente.* Tradução: Helena Londres. Revisão técnica: Marcelo Leite. São Paulo: Globo, 2006.
SEVAN-SCHREIBER, David. *Curar o stress, a ansiedade e a depressão sem medicamentos nem psicanálise.* São Paulo: Sá Editora, 2004.

# 39

# Processo de *coaching* de liderança

Este artigo mostra as maiores dificuldades enfrentadas pela liderança nas empresas e também um *case* real de desenvolvimento de um líder no processo de *coaching*. Foi conquistado um resultado extraordinário e a realização de um sonho oculto por uma crença limitante

**Sergio Torrean**

## Sergio Torrean

*Coach, leader coach* e analista comportamental certificado pelo Instituto Brasileiro de Coaching, European *Coaching* Association, Global Coaching Community, Behavioral *Coaching* Institute, Metaforum International, BCI Accredited MLC Trainer e International; Association of *Coaching* Member. Master *Coach* pelo (IPF). Formação em *Coaching* Ericksoriano (Instituto Elsever) e Diagnóstico de Comunicação Organizacional. Experiência em aplicações de processo de *coaching* de vendas, *coaching* de liderança, *coaching* empresarial, *coaching* em grupo, *life coaching*, *coaching* de carreira e *coaching* de transição de carreira. Consultor estratégico organizacional e especialista em Estruturação e Administração de Subsistemas de Recursos Humanos. Especialista em Mapeamento de Cultura Organizacional. MBA em Gestão de Recursos Humanos. Formação em Balanced Scorecard pela FGV. Proprietário da Empresa Torrean *Coaching* & Consultoria Organizacional. Empreteco pelo Sebrae.

**Contatos**
www.torrean.com.br
torrean@torrean.com.br
https://www.facebook.com/CoachTorrean
(15) 997276540 e (11) 960578457

## Sergio Torrean

Quero aproveitar e escrever o artigo para o livro no qual fui convidado para ser coautor usando as principais perguntas que as empresas fazem quando vou fazer visita técnica ou mesmo durante o processo de *coaching* em si.

- Quais são as maiores dificuldades enfrentadas pela liderança nas empresas?

Um dos maiores desafios é o desenvolvimento de habilidades humanas. Muitos líderes são promovidos nas empresas por questões relacionadas às habilidades técnicas. Na maioria das vezes faltam-lhes habilidades humanas e inteligência emocional. Nos trabalhos e processos de *coaching* de liderança, no qual atuo como *coach*, algumas habilidades de inteligência emocional são trabalhadas, como por exemplo: autocontrole, autoconfiança, confiabilidade, conscientização, iniciativa, foco, empatia, entre outros. É necessária uma ênfase muito grande na questão de trabalhar a inteligência emocional, que pode muito bem ser um divisor de águas na carreira de Líder e na vida pessoal. Outra enorme dificuldade do líder é lidar e conviver com as novas gerações, as chamadas gerações Y e Z. São jovens que estão em "massa" atuando no mercado de trabalho.

Para o líder conseguir resultados com as gerações acima mencionadas, é necessário ter desenvolvido uma capacidade muito grande de empatia e tornar as pessoas das gerações X e Z mais participativas. Por isso, o líder precisa questionar, entender e integrá-los em projetos e atividades dentro da empresa. Essas novas gerações possuem uma influência muito grande já dentro de casa. Eles auxiliam os pais nas questões de tecnologia, sendo formadores de opinião em decisões de família. Esse tipo de comportamento é levado para dentro das empresas, quando o jovem também quer fazer parte das decisões, por isso existe o choque. A internet está mudando e muito a maneira de pensar das pessoas.

- Quais os maiores obstáculos no desenvolvimento do líder?

Os principais obstáculos são: o ego e a vaidade. É impressionante como podemos encontrar pessoas com uma vaidade fora do comum. Esse tipo de líder se considera um "semi Deus" e acha que não precisa de ajuda. É o estilo de líder "Manda quem pode e obedece quem tem juízo". Isso está um pouco ultrapassado na questão de liderança moderna, porém existem lugares onde impera essa filosofia.

- O que ajuda o líder a conquistar a equipe?

Ele precisa ouvir na essência. Muitos líderes fracassam pelo fato de que não ouvem os *feedbacks* ou sinais que a equipe está transmitindo.

- Qual o ponto chave para se customizar um processo de *coaching* em uma empresa?

Em primeiro lugar, para se fazer essa customização, é necessário entender a cultura organizacional. Tenho uma ferramenta de diagnóstico de cultura organizacional que nos fornece dados importantes relacionados à missão, capacidade de desenvolvimento, visão organizacional, clima, criação de mudanças, entre outros. Por meio disso, temos dados preciosos para a montagem de um processo de *coaching* customizado, seja de liderança, carreira, performance ou outros. Esta ferramenta também nos fornece dados para planejamento estratégico, estruturação de Balanced Scorecard e etc. A cultura organizacional é a coisa mais importante dentro de uma organização. Sem entender a cultura, as chances de um projeto dar errado aumentam.

**Case real. Resultados extraordinários conquistado por uma gerente de produção chamada Doroti Elias de Carvalho.**

Foram realizadas dez sessões de desenvolvimento de liderança.

**Primeira sessão:** *coaching education*

Reunião de apresentação explicando detalhadamente o processo de *coaching* de liderança. Essa reunião teve como objetivo mostrar o que o *coaching* pode fazer para agregar valor não só no desenvolvimento de liderança, mas também na vida pessoal. Também usei resultados de avaliação de desempenho de liderança, como base na formatação do trabalho, principalmente na montagem das "competências a serem trabalhadas". Foi realizada também uma explanação de como se trabalhar as energizações das meditações nas sessões de *coaching*.

**Segunda sessão: identificação das potencialidades**

O objetivo do segundo encontro teve como objetivo identificar potenciais da *coachee*.

Esse teste chamado de "avaliação de preferência cerebral" tem como objetivo identificar as seguintes características no *coachee*:

Executor, criativo, comunicador ou organizador. Identifica também se a pessoa tem uma tendência a ser mais racional ou emocional. Mais estrategista ou *hands on* (mão na massa).

A seguir, o perfil da *coachee*, Doroti:

| | |
|---|---|
| Intuitivo e criativo | 16% |
| Comunicador e trabalho em equipe | 48% |
| Organizador e detalhista | 12% |
| Executor e focado em resultado | 24% |
| Total | 100% |

Preferência cerebral

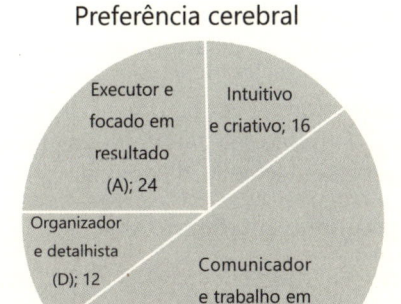

- Executor e focado em resultado (A); 24
- Intuitivo e criativo; 16
- Organizador e detalhista (D); 12
- Comunicador e trabalho em equipe; 48

O gráfico acima mostra que as duas principais características da Doroti são a comunicação e a execução.

A *coachee* também tem como característica ser 64% emocional e 36% racional, além de ser 72% atuante (mão na massa) e 28% pensante.

O objetivo deste teste é fazer com que o *coachee* comece a ter autoconhecimento. Por ter a característica de comunicadora, ela pode investir seu potencial em situações do dia a dia. Ela também tem forte a execução. O lado organizador e detalhista é o mais baixo de todos, e, portanto, isso ela pode delegar para quem tem como ponto forte a organização. O autoconhecimento é fundamental para nos desenvolvermos como pessoa e profissional. É muito mais difícil se desenvolver em uma área que foge das suas características.

**Terceira sessão: sistema representacional**

Foi aplicado um teste no qual se identificou os canais de comunicação de maior ênfase.

Nesta etapa foram identificados os principais canais de comunicação que todos nós temos. São os seguintes:

**Auditivo:** pessoas que aprendem melhor por meio da audição. Tem mais facilidade em ouvir falas, conversa ou alguma ferramenta de áudio.

**Visual:** pessoas que aprendem melhor por meio da visão. Recebe melhor a informação com gráficos, vídeos, imagens, etc.

**Sinestésico:** pessoas que aprendem melhor "sentindo". Aprendem fazendo ou executando, sendo capazes de se guiar pela experiência motora.

No caso da *coachee* o canal de comunicação de maior ênfase é o auditivo. A *coachee* irá explorar ainda mais seu potencial de comunicação e percepção. O teste serviu para ela entender que principalmente na questão de aprendizado, o ideal é usar mais o canal auditivo, pois absorverá melhor a comunicação. Ela aplicou o teste de sistema representacional na equipe de gerentes para que se identificar qual o canal de comunicação mais desenvolvido em cada um. Hoje ela sabe que pode usar essas informações na potencialização da comunicação. Ocorreu um resultado muito satisfatório nesse quesito. Ela tem mapeado os sistemas representacionais da equipe.

**Quarta sessão: múltiplas inteligências**

Outro trabalho realizado com a *coachee* foi o de identificação das múltiplas inteligências. Todos nós temos nove tipos de inteligência, conforme descrito abaixo:

**Inteligência linguística:** pessoas com facilidade na comunicação verbal ou escrita. Está presente em poetas, escritores, professores e etc.

**Inteligência lógica/matemática:** pessoas com facilidade em fazer cálculos, lidar com números e raciocínio lógico. Presente em matemáticos, contabilistas, cientistas, etc.

**Inteligência espacial:** pessoas com facilidade em perceber o mundo visual (noção de espaços). Presente em arquitetos, desenhistas, artistas plásticos, etc.

**Inteligência intrapessoal:** pessoas que têm facilidade de acesso aos diálogos internos. Relacionada à autoestima. Presente em religiosos, pessoas com forte autoconfiança.

**Inteligência interpessoal:** pessoas que têm facilidade em se relacionar com os outros. Presente em psicólogos, filósofos, etc.

**Inteligência naturalista:** pessoas que têm facilidade em lidar com a mãe natureza. Presente em ambientalistas.

**Inteligência corporal/sinestésica:** pessoas com facilidade em fazer movimentos corporais e com coordenação motora. Presente em atletas.

**Inteligência subceptiva:** pessoas que refletem muito sobre a vida, sua missão e existência. Presente em líderes religiosos e monges.

**Inteligência musical:** pessoas com facilidade em distinguir sons. Tem excelente acuidade auditiva. Presente em maestros, músicos e etc.

**Principais Inteligências da coachee:** linguística (se comunica com muita qualidade com a equipe), intrapessoal (pessoa com alta espiritualidade), subceptiva (sabe qual seu propósito de vida) e interpessoal (excelente capacidade de se comunicar com as pessoas).

**Quinta sessão: valores pessoais**

Todos nós sabemos o quanto acabamos nos prejudicando ao julgar as pessoas. Cada julgamento que fazemos gera um conflito interno.

Nessa etapa apliquei à *coachee* a ferramenta de "quadro de valores pessoais". Esse mesmo quadro de valores foi aplicado à equipe de gerentes. Podem-se perceber diferenças grandes de valores pessoais em relação aos demais gerentes. Foi explicado para cada um dos gerentes e membros da equipe que os nossos valores pessoais são diferentes, cada um tem o seu, e que, na maioria das vezes, conflitos internos surgem quando começamos a julgar. Cada participante ficou ciente de que precisa respeitar os valores dos outros, e que nosso julgamento começa baseado em nossos valores pessoais.

Exemplo de valores de um dos participantes (líder):

### SAÚDE

1. Equilíbrio
2. Inteligência
3. Satisfação
4. Alegria
5. Bem-estar

### FINANÇAS

1. Segurança
2. Conquista
3. Poder
4. Oportunidades
5. Equilíbrio

### TRABALHO

1. Desenvolvimento
2. Competência
3. Liderança
4. Autoestima
5. Dedicação

### RELACIONAMENTOS

1. Amor
2. Amizade
3. Entendimento
4. Honestidade
5. Diálogo

### ESPIRITUALIDADE

1. Fé
2. Esperança
3. Sabedoria
4. Equilíbrio
5. Crescimento

**Prioridades em termos de valores (líder):**
1. Espiritualidade
2. Relacionamentos
3. Saúde
4. Trabalho
5. Finanças

**Sexta sessão: crenças**

Nesse módulo foi apresentado à *coachee* como as crenças limitantes podem agir como sabotadores internos, verdadeiros terroristas que acabam neutralizando nossos sonhos e objetivos. Com alguns exercícios foi possível identificar várias crenças limitantes, que foram ressignificadas. Um grande exemplo de ressignificação de crença foi que a *coachee* sempre teve muita vontade de ser empreendedora, porém uma voz interior sempre dizia que ela não iria conseguir. Por meio de um trabalho de diálogo interno muito grande feito, por mim (*coach*), a *coachee* neutralizou essa crença limitante, comprou um caminhão, melhorou as finanças e ainda por cima conseguiu empregar o irmão que estava desempregado e deprimido. Todo esse sonho estava "adormecido" por causa de uma crença limitante.

**Sétima, oitava e nona sessão: roda das competências de liderança, inteligência emocional e espiritualidade**

Depois dos trabalhos de autoconhecimento, sistemas representacionais, múltiplas inteligências, resinificação de crenças e identificação de valores pessoais, havia chegado a hora de trabalhar as competências de liderança.

As principais competências de Liderança trabalhadas foram: *feedback*, lidar com diversidades, empatia, resiliência, proatividade, visão sistêmica, definição de prioridade, hétero desenvolvimento, trabalho em equipe e mensuração de resultados. Todas essas competências foram avaliadas e geradas em planos de ações de desenvolvimento.

As principais competências da inteligência emocional trabalhadas foram: autocontrole, autoconfiança, conscientização, foco, comunicação, influência e autoconsciência emocional. Os principais itens trabalhados na questão de espiritualidade foram: compaixão, missão, propósito de vida, conexão, viver o "estado de presença" e valorização de princípios.

**Décima sessão: conclusão**

Foi a sessão dos *feedbacks* de todo o processo. Sendo o *coach* da Doroti, percebi uma evolução muito grande. Autocontrole emocional foi um dos pontos mais fortes que percebi. A ressignificação de uma crença limitante que a mesma tinha com relação a ser empreendedora surpreendeu e trouxe resultados extraordinários. Parabéns à Doroti que se permitiu e mergulhou de "cabeça" no processo. Se permitir aprender, ressignificar, observar por outras perspectivas ajudou-a conquistar o seu estado desejado.

**Depoimento da coachee**

A importância do *coaching* na minha vida foi me tornar uma pessoa com maior desenvoltura. Me ajudou a ser mais paciente e melhorar os meus resultados no dia a dia. Fortaleceu ainda mais minha convicção na fé e me trouxe muitos resultados não só materiais, mas também a níveis de espiritualidade.

Doroti Elias de Carvalho. Especialista em Desenvolvimento de Cortes Especiais de Carnes.

# 40

## *Coaching* de vendas: a arte de alcançar a excelência em vendas

Esse artigo mostra como você e sua equipe podem aumentar a conquista de resultados nas vendas e na vida. Mais do que descobrir a necessidade do seu cliente, é preciso conduzi-lo à solução; ao vender é preciso agregar valor e criar relacionamentos duradouros; ao escutar o cliente é preciso ouvi-lo; mudar o comportamento e é preciso ter atitude positiva; ao planejar é preciso agir; alcançar os resultados não basta; preciso mantê-los e saber como aumentá-los! Para mudar o comportamento é preciso ter atitude positiva e para planejar, é preciso agir. Alcançar os resultados não basta. É preciso mantê-los e saber como aumentá-los!

**Suzete Mrozinski**

## Suzete Mrozinski

Psicóloga formada desde 1996 pela Universidade Católica Dom Bosco; palestrante; facilitadora de treinamentos; *practitioner master* em PNL; consultora organizacional; pós-graduada em Sócio-terapeuta THIERS; analista de perfil comportamental. Autora do livro *A procura de um diamante* pela Editora Happy Books. Especialização em *Business and Executive Coaching* e em *Master Coaching* pelo Instituto Brasileiro de *Coaching* (IBC), com certificação e reconhecimento internacional pela Global *Coaching* Community (GCC), European *Coaching* Association (ECA) e International Association of *Coaching* Institutes (ICI). Nos cursos e palestras que ministra destaca temas voltados ao autoconhecimento, desbloqueios emocionais e elevação de performance. O foco é apoiar e contribuir ao desenvolvimento e transformação humana e empresarial, despertando habilidades e alavancando competências para conquista de resultados pessoais e profissionais por meio das mais poderosas técnicas e metodologias de superação. Especialista em *coaching* de vendas.

**Contatos**
www.suzetemrozinski.com.br/
suzetecoach@yahoo.com.br
https://pt-br.facebook.com/suzetecoach

No mundo competitivo, impulsionado por mudanças aceleradas no qual vivemos, é essencial buscar estratégias vencedoras que nos permitam competir, estar à frente da concorrência e encontrar respostas que satisfaçam nossas necessidades, inclusive, a de autorrealização. Assim, podemos considerar o *coaching* de vendas como a metodologia mais eficaz e inovadora, que apoia as pessoas a atingirem suas metas, como por exemplo, conquistar grandes resultados no aumento das vendas. Promove e maximiza a agilidade diante das mudanças de comportamentos e atitudes dos gestores e equipe de vendas.

Uma das principais características dessa metodologia é minimizar a objeção do cliente em relação à solução apresentada. Isso acontece porque a solução é obtida pelo próprio cliente e não mais pelo vendedor, como no processo tradicional de vendas. Quando o cliente toma a solução, sente-se comprometido com a mesma e as objeções tendem a diminuir.

A proposta do *coaching* de vendas é transformar o vendedor consultor em um vendedor *coach*. Melhores negociações e clientes mais satisfeitos são alguns resultados alcançados.

Características que distinguem um do outro:

| Vendedor consultor | Vendedor *coach* |
|---|---|
| • Identifica o problema do cliente;<br>• Apresenta uma solução;<br>• Utiliza argumentos que criam valor para o cliente em relação à solução apresentada;<br>• Contorna as objeções do cliente; Emprega técnicas de fechamento. | • Identifica o problema do cliente;<br>• Utiliza um conjunto de perguntas que criam valor em cima do problema do cliente;<br>• Conduz o cliente para a solução; Apresenta a solução, contorna as objeções e fecha a venda. |

O *coaching* de Vendas é um nicho do *coaching* e utiliza poderosas ferramentas que visam desenvolver e aperfeiçoar as habilidades e competências do *coachee*, em um curto prazo de tempo, acelerando os resultados de forma satisfatória e duradoura. É a mudança de mentalidade e transformação de comportamentos, que mais impactam na alta performance da equipe.

Compreende ações práticas, partindo do presente para o futuro, ou seja, identifica-se uma necessidade ou problema que o cliente quer resolver e o objetivo que ele deseja alcançar ao fim do processo. Tem uma duração determinada com encontros regulares (semanais ou quinzenais) totalizando dez encontros. O *coach* (profissional que aplica e conduz o processo) orienta e busca extrair do seu *coachee* (nome dado ao cliente que se submete ao processo de *coaching*) a elaboração de um plano de ação que o *coachee* deverá colocar em prática a fim de alcançar o seu objetivo. Durante todo o processo o *coach* apenas conduz o cliente para a solução, por meio do método socrático (perguntas dirigidas) que remetem a uma reflexão do problema e é o *coachee* quem define o melhor caminho.

**O despertar do "querer fazer"**

Há um ditado que diz: "você se torna aquilo que pensa ser". Sabemos que para alcançar grandes resultados é preciso despertar nas pessoas o "querer fazer" e o desejo de mudança em seus comportamentos e atitudes. Esse "querer fazer" precisa de um "por que fazer" e um "para que fazer". Também é essencial, alinhar o objetivo aos valores e ao propósito de vida.

O que é necessário para atingir as metas:
1. Foco: acertar o alvo.
2. Querer: ninguém poderá querer por você.
3. Determinação: insistir, não desista.
4. Visualização: imaginar em detalhes e quando quer alcançar o que deseja.

Segundo Maslow, as necessidades de autorrealização são as necessidades de crescimento e revelam a tendência de todo ser humano em realizar plenamente o seu potencial. "Essa tendência pode ser expressa com o desejo de a pessoa tornar-se sempre mais do que é e de vir a ser tudo o que pode ser." (Maslow, 1975, p:352).

Grandes especialistas afirmam que o segredo do sucesso, a diferença que faz a diferença quando alguns alcançam seus objetivos e outros não está no CHA (conhecimentos, habilidades e atitudes). Acreditar é essencial, mas ter atitude positiva é o que faz a diferença. Quando existe dúvida, é sinal de que ainda não foi tomada uma atitude positiva. Ela não é apenas um processo mental, requer um compromisso e afirmação diários. Um exercício para desenvolver atitude positiva é declarar frases afirmativas. Exemplos: "Eu escolho ser feliz." "Eu escolho ter sucesso". "Eu escolho ter saúde."

Charles Swindoll, em seu poema "Atitude" diz:
*"Nós não podemos mudar o nosso passado...*
*Não podemos mudar o fato de que as pessoas irão agir de determinada maneira...*

## Suzete Mrozinski

*Não podemos mudar o inevitável...*
*Tudo o que podemos fazer é com aquilo que temos: nossa atitude.*
*Eu acredito que a vida é 10% o que acontece comigo e 90% como eu reajo a isso.*
*E o mesmo é com você"!*

Somos o resultado de todos os nossos pensamentos, ações e crenças do ontem. As emoções que colocamos em cada experiência geram um sentimento interno, que por vez, gera um comportamento. Mostramos esse comportamento com base nos valores, ensinamentos e crenças que atribuímos e extraímos das nossas experiências. Assim, concluímos que o que acontece conosco não é exatamente o que mais importa, mas sim o aprendizado e o valor que podemos extrair diante disso. Nossas respostas e atitudes são geradas a partir deste valor, aprendizado e crenças.

A mudança de comportamentos contribui para o ser humano se transformar por meio das novas atitudes. A transformação começa quando se muda uma crença. Por isso, ressignificar as crenças é fundamental. Na figura abaixo observamos que ter atitude equivale a 60% para alcançar o sucesso, enquanto que conhecimentos e habilidades correspondem a 40%.

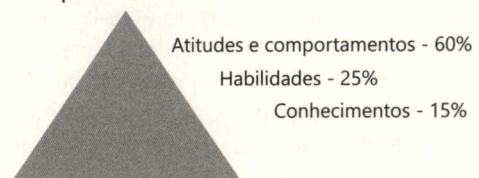

Atitudes e comportamentos - 60%
Habilidades - 25%
Conhecimentos - 15%

Alguns princípios encaminhadores para você obter diferentes e melhores resultados nas vendas:

### Autoconhecimento

Implica em aperfeiçoar a forma de se relacionar melhor consigo, com os outros e com o mundo. Remete-nos ao aprendizado sobre como melhorar a autoestima; a aceitação dos nossos pontos limitantes e reconhecimento dos pontos fortes para impulsionar as ações e superar possíveis obstáculos. Amplia a capacidade de percepção e consciência acerca da importância em buscar aprimoramento contínuo, que contribui para gerar comportamentos proativos e de excelência, potencializando nossas conquistas.

Apresentamos a Matriz *Swot* que nos auxilia nesse contexto.

**MATRIZ SWOT**

| STRENGTHS (pontos fortes) Quais são os pontos fortes de cada situação ou cenário? Quais os benefícios ou ganhos de cada um? | WEAKNESS (pontos fracos) Quais são os pontos fracos de cada situação ou cenário? Quais as perdas ou consequências de cada um? |
|---|---|
| OPPORTUNITIES (oportunidades) Que oportunidades ou opções existem para cada situação ou cenário? | THREATS (ameaças) Que ameaças ou riscos existem para cada situação ou cenário? |

Obs.: Os pontos fortes e fracos estão relacionados à análise pessoal ou organizacional interna. E as oportunidades e ameaças estão relacionadas ao ambiente externo.

### A importância de vender valor ao cliente

Só vende valor ao cliente o vendedor que é capaz de entender e descobrir a necessidade que está por trás do desejo de compra. Isso aumenta a vantagem competitiva da empresa. A necessidade está ligada ao problema, enquanto o desejo está ligado à solução. Para fazer o cliente desejar a solução que estou oferecendo, esta solução deverá ter valor para o cliente. Quando isso acontece, houve transformação da necessidade em desejo. Valor é o que está dentro do coração do cliente. Pergunta do vendedor *coach*: "Como posso transformar as necessidades do cliente em desejos pela solução que estou vendendo?".

Para essa compreensão, conhecer a teoria de Maslow é fundamental. Ele procurou compreender e explicar o que energiza, dirige e sustenta o comportamento humano.

Existe uma grande diferença entre melhor valor e menor valor. A pesquisa realizada pela conceituada empresa A.C. NIELSEN aponta seis fatores que influenciam a decisão do comprador ao decidir por um determinado produto: Você: Marca, Estilo/benefício; Qualidade; Conveniência/rapidez e Preço.

Concluiu-se que o preço assume uma importância maior no processo de compra quando o vendedor ou o produto não demonstram claramente os cinco primeiros itens. Nesse caso, o preço passa a ser fator de decisão.

### De frente com o seu cliente

No *coaching* de Vendas, o *rapport* é a essência que faz a diferença na venda. O *rapport* é considerado a técnica mais poderosa das relações humanas e o principal ingrediente de todas as comunicações e mudanças. Não é uma técnica de comunicação para ser aplicada nas pessoas. É uma maneira poderosa de entrar no mundo delas e conhecê-las melhor. E, para isso, a empatia (colocar-se no lugar do outro), a capacidade de demonstrar interesse sincero, a confiança e a sintonia são elementos fundamentais para que o cliente se sinta compreendido, aceito, confiante e aberto para trocar informações e fluir um diálogo bem-sucedido. Um dos resultados mais positivos para quem faz bom uso dessa técnica é o desenvolvimento de relacionamentos saudáveis e duradouros, ou seja, capazes de fidelizar o cliente. Como está sua comunicação com o cliente?

**Perguntas poderosas x Perguntas de solução**

As perguntas direcionam o foco de atenção e determinam o que vamos pensar, sentir e fazer. Esse é um hábito novo e que exige prática por parte do vendedor *coach*. Em primeiro lugar o vendedor precisa acreditar em si mesmo, no seu produto ou serviço e ter a convicção de que além de serem os melhores do mercado, também têm o melhor valor para o cliente.

O que significa vender? É a arte de se relacionar com o cliente e ajudá-lo a tomar a melhor decisão para ele. Para isso, o vendedor deve buscar o máximo de informações do cliente fazendo perguntas aprofundadas para descobrir os reais critérios de peso que levarão ao fechamento.

**O poder da escuta**

*"O primeiro dever do amor é escutar."*
Paul Tillich

Saber ouvir é a arte de dar atenção, encantar, respeitar e deixar o cliente falar livremente sem qualquer tipo de julgamento. É compreendê-lo no seu real desejo para aumentar a assertividade da venda.

Para o vendedor *coach*, o cliente é o centro da venda. Vende mais e melhor quem descobre exatamente o que o cliente quer e isso só é possível se o vendedor souber ouvi-lo com prontidão. *Exercício:*
Pense na maneira como você escuta. Você está disperso ou presente? Você consegue repetir as mesmas palavras que o cliente acabou de falar? (Técnica *Backtracking*). Se consegue repetir, o faz no mesmo tom de voz? Existe sintonia? Quando você escuta, busca identificar a real ideia de valor e a solução que seu cliente busca? Se a resposta for sim para todas essas questões, significa que você tem o poder da escuta.

### Linguagem Não Verbal

Quando o vendedor conhece a linguagem não verbal consegue antecipar ou dar nova direção à comunicação no processo da venda.

Pesquisa feita por Albert Mehrabian mostra que uma comunicação depende de 7% das palavras empregadas; 38% a voz é responsável, e 55% da mensagem são transmitidos via comunicação não verbal.

Segundo Pierre Weil e Roland Tompakow, autores do livro *O corpo fala*, a linguagem do corpo não mente e nos dá uma nova dimensão na comunicação pessoal. Os sinais ou gestos são inconscientes e se relacionam com o que se passa no íntimo das pessoas. Seus significados não verbais podem ser lidos e interpretados.

### O poder do entusiasmo

*"O entusiasmo é a maior força da alma. Conserva-o e nunca te faltará poder para conseguires o que desejas".*
Napoleão Bonaparte

Entusiasmo (do grego en+theos, literalmente 'em Deus').

Atualmente, entusiasmo é descrito como a capacidade de trabalhar com prazer (gostar do que faz), dedicação e determinação, mantendo o espírito ativo que transmite energia positiva e confiança. Essencial para tornar a pessoa mais resiliente, ou seja, capaz de enfrentar dificuldades e desafios e encontrar o caminho certo do sucesso profissional. Mantê-lo é uma questão de hábito, disciplina, escolha e decisão.

Para o vendedor atingir suas metas, precisa ser ambicioso, gostar de desafios e de pessoas e querer ajudá-las. Mas isso só será possível se manter o otimismo e o entusiasmo.

A motivação duradoura vem do propósito definido, dos objetivos claros e da sensação de você estar fazendo alguma coisa muito valiosa. Entre em ação e crie as oportunidades!

Qual é o seu grande sonho, capaz de manter acesa a chama do seu entusiasmo?

### Referências

O'CONNOR, JOSEPH; PRIOR, Robin. *Sucesso em vendas com PNL: recursos de programação neurolinguística para profissionais de vendas*. Tradução: Denise Maria Bolanho. São Paulo: Summus,1997.
CHUNG, TOM. *Qualidade começa em mim: manual neurolinguístico de liderança e comunicação*. Osasco, SP: Novo Século Editora, 2002.
GERHARDT, PAULO M.T. *Coaching de vendas: conduza seu cliente para a solução e venda mais*. Porto Alegre: Literalis, 2010.
FRASÃO, CÉSAR. *50 dicas para vender mais: soluções rápidas e práticas que podem ser aplicadas agora*. São Paulo: Editora K.L.A., 2010.
Site: <http://sergioricardorocha/coaching de vendas>.

# 41

## *Coaching* **interpessoal**

A relação de *coaching* Interpessoal possibilita que cada pessoa descubra de maneira intensa seu aspecto interior. Transformar faz parte de nossa vida em fases e ciclos novos que se apresentam

**Teka Jorge**

## Teka Jorge

Curso de PNL- Centro Dinâmico Practitioner 1984. Premiação de Melhor Esteticista Facial do Brasi lEscola ABEC- Associação Brasileira de Estudos Cosmiátricos1990. Psicoterapeuta Holística-CRT-39204-2007-Aromaterapia- CRT-392042007-Terapia Corporal-CRT-39204. Bacharel em Direito pela Universade Puc de Campinas. Escreve para várias revistas da área de Comportamento Humano. Trabalhou na Rádio Mulher de São Paulo e no Programa Amaury Júnior. Participou como colaboradora convidada em programas variados, Sônia Abrão e outros. Livros publicados: *O Preço da Liberdade – Uma história de vidas passadas, Tua fé Te Guiará- Mensagens e Orações, Sedução - O Dom e a Magia de Seduzir,* todos pela Editora Gente, *AVBL-Livros Virtuais e Crônicas, Comportamento e seu reflexo no trabalho - Mãe pobre filho rico,* ambos pela Academia Virtual Brasileira de Letras e *A Felicidade não tem Idade*, pela Editora Nelpa. Curso de interpretação de desenhos – Círculo Brasileiro de Parapsicologia – Professor Artemio Longhi.

# Teka Jorge

**Desenvolvimento interpessoal**

A minha experiência na área de *coaching* está ligada à descoberta de cada pessoa sobre as suas capacidades interiores. Assim se estabelece uma mensagem entre emissor e receptor.

A relação de *coaching* Interpessoal possibilita que cada pessoa descubra de maneira intensa seu aspecto interior. Transformar faz parte de nossa vida em fases e ciclos novos que se apresentam. Sabe o homem das cavernas? Imaginamos logo o homem com um pedaço de couro em seu corpo, a puxar uma mulher pelos cabelos. A mente não procura um homem dormindo em sua caverna e nem a quebrar pedras, como seria o natural. Assim, a fé e o poder de sua mente são fatores importantes demais.

A vida profissional é resultado de energias individuais ou interpessoais. Há de se observar imediato crescimento geral em sua vida. Existem três qualidades importantes para superar dificuldades pessoais e profissionais: coragem, fé e atitude. Também vou falar sobre postura corporal, comunicação verbal e comunicação cognitiva, três descobertas especiais para aumentar seu potencial e atingir sua meta.

Isaac Newton disse:

*Se eu vi mais longe, foi por estar de pé sobre os ombros de gigantes.*

**A coragem**

É evidente que pensamos de imediato em alguém que tenha enfrentado algo muito perigoso e se sentiu forte para sempre. Importante dizer que sem coragem não se consegue optar por um novo caminho, tampouco admitir que algo novo seja necessário. Assumir que a fase não está boa é um processo interior doloroso e pode trazer certo desânimo, que muitas vezes o impedirá de começar a mudança no caminho. Pode ser que você pressinta uma falta de identidade e até de uma atitude, que não consegue tomar. É necessário ter dentro de si uma certeza: desde que se permita no mínimo tentar, você pode conseguir.

Todos nós fazemos parte de um projeto da natureza que é crescer, reproduzir e morrer. Isso nos apavora, porque vemos o tempo passar e como a memória é associativa, a comparação com quem está mais perto de nós é inevitável.

Preciso de força para assumir as consequências do que resolvi fazer. Neste momento, meu cérebro registra que eu não posso falhar.

O tempo passa e se estiver com falta de coragem, talvez o seu melhor momento também. Assumir isso não significa que você seja incapaz. Ao contrário; se não usar uma dose de coragem, nem adianta tentar. Assim não haverá decepção e nem tristeza em assumir que você não conseguiu fazer porque não deu o primeiro passo.

Coragem será uma energia eternamente necessária, porque sem ela nada acontece. Você sabe como deve agir, aprendeu, fez várias especializações, conhece os desafios e, mesmo assim, pode faltar a energia da coragem. Em algum momento, o Universo vai mostrar que se não evoluir, poderá ficar no mesmo lugar para sempre.

Pode continuar em busca de algo novo, atravessar um período de tristeza interior, pois acha que já fez o seu melhor. Conversar com colegas de trabalho e profissionais bem-sucedidos, sem perceber que continua na inércia. Talvez passe o mês inteiro com o sono estranho, acordando sem vontade de iniciar um dia que "não é mais novo"; atinando que está em falta com algo, sem notar que está dentro de você.

A vida tem um ciclo harmônico e, repetidas vezes, essa sensação poderá acontecer porque é preciso estar sempre atento(a) ao movimento natural da vida, que está longe da perfeição. O que você precisa é entender que as metas se reciclam a cada dia, assim como você. Coragem! Olhe para o espelho sem medo de entender que se buscar um caminho lógico, encontrará.

**Fé**

A palavra fé nos induz a pensar que há necessidade de acreditar em alguma religião ou mesmo em algo que seja místico para agir. Ilusão de nosso pensamento, porque conheço pessoas que nem acreditam em Deus e são bem-sucedidas. Dessa forma, por que é necessário ter fé se não tenho uma religião ou não pratico nada que me induza a acreditar? A fé nasce com cada um de nós como herança dos pais e ancestrais. Naquela hora de desespero você age com fé, mesmo sem saber que ela existe dentro de si. A própria conduta de persistência já é um ato de fé, pois sem acreditar, não há como persistir.

As escolhas têm como base a fé, inerente a cada um de nós. Se eu escolho um caminho é porque em algum momento perceptivo tive fé para confiar que conseguiria. Você conhece alguma pessoa que mesmo com discernimento, achou que as situações seriam simples assim? Saiba que mesmo com todo conhecimento, sua vida não teria caminho sem fé. Quando diz "saber é poder", muito comum nos dias de hoje, cabe lembrar que a sabedoria somente será útil se usada de maneira construtiva, se realmente acreditar e isso é ter fé.

O conhecimento só irá ajudá-lo se estiver em harmonia com sua fé, porque nada pode aquele(a) que não crê. Você não deve subestimar sua fé e nem superestimar a dos outros.

A conciliação entre coragem e fé vai lhe trazer uma sensação de meio caminho andado para chegar ao próximo passo. Nem pense que pode usar sua energia e sair como se todo o processo estivesse resolvido, pois as situações não funcionam dessa maneira. Eu canso de ouvir pessoas relatando trabalhos nos quais tinham fé e mesmo assim a perderam. Parece algo tão simples como uma chave. A fé é realmente uma chave, mas ninguém perde algo que é inato.

Talvez ninguém tenha lhe ensinado que fé não se compra, mas se fortalece no decorrer da vida e das situações que passamos e, desta maneira, você precisa saber que acreditar é fundamental.

Respirar e viver deve mostrar para você que a lei da vida tem como base única a fé. Desfrutar das coisas que estão a sua volta faz parte de um processo que necessita fé em você e tudo que o Universo pode lhe oferecer. Certamente, você concorda, pois está buscando um estímulo em seu caminho.

Penso na possibilidade de vencer, porque a fé está dentro de mim. O mais importante é que saiba disso para prosseguir, como também é necessário o desejo de vencer. Se o tiver, mesmo sem perceber, terá injetado fé em sua mente.

Tenho fé que posso chegar aonde eu quero!

**Atitude**

Realizar extremo esforço para tomar uma atitude pode acabar com sua energia antes de alcançar a meta. Crie o hábito de acordar **todos os dias** com pensamentos positivos. Procure em sua memória fatos e situações que lhe trouxeram alegria e os imagine com frequência.

Ao permitir que a mente se conecte com algo negativo, já comprometerá a energia necessária para tomar a atitude desejada.

Obedecendo as intuições e atitudes, será possível prospectar uma sintonia com seu comando.

Imaginar a sua decisão positiva traz força para a atitude. Todos nós temos uma história de vida: fatos desagradáveis, experiências de um investimento adverso, perda de algum ente querido ou de um cargo. Guarde tudo isso em um "baú" que você vai criar na mente.

Está comprovado que todo pensamento negativo, repetido ao longo dos dias, cria uma energia que pode ocupar um espaço igualmente negativo em sua mente. E pior ainda é que este espaço se transforma em um corpo, tomando uma forma cada dia maior. Vai chegar um momento em que você só conseguirá se libertar fazendo algum tipo de terapia ou até mesmo um trabalho de neutralização corpórea.

Já se sabe de várias pessoas que têm o problema de somatizar, por dificuldades de ação na hora imediata. A pressão profissional imposta pelo novo mundo nos espreme e se a atitude não for imediata, o cérebro registra o fato como falho. Assim, use e abuse de exercícios simples que possam contribuir para eliminar a preocupação. Faça à sua maneira, mas faça!

Escreva sempre "Eu posso", "Eu quero" e repita duas ou três vezes pela manhã ou durante o dia e sem perceber, vai distrair sua mente e abstrair o que o deixa sem atitude.

**Postura corporal**

Todos sabem que nosso corpo fala e nem sempre diz o que gostaríamos. Pode ser que sua a maneira de andar não seja forte o suficiente. Será que é a roupa que você usa? Pode fazer esta pergunta para si.

É impossível separar o aspecto psíquico do corpo, pois na realidade os dois são apenas um. Afirmo com experiência que só o autoconhecimento pode ajudar você a se libertar de tudo, ou de uma boa parte que o incomoda em sua postura.

Deveras importante é a linguagem que você passa através de sua postura em lugares variados. Treine com profissionais, para que se sinta confortável em reuniões informais e formais.

Diferente é falar sobre vaidade que não é o nosso objetivo e pode atrapalhá-lo na verdadeira mensagem que deseja passar.

A sua comunicação com companheiros de trabalho, com seus líderes e a pessoa amada, gera comportamentos corporais que podem modificar sua vida física e principalmente seu sono.

Neste caso, a postura fala mais do que aquela roupa que você acha incrível. Observe que em todas as tradições seculares existem trabalhos corporais e exercícios de relaxamento, não somente para estabilizar a energia, mas principalmente para enriquecer a postura, de maneira que nada deixe você mais cansado(a) do que deveria estar.

A maneira de falar, trejeitos, piscar de olhos, o jeito como movimenta as mãos, a forma como sua cabeça se direciona, tudo isso faz parte do que chamam de postura corporal. Quando você percebe isso, a sua comunicação já melhora e sentir-se seguro(a) será parte de um todo.

**Comunicação verbal**

O poder de pensar está na força de sentir. O pensamento é o uso intencional ou voluntário de nossa mente para adaptar-se aos fatos e situações do dia a dia.

Situações diversas acontecem e nos fazem pensar que não falamos o necessário, ou imaginar o que poderíamos ter dito melhor.

Pensamos tantas coisas que nosso pensamento fica acumulado de opiniões alheias e isso ocupa um enorme espaço. Daí a importância de aprender a sentir antes de falar. Sentir também é cumulativo e pode desgastar nossa energia. O nosso corpo emocional é um campo de energia e nosso pensamento (mente) é a junção da nossa consciência.

Penso e, sem perceber, entro em outro assunto que não resume o que era desejado. A comunicação verbal funciona como a nossa vibração pessoal. Já a vibração sônica é uma característica de todas as coisas vivas no Universo.

*O som é uma atividade sonora que une várias vibrações em uma só, como um melodioso conjunto de notas musicais.*

O inverso pode acontecer se usarmos uma palavra inadequada. Já se sabe sobre pessoas que conseguem quebrar copos e pratos com a vibração da voz. A palavra é a conexão de vibrações, positivas ou não. Culturas antigas e modernas usam os cânticos para emanar vibrações positivas.

A palavra não precisa estar conectada ao consciente, pois a sua energia de vibração é o que nos interessa.

Você já deve ter escutado a expressão "pais nervosos, filhos nervosos". Quanto mais a comunicação verbal se altera, menos você fala e ainda desagrega seu desejo de manifestar o que pensa. Diversas dificuldades, portanto, podem acontecer em sua comunicação e expressão.

Nosso corpo emocional deve estar em conjunção com o corpo físico, para que a palavra tenha a força que necessita e a substância para representar o que você deseja.

A maneira de olhar para o outro é muito importante. A forma de nos colocar à frente de alguém é da mesma relevância. A comunicação verbal pode ser compreendida de inúmeras formas, mas sem ela, sua meta pode ser interrompida.

### Comunicação cognitiva

A consonância entre o conhecimento e ação. Isso engloba atitudes, pensamentos, desenvolvimento da autoestima e dos comportamentos.

Cada vez que alguém com muita capacidade e inteligência passar por uma entrevista profissional, é lógico que estará contratada.

A maioria dos profissionais corre para fazer cursos especializados e quase sempre o que precisam é de treinamento cognitivo.

Por isso, vemos profissionais desempregados e sem condições de assumir posição de comando em uma equipe ou departamento.

Vejo clientes que comentam sobre amigos que têm muita experiência na área, mas não sabem falar na hora da entrevista.

É igualmente comum ver outras perderem seus empregos, desinformadas sobre como agir em muitas situações extremas. A comunicação cognitiva, neste caso, é a relação entre a interpessoal e a intrapessoal; que somente faz-se possível através do exercício do pensamento crítico, da reflexão individual e coletiva. Deveria ser sempre orientada e direcionada nas empresas que desejam ter funcionários mais felizes, estáveis e com produção mais interessante.

Muito mais comum, entretanto, é empresas menores usarem o treinamento pessoal em cursos como administrar tempo e horário, por exemplo.

É preciso entender que o processo cognitivo é a concepção da ideia que temos do mundo ou de algo ligado ao verdadeiro. Usar ao máximo o conjunto da consciência, baseado nos reflexos sensoriais e até nas lembranças para trabalhar a projeção em atitudes e relações.

Artur Koestler afirma:

> "Os inconcebíveis fenômenos da **percepção extra-sensorial** parecem de certa maneira menos absurdos se comparados aos inconcebíveis fenômenos da física".

PES é a maneira mais antiga de comunicação da qual temos conhecimento. Dela dependem no mínimo 60% de nosso desempenho equilibrado e a concretização da nossa meta.

*Seríamos muito sós, sem proteção!*

# 42

## Construindo um grupo de apoio GOLD para proteger e prosperar sua vida e sua liderança

Por que desenvolver um grupo de apoio GOLD: como se preservar e cuidar dos outros

**Tommy Nelson**

**Tommy Nelson**

Consultor, *coach*, autor do livro "O Processo da Pérola", palestrante e especialista em gestão de mudança e desenvolvimento de liderança, por mais de 40 anos. Ele é o único facilitador certificado em Servant Leadership Implementation Training e certificado pelo James Hunter nos EE.UU. e no Brasil. Ele também foi certificado em vários cursos de liderança de nível superior e *coaching*, como: Life Coach Training Institute de Patrick Williams, com Cheryl Richardson, presidente e fundador do ICF (International Coach Federation); no Hudson Institute, Santa Barbara,no CTI (Coach Training Institute), no Coach U, no Lifeforming Leadership Coaching em Virginia Beach. Treinador certificado de John Maxwell, um facilitador certificado pelo Linkage em Change Management, facilitador certificado de Blessing White, DDI e membro do ICF (International Coach Federation), o CNN (Christian Coach Network) e do IOC (Institute of Coaching at Harvard). Tem ministrado palestras, treinamentos e programas de liderança nas seguintes empresas: Novartis, Sadia, Solvay, Shire, Alstom, Metso, Tavex, Banco Alfa, Banco do Nordeste e KLA Eventos, etc e é fundador e diretor de ILSA (Instituto de Liderança Servidora e Autêntica).

**Contatos**
www.tommynelson.com.br
www.jameshunter.com.br
tommy.donald.nelson@gmail.com
(11) 99956-6033

## Tommy Nelson

*"Um amigo é um presente que você dá a si mesmo."*
Mensagem em um biscoito da sorte

O que é um Grupo GOLD de Ouro (Apoio) para Líderes em Desenvolvimento? Napoleon Hill, autor de livros clássicos como "Pensa e enriqueça", os chamava de Grupos *MasterMind*. Vicente Falconi os chama de "Método da Cumbuca" e assim por diante.

É um "lugar seguro" para ajudá-lo em sua jornada de liderança, principalmente quando enfrenta alguns dos grandes desafios da vida:

**1.** A liderança pode ser muito solitária, especialmente quando as coisas não vão bem e você não tem com quem discutir os problemas que enfrenta. Com quem o líder conversa quando está se sentindo vulnerável e inseguro? Ou corre o risco de ser exposto como impostor? Ou quando sua ética e seus valores estão sendo desafiados? Talvez você tenha medo de que outras pessoas não mantenham o sigilo, ou fique envolvido de maneira tão pessoal que perderá um pouco de sua liberdade.

**2.** A liderança pode distorcer a realidade para os líderes. Com a liderança vem a recompensa, o reconhecimento, o *feedback* e o julgamento. Você pode não reconhecer que estas situações são muitas vezes apresentadas aos líderes com preconceitos embutidos. Os subordinados querem bajular seus líderes. Os aduladores e bajuladores estão muitas vezes querendo distorcer ou censurar o que dizem aos líderes porque querem algo para si mesmos. Barack Obama tinha uma pergunta para todos os ex-presidentes vivos dos EUA numa entrevista depois sua posse como presidente em 2009, foi a seguinte: "Como garantir que eu recebo informações objetivas e não distorcidas dos outros, como presidente?"

**3.** É difícil liderar. Liderar exige grande quantidade de energia e empenho. Você usará toda a energia que tem e ela ainda demandará mais. Sem o apoio de uma equipe, os líderes correm o risco de se extinguir. Ao mesmo tempo, devem retribuir na mesma medida, a fim de desenvolver relacionamentos em que há benefício mútuo.

Hoje, ter uma equipe de confiança em torno de você pode construir uma base valiosa para sua liderança. Quanto mais você precisar encontrar um rumo, mais sua Equipe GOLD o ajudará a voltar ao caminho. Seu Grupo GOLD o mantém com os pés na realidade, proporciona apoio, conselho e confiança quando você se aventura a aceitar desafios em sua jornada de liderança.

Nos exercícios seguintes, você identificará os membros de seu Grupo GOLD. Nesse momento, este grupo pode ser uma reunião virtual de amigos pessoais ou de membros de sua família. Ou talvez já existam ligações entre os participantes de seu Grupo GOLD.

**1. Relacionamentos atuais e passados:** olhando para sua história, faça uma lista dos relacionamentos mais importantes da sua vida, agora e no passado.
. Qual o seu relacionamento mais importante?
. Por que essa pessoa é importante para você? De quais maneiras você pede apoio a essa pessoa?

**2. Família:** qual papel sua família exerceu na sua vida e especificamente no seu desenvolvimento como um líder?

**3. Relacionamentos com professores, orientadores ou mentores:** você teve um professor ou orientador que influenciou o seu interesse na liderança e o seu desenvolvimento como um líder?
. Quem são as pessoas que o orientaram para desenvolver sua liderança?
. Quais mentores foram importantes no seu desenvolvimento como líder?
. De que formas eles o ajudaram a se desenvolver?
. Você desenvolveu um relacionamento de mão dupla com seu mentor?
. Em que mais você pode contribuir nessa relação?

**4. Amigos:**
. Como os seus amigos o ajudaram a se tornar um líder melhor?
. Com quais dos seus amigos você pode contar se as coisas não derem certo para você?
. Você tem amigos com os quais pode conversar abertamente sobre os desafios que enfrenta? Vocês podem fazer críticas sinceras uns aos outros?
. Descreva um relacionamento que tem sido mutuamente benéfico para você por um longo período. Qual a sua contribuição para o relacionamento se tornar significativo e duradouro?
. Descreva um relacionamento que não deu certo para você ou pelo qual você sente algum nível de responsabilidade. O que você faria de maneira diferente se pudesse voltar no tempo?

**5. Grupo de apoio pessoal GOLD (Grupo de líderes de Ouro em Desenvolvimento):**
. Você tem um grupo de apoio pessoal? Se sim, qual é o valor e

significado dele para você e a sua liderança?
. Se nunca teve um grupo como esse, você gostaria de formar um? Se sim, que tipo de pessoas você gostaria de ter em seu grupo?

**6. Rede de apoio profissional:**
. Você tem uma rede de apoio profissional ou gostaria de formar uma?
. Como seria uma rede como essa para você?
. Que tipo de pessoas você gostaria de ter em seu grupo?

**7. Conselho consultivo pessoal:**
. Você gostaria de criar um conselho consultivo pessoal? Se sim, que tipo de pessoas gostaria de ter no seu conselho?
. Quem em especial você gostaria que fizesse parte do seu conselho?
. Como você utilizaria o seu conselho? Como você contribuiria com ele?

A maioria de nós concordaria que é de valor inestimável as pessoas em nossas vidas que realmente se preocupam conosco e que estão lá através dos tempos bons e ruins. Estas são as pessoas que compõem o nosso sistema de apoio social. Quando falamos de um sistema de apoio social que significa uma rede de pessoas - amigos, família e colegas - que podemos recorrer para obter apoio emocional e prático. Na escola, colegas e pessoal de apoio e professores podem prestar assistência, bem como, e à medida que avançamos em nossas carreiras profissionais, os nossos colegas também podem ser fontes de apoio (que tem a sorte dada a quantidade de tempo que passamos com eles!).

Um Grupo de apoio GOLD é diferente de um grupo de apoio em que pessoas que enfrentam problemas comuns partilham as suas preocupações em uma base regular (e que pode ser profissionalmente levou ou de forma livre), embora ambos podem ser muito importantes em tempos de *stress*. Penso que o apoio ao estudante entre pares é decisivamente útil durante a pós-graduação, nós esperamos que você considere juntar-se a um grupo de apoio GOLD (Grupo de Ouro Líderes em Desenvolvimento).

**Sugestões quanto a formação do Grupo de Apoio GOLD**

**1.** Alie-se a um grupo de pessoas para a criação e execução de seu PDP (Plano de Desenvolvimento Pessoal) – fazendo uso do **princípio do mastermind**, onde sozinhos reconhecemos nossas limitações, e depositamos fé na inteligência coletiva do grupo. A aceitação dessa norma é absolutamente essencial, não a negligencie.

**2.** Antes de formar a aliança *mastermind*, pense nas vantagens e benefícios que você pode oferecer aos membros do grupo em troca da cooperação deles. (Veja o livro "Dar e Receber").

**3.** Procure encontrar-se com os membros de seu grupo *mastermind* pelo menos de 15 em 15 dias e, se possível, com mais frequência, até que tenham aperfeiçoado, conjuntamente, o plano ou planos necessários para a realização do planejamento de todos os membros do grupo com os 3F: fundamento, *feedback* e fricção.

**4.** Mantenha a harmonia perfeita entre você e todos os membros do grupo *mastermind*.

**Os passos de uma reunião GOLD (Grupo de Líderes de Ouro em Desenvolvimento):**

**1.** Comece com depoimentos de vitórias conquistadas durante a semana; por exemplo, quais foram os progressos feitos ou metas alcançadas. Pense naquilo que cada um conseguiu e como se sente. Em seguida, comemore esses avanços, por menores que sejam, durante 10 a 15 minutos.

**2.** Reserve algum tempo para discussão do capítulo ou tarefa de casa que leu ao se preparar para a reunião. Complete ou revise os exercícios contidos no capítulo ou tema escolhido para a reunião – de 15 a 20 minutos.

**3.** Decida as tarefas específicas de cada um para a próxima reunião durante 5 minutos.

**4.** Peça ajuda, quando necessário. Use os últimos 30 a 60 minutos da reunião para que cada membro do grupo peça o tipo de apoio de que precisa. O que impede cada um de seguir em frente? Onde se sentem bloqueados? Do que você precisa para vencer o seu medo? Um telefonema dos amigos? Um recurso, como um livro, filme, ou algum estímulo específico? Leve, para isso, 15 minutos. Você quer mesmo manter toda a descrição detalhada do *mastermind*?

**Dicas para seu grupo de apoio:** convide pessoas que você conhece ou vê regularmente, como amigos de trabalho, vizinhos, grupo comunitário ou família, para fazer parte do grupo. Reúnam-se por um tempo preestabelecido (de uma a duas horas), estabeleçam uma hora regular para estarem juntos pelo menos uma vez por mês ou, se possível, semanalmente. Compartilhem suas vitórias da semana. Leia um capítulo ou discuta um tema escolhido com o parceiro do grupo. Algumas turmas preferem analisar e discutir o livro de forma sequencial. Outras optam por uma abordagem específica, por exemplo, como se tornar um líder servidor. Escolham um líder ou facilitador para coordenar cada encontro. Programem a respeito de quem vai liderar as reuniões por ordem alfabética, por exemplo. O líder da reunião é mais um facilitador do debate, um mediador que controla o tempo e a focalização. Quando estiverem reunidos, usem a seguinte programação para que essas reuniões sejam produtivas e fortalecedoras: compre um diário para usar com este livro.

Se alguma parte desse processo for muito difícil, peça ajuda e não desanime, quer seja ajuda do seu parceiro ou do seu grupo de apoio. Tenha calma, nenhum processo de mudança é rápido e, portanto, requer algum tempo para trabalhá-lo.

**Ideias-chave**

• Sua equipe de apoio é um elemento necessário para apoiá-lo na sua jornada de liderança.

• Forme logo sua equipe de apoio GOLD (Grupo de Ouro de Líderes em Desenvolvimento). Conforme você fica mais eficaz como líder, muitas pessoas apresentarão tendências inadequadas para sua equipe de apoio.

• Você tem pessoas em sua vida hoje que foram e devem permanecer membros-chave de sua equipe de apoio.

• Em cada estação do desenvolvimento de sua liderança, você deve contar com um *coach* ou mentor de liderança.

• Reunir um Grupo GOLD (conselho consultivo pessoal) pode ser uma etapa importante em sua jornada com líder.

• Ter um grupo de apoio que o conhece e permanece junto com você ajudará a ter em vista seu propósito pessoal, sua visão para os próximos anos e seus valores profundos.

# 43

# Metodologia do triângulo equilátero

Sentir, Pensar e Agir

**Vanessa Freitas**

## Vanessa Freitas

Executive Coach pelo Behavioral Coaching Institute, Certificada pelo International Coaching Council, membro da Sociedade Brasileira de Coaching. É palestrante, consultora de empresas, proprietária e diretora de desenvolvimento humano da melhoRH consultoria, empresa de atuação nacional com larga atuação em empresas e indústrias de grande porte, nacional e multinacional. Atua como *coach* de executivos, presidentes, políticos e artistas. Com larga experiência em *team coaching* em empresas multinacionais. Atuou como docente do núcleo de pós-graduação da UNIC em Rondonópolis - MT, nas disciplinas de gestão de pessoas e *coaching*. É autora da metodologia do triângulo equilátero. Escritora comportamental, publicou: *Ensaios da Vida, Competência Máxima e Viver é simples assim*, (editora premius).

**Contatos**
www.melhorhconsultoria.com.br
melhorh@melhorhconsultoria.com.br

## Vanessa Freitas

O homem não consegue viver em harmonia sem obter o equilíbrio entre sentir, pensar e agir, são aspectos indissociáveis. Utilizando as técnicas da metodologia *coaching*, podemos alcançar o triângulo equilátero nestes três aspectos que movem a vida de qualquer ser humano. Sentir, pensar e agir: precisamos destas "partes" iguais!

Com grande experiência como *coach* nas maiores empresas do Brasil e do mundo, sentia profunda necessidade de compreender o que levava o homem a sentir-se desconfortável diariamente diante de si mesmo. Após anos estudando e avaliando o comportamento humano, apresento a você leitor a metodologia do triângulo equilátero. A partir de agora você poderá utilizá-la diariamente, seja como líder, em <u>*team*</u> ou diariamente em sua vida pessoal. Idealizei esta metodologia com um desejo em particular:

- Para melhorar a vida de todos nós.

**Compreendendo a busca pelo triângulo equilátero:**

Utilizando a geometria para fazer um comparativo com os aspectos que integram o homem, podemos afirmar que todo e qualquer ser humano sente um grande desconforto, seja consciente ou inconsciente, quando o tripé que sustenta a sua existência (sentir, pensar e agir) estiver desarmônico. A idealizadora da metodologia constatou que nenhum ser humano pode alcançar o equilíbrio ou qualquer outra forma de expressão dada a esta condição, seja chamada de paz, felicidade, harmonia, etc. quando existe a desigualdade (esforços - estímulos ) nas condições de sentir, pensar e agir do homo sapiens. Somente o equilíbrio destas três linhas nos conduz à eficácia para um padrão de comportamento linear, eficaz e saudável emocionalmente. Utilizamos a figura geométrica do triângulo para esclarecer a metodologia do triângulo equilátero.

Um triângulo isósceles possui pelo menos dois lados de mesma medida e dois ângulos congruentes. Num triângulo isósceles, o ângulo formado pelos lados congruentes é chamado ângulo do vértice. Os demais ângulos denominam-se ângulos da base e são congruentes. Associando o triângulo isósceles ao ser humano, podemos afirmar que nesta etapa o indivíduo pode possuir congruência no seu pensamento e ação, ou seja; aqui ele demonstra "querer muito" algo e pensa constantemente em seu objetivo, investe em ações que possam levar ao seu objetivo, mas há um lado deste triângulo desigual, que é o sentimento.

Digamos que ele sente-se fraco e inseguro, gerando desconforto psicoemocional nesta esfera. Um *coach*, utilizando técnicas apropriadas, irá propor a análise diária da incongruência fazendo-o descobrir que é o seu sentir (no exemplo proposto) que o leva ao desequilíbrio. Neste momento o *coach* trabalhará o sentimento ideal que ele quer obter e como ele poderá construir este sentimento para chegar ao modelo congruente em sua vida. Após as sessões, o mesmo irá alcançar um comportamento linear estabelecido entre o sentir, pensar e agir.

Em um triângulo escaleno, as medidas dos três lados são diferentes.

Os ângulos internos de um triângulo escaleno também possuem medidas diferentes. Na associação ao ser humano, este triângulo representa a desarmonia entre todos os aspectos de sentimentos, pensamentos e ações deste ser. Vamos imaginar que ele sente uma tremenda vontade em realizar uma escalada (exemplo fictício), mas seu pensamento sugere todos os "perigos" reais e imaginários que acaba por construir "crenças" e padrões de comportamento alternado. Portanto suas ações oscilam ora em direção ao objetivo, outras contrárias ao seu objetivo. O profissional que utilizará a metodologia do triângulo equilátero irá colocar estes três aspectos no triângulo e irá explorar com o cliente a situação atual em que o cliente se encontra e como ele gostaria que fosse o modelo ideal, levando-o a congruência entre o sentir, pensar e agir. Eis o triângulo equilátero; o triângulo equilátero possui todos os lados congruentes ou seja; iguais. Um triângulo equilátero é também equiângulo: todos os seus ângulos internos são congruentes (medem 60°), sendo, portanto, classificado como um polígono regular. Este é o objetivo da metodologia do triângulo equilátero, fazer com que o próprio indivíduo possua consciência de que todos os aspectos (sentir, pensar e agir) são congruentes e que todos os seus esforços caminham em harmonia para o alcance do seu objetivo ou para manter a sua vida equilibrada.

A partir da constatação da desigualdade no que tange ao sentir, pensar e agir de cada indivíduo, o *coach* deverá solicitar que ao final de cada dia, ou diante de seus desafios diários o *coachee* ou o *team*, façam uma análise dos seus sentimentos, pensamentos e atitudes para que ele mesmo descubra qual aspecto está em desarmonia e a partir deste cenário utilizar as perguntas *coaching* para levar o indivíduo ao aumento da autoconsciência, conduzindo-o a ações específicas que tornem este tripé linear.

**Em busca do triângulo equilátero**

Uma das melhores citações que eu já pude constatar para autorresponsabilidade, foi a do Autor Irlandês George Bernard Shaw que dizia: "As pessoas sempre atribuem às circunstâncias a culpa por serem quem são. Eu não acredito em circunstâncias: os indivíduos de sucesso são aqueles que saem e procuram as condições que desejam; e, se não as encontram, criam-nas".

Analisando esta fala, percebemos a psicologia existencial - Humanista afirmando que você é criador e responsável pelo mundo em que habita e consequentemente pelas condições em que vive. Existir é emergir, revelar, sobressair. Na psicoterapia Existencial ocorre a investigação psicológica do indivíduo na busca de lhe fazer sobressair ou revelar livremente o que nele há de individual, particular, único e concreto. É a busca da sua autoexpressão mais autêntica e do seu compromisso com as próprias escolhas, visando sua realização plena.

Que mundo de possibilidades o homem possui não é mesmo?

Sei que esta fundamentação angustia ainda mais a todos nós.

Mas também sei que a frase acima citada de Bernard Shaw, pode causar "zero" efeito em um indivíduo que não possui consciência da intensidade dos seus desafios e do seu poder pessoal em reverter estas circunstâncias. Caso ele esteja vivendo um momento difícil de sua vida, ele irá fazer de tudo para "acreditar de forma racional" – seu pensamento – que a vida é cruel com ele e que o mesmo não consegue progredir por conta de "inimigos, recursos, família, etc.". Sentir-se-á uma vítima diante da vida.

É comum encontrarmos pessoas, em qualquer ambiente, principalmente nas empresas que se sentem "vítimas" de colegas, do seu líder, sendo capaz de se revoltar até com Deus. Ele acredita nisso e precisamos respeitar este conjunto de crenças, que consequentemente gera frustração, por que ele sente-se superior ao que de fato se esforça para ser. Embora obtenha menos do que poderia ter. Veja o desequilíbrio para o *coach* atuar;

- Na forma como se sente e no que faz (ou não faz) para ter a vida que possui!

O "sentimento" deste indivíduo é de grandeza, superioridade e orgulho de seus conhecimentos e habilidades. Mas que só habitam o universo dele, fazendo-o acreditar em uma pessoa irreal e que não atua de acordo com este "ser" idealizado, que gera sofrimento para si mesmo. Desta forma, ele segue culpando o mundo por todos os infortúnios que lhe acontece. Para este indivíduo vejamos o perfil do triângulo em três partes distintas:

- Sentimento: força, orgulho, poder, confiança.
- Pensamento: o mundo é injusto e eu sou vítima das circunstâncias horríveis que me cercam.
- Ação: diante da frustração (prevendo que o mundo irá sabotá-lo) ele deixa de investir em si mesmo através de ações assertivas rumo ao sucesso, por este motivo sua vida não evolui.

São os nossos pensamentos que modulam o nosso comportamento. O nosso pensamento dá consistência à forma como nos sentimos e em seguida caminhamos para as ações que "acreditamos" serem ideais. Para ensinar você a identificar os seus pensamentos e fazer com que reflita sobre eles, um bom *coach* utilizará a psicologia cognitiva comportamental para que os aceite como hipóteses que podem ser confirmadas, ou não, buscando evidências. Para que você adquira maior flexibilidade mental (cognitiva) e consiga ver os outros dois lados do triângulo, explorando cada aspecto. Essa é uma habilidade perfeitamente treinável e a metodologia do triângulo equilátero pode contribuir muito. As capacidades cognitivas do homem podem ser utilizadas como um aprendizado para retribuir significados. É a versatilidade do próprio pensamento sobre si, sobre os outros e sobre o mundo. Na vida real todos os dias ocorre o mesmo com milhares de pessoas, reforçando que, quando o triângulo não encontra as partes iguais, ele sofre constantemente em amplos aspectos, psicoemocional e social. Mas como este indivíduo irá chegar à conclusão de que é ele que enxerga o mundo "torto?" Como este indivíduo irá descobrir que são as suas crenças errôneas sobre si e a vida que tiram o privilégio de ser bem-sucedido? Um profissional *coach* irá atuar na ampliação de sua autoconsciência e na desconstrução de crenças incongruentes. As pessoas agem a partir de valores e da emoção que buscam para darem sentido as suas vidas. Se um dos valores do indivíduo exemplificado no contexto acima for "obter sucesso em tudo o que faço", imagine o tamanho da frustração deste ser em não se deparar com o sucesso. E o que é pior, sucesso este que poderia obter a partir da análise de suas crenças e mudança de seus atos. Refiro-me à análise de crenças e ações no contexto de:

- Refletir, explorar, confrontar com evidências, revisitar seus valores para obter congruência com o estilo de pessoa que acredita ser e novamente reformular crenças a partir de evidências e não de pressupostos imaginativos, como no exemplo: "As circunstâncias me desfavorecem". Reformulando crenças e confrontando evidências, poderá alinhar os seus atos com os seus objetivos.

Um bom *coach* atuando com a metodologia *coaching* irá explorar através de técnicas específicas a discordância do que sentimos, pensamos e agimos em cada ponto e com uma gama de ferramentas capaz de tornar linear estes três pilares levando-os ao equilíbrio e satisfação em todos os aspectos de sua vida. A busca pelo triângulo equilátero deve ser objeto de profundos estudos para elucidar o que existe por trás das frustrações cotidianas. Vamos analisar outro exemplo que trabalhei recentemente. Uma professora universitária foi reprovada em um processo seletivo para mestrado. Encontrei na fala desta pessoa diversos aspectos que demandavam um processo de *coaching*, vejamos a sua fala:

- Vanessa, eu fui reprovada no mestrado! Mas era um jogo de cartas marcadas, apesar de ver nitidamente que eu era a mais preparada eu não teria chances mesmo. Acho que vou desistir do mestrado, afinal, ele nem é tão importante assim!

Neste diálogo o primeiro ponto a investigar é:
- O que você sente quando fala sobre isso?
- Qual a sua visão sobre este fato?
- Você possui evidências de que você era a "mais preparada"?
- Quais as consequências para a sua vida e a forma como irá se sentir no futuro, caso desista do mestrado?

Ora, se temos na fundamentação da psicologia humanista que a atenção que o indivíduo focaliza em um evento é determinada pelo modo como cada um percebe o seu mundo e não na realidade comum. Deste modo, o indivíduo não reage a uma realidade absoluta, mas a uma percepção pessoal dessa realidade. Essa percepção é para cada um a sua realidade. No episódio citado, fica claro que a falsa crença sobre si mesma a impede de analisar o contexto e "aprender" com ele. Ter sido reprovada, poderia ser utilizado como fonte de aprendizado e não de frustração. Mas a decepção com si mesma não permite que ela enxergue esta situação. Pois, ao definir verdades para consolar a si mesma, ela deixou passar uma grande chance:

- A de reinventar-se, a de ser mais criativa durante a sua próxima apresentação e consequentemente aprovada. Neste episódio, a protagonista não se reconhece e não irá evoluir. Muito pelo contrário o fato serviu para desestimular novas iniciativas diante de seu objetivo. Todos os dias pessoas contam mentiras para si mesmas, tentando desta forma acalmar as suas angústias e inadequações. É o não aprender com a vida. É a não disponibilidade para aprender a reinventar-se. O dicionário Houaiss define escassez como um termo econômico que significa "falta de um bem ou serviço em relação à sua necessidade". No caso acima citado, a escassez consiste na falta de disponibilidade para mudar.

Um bom *coach* irá atuar nos três pilares que sedimentam a nossa vida; sentir, pensar e agir para fazer a sua cliente performar e alcançar a sua meta. Sem lhe ensinar nada, apenas através da maiêutica socrática; "invalidando a informação anterior para refazer o que foi dito", que só poderá ser reformulado se houver uma nova crença. E esta nova crença só poderá surgir se houver a mudança de velhos paradigmas, consequentemente gerando novas ações. A metodologia do triângulo equilátero defende intrinsecamente na busca linear dos três pilares a autorrealização. Se pensarmos na vida como um processo de escolhas, então a auto realização significa fazer de cada escolha uma opção para o crescimento. Escolher o crescimento é abrir-se para experiências novas e desafiadoras, é arriscar o novo e o desconhecido para alcançarmos nossos objetivos. Esta afirmativa pode ser o ponto de partida ou o ponto central para qualquer processo de *coaching*, seja na vida pessoal, profissional ou ainda nas organizações (*business coaching*). Se eu quero encontrar o meu triângulo equilátero e se este triângulo (sentir, pensar e agir), necessita da linearidade com a autorrealização, imagine a pergunta de ouro:

- Como os seus sentimentos se encaixam com o sentimento de autorrealização que busca alcançar?

- Como o seu pensamento pode contribuir para a sua autorrealização?

- Como as suas ações podem dar alicerce a sua autorrealização?

Comportamentos positivos são tudo aquilo que o favorece e um bom *coach* sabe disso. Na trajetória em busca do seu triângulo equilátero, o grande segredo não é "apenas" agir, porém reconhecer (pensamento) e possuir propriedade (sentimento) de tudo o que faz por si mesmo ou em ser a pessoa que você é. Portanto, fica claro que não basta errar, é preciso ter consciência, não basta lutar, também é preciso ter consciência de qual forma é a mais eficaz nesta luta. Nesta busca pelas partes iguais do "triângulo", utilizo uma porcentagem forte a favor do homem. Pesquisas revelam que o nosso comportamento individual é cerca de 50% inato e 50% adquirido ou aprendido. Desta forma temos 50% de poder para transformar qualquer circunstância em oportunidade. No método, solucionar problemas é mais importante que encontrar culpados. Acredito que a metodologia é simples e funcional. Para o *coach*: buscar explorar cada "descompasso" na análise do sentir, pensar e agir. Para o *coachee* (cliente), buscar o equilíbrio entre o sentir, pensar e agir para alcançar seus objetivos e viver em paz com si mesmo.

Para finalizar a sua leitura sobre o método, ofereço uma breve apresentação sobre as premissas do método, o conteúdo na integra será exposto em outra obra. Premissas do método: existem diferentes maneiras e visões de mundo, de interpretar e analisar o indivíduo e seus impactos na vida em grupo. Mas o método prima pelo bem-estar deste ser consigo mesmo. Pela análise minuciosa sobre o momento em que o indivíduo "processa o *coaching*" em seus sentimentos, pensamentos e atitudes, comprovamos que tudo isso é ciência ou filosofia. Que este momento em que ele "sofre" a intervenção *coaching* ocorre um processo elevado de autoconsciência, que já foi estudado e embasado por várias linhas de pensamentos e grandes contribuições científicas. O *coaching* é marcado por contribuições das ciências sociais que colabora para todo o embasamento das técnicas que são cientificamente comprovadas. Há diversas abordagens atuais para o *coaching*, várias linhas de pensamentos e enfoque durante os trabalhos ou em formações de profissionais para atuarem como *coach*. Desta forma, as concepções que proporcionam o embasamento da Metodologia do Triângulo Equilátero são:

- Psicologia, filosofia, antropologia e neurociência (expostas na íntegra na obra sobre o método).

Esclarecendo que além das comprovações científicas que são expostas para a comprovação do método. Há ainda a experiência da idealizadora do método, sendo uma profissional que atua com desenvolvimento humano há mais de vinte anos e que, com o seu olhar peculiar, com a sua vasta experiência diante de uma atuação distinta nas empresas ou instituições acadêmicas, pôde analisar a angústia do homem e todas as suas possibilidades para viver melhor. A metodologia do triângulo equilátero é um método que visa a evolução e o desenvolvimento do potencial humano para o empoderamento e a alta performance em qualquer aspecto da vida. Porém este ser é impactado diariamente por todos os outros aspectos sociais que tange a rotina do mundo a nossa volta. Este crescimento diário, através de suas dores e descobertas, também é ciência, podemos utilizar a psicologia e a antropologia para fazer este estudo analítico do como e quais os motivos de um comportamento desintegrado que o leva ao seu próprio caos.

Para a idealizadora da metodologia, é necessário que o profissional que irá lidar com este homem analise que o "todo" a nossa volta está interligado. O homem por inteiro precisa ser respeitado, analisado e desenvolvido, pois não podemos dissociar o homem em partes fragmentadas apenas pela sua própria história de vida. Ele está em um contexto e sente necessidade de performar dentro deste contexto que ele acredita existir ou que de fato existe. A metodologia, mesmo quando trabalha algum aspecto "departamentalizado" deste homem, atuará na totalidade da "vida" dele, embora não tenha esta consciência. Agora é com você descobrir como utilizar a metodologia para viver melhor! Lembra-se da última vez que se sentiu mal em relação a alguém ou em uma situação? Qual a incongruência em relação aos seus pensamentos, sentimentos e ações no contexto?

Analise-se, interrogue-se e descubra como viver melhor. O homem não consegue viver por muito tempo corrompendo seus valores, pense nisso!

## 44

# O *leader coach* educador

O *leader coach* educador é resultado de uma associação sinérgica entre três funções operadoras de desenvolvimento humano – a liderança, a educação e o *coaching*. Em cooperação, e dentro de uma abordagem não diretiva, essas funções se multiplicam em benefícios e desdobramentos fecundos de caminhos e soluções, individuais ou grupais. As ferramentas de trabalho resultantes dessa associação calibram-se uma à outra, e seus reais benefícios advêm de sua ação conjunta/sistêmica

## Vania L. M. Marinelli

## Vania L. M. Marinelli

*Master coach*, Psicanalista, Linguista, Mestre em Semiótica. Graduada em Linguística e Língua Portuguesa (USP/SP). Mestre em Comunicação e Semiótica (PUC/SP); especializações/extensão em Psicologia e Teoria da Linguagem (Harvard, BU, e MIT/USA), Mitologia e Psicologia Analítica (SBPA/SP), formação em Psicanálise (CEP/SP e Grupo de Estudos de Psicanálise, com Maurício Garrote), *Transpersonal Coaching* (com John Whitmore, da Performance Consultants International/UK), The Inner Game Coaching - Fundamentals & Practices (Inner Game School of Coaching/USA-Brasil). *Master Coaching* ISOR com Certificação Internacional em *coaching, mentoring & holomentoring* (Instituto Holos/SP). Diretora e proprietária do Arion - Capacitação e Autodesenvolvimento, onde mantém cursos, *coaching* e psicoterapia de sonhos e mitos pessoais. Publicações: *A produção de significado na ciência* (2006) e *Lacan sem Máscara* (2010) / Editora Anadarco.

**Contatos**
www.arionbr.com
vanialmm@arionbr.com
(11) 99929-7035

**Vania L. M. Marinelli**

**Identidade, liderança, proatividade**

Anos atrás, quando eu ainda cursava minha licenciatura em Letras (Linguística e Português), tive de fazer um trabalho para a cadeira de 'Práticas do Ensino', cujo objetivo era comentarmos (cada componente da turma) um Projeto de Ensino para o 2º grau, que, então, candidatava-se a ser um fator de melhoria do ensino secundário paulista. Cada um escreveria seu comentário, procurando explicar o porquê de suas posições.

Lembro-me de que resolvi, antes de mais nada, pesquisar a etimologia (uma mania que eu tinha/tenho...) da palavra aprender. Vinha do latim, 'apreendere', que quer dizer 'pegar, reter'. Uma atividade proativa, da mesma forma que ler (de 'legere' = 'seguir, percorrer') também é. O aprendiz 'pega/retém', e então 'aprende'; o leitor 'percorre' o mundo de sentidos à sua volta, 'guardando' consigo aqueles que porventura o sensibilizem de algum modo.

Mais de 20 anos depois, eu leria Tim Gallwey dizendo – "*coaching* é uma relação de parceria que revela e liberta o potencial das pessoas, de forma a maximizar sua performance. É ajudá-las a aprender, mais do que ensinar-lhes algo" – anunciando sua versão de *coaching* como uma 'atividade interna' ('the inner game') que o *coach* incentiva.

Afinal, nós aprendizes não somos receptáculos vazios, simplesmente à espera de conteúdo externo. Temos um a priori, potenciais, formato, identidade. Participamos ativamente do processo de aprender – querendo ou não, sabendo disto ou não. Portanto, é difícil falar-se em identidade sem logo pensar em alguma espécie de liderança. Identidades resultam em formas típicas de ser, agir, estar..., de conduzir-se, enfim. Alguém/algo leva os EUs a conduzirem suas vidas, ou ao menos deveria levar...Ser um EU implica alguma dose de liderança.

Neste artigo, desejo (1) interligar três funções que acho difícil manter separadas, pelo menos quando se trata de abordá-las em sua feição 'não diretiva' – a de *coach*, de líder e de educador; (2) mostrar de que maneiras o líder *coach* educador pode favorecer e otimizar o aprendizado das pessoas – dentro ou fora das escolas.

**Coach, educador e líder**

*"O coaching nos leva inexoravelmente à liderança"*
**(John Whitmore)**

É difícil imaginar a função do *coach* afastada da função do educador, tanto quanto da função do líder. De fato, creio podermos dizer que a fun-

# Team & Leader Coaching

ção de *coach* possibilitou, ela mesma, uma 'reedição' evolutiva na forma como estivemos acostumados a ver o educador e o líder. Pois, acima de tudo, o *coaching* sugeriu um modo novo de educar/liderar, que procura aproveitar mais integralmente a capacidade cognitiva humana (tanto teórica quanto prática), para o alcance de seus objetivos e superação de seus obstáculos – justamente ao permitir que o EU condutor e líder da identidade (o 'Ego 2' do Inner Game de Gallwey) participe mais aberta e criativamente das novas aquisições cognitivas às quais porventura se abra.

Falar em *coaching*, hoje, é falar de uma nova disciplina, que pode, por seu turno, ajudar a praticar melhor muitas outras. É isto que faz do *coaching*, aliás, uma metodologia aberta, capaz de operar como um catalisador de processos, ativando e otimizando elementos, de forma que eles se tornem autenticamente eficientes. 'Autenticamente' porque o *coaching* faz a prospecção de potenciais individuais diversificados – portanto, promotores de criatividade, ou, de uma 'produtividade criativa'.

| DISCRIMINAÇÕES ESSENCIAIS | |
|---|---|
| Líder | Influencia, motiva, direciona, conduz. Relaciona-se com as palavras lida e lide (trabalho árduo, luta) e litis (latim, ='luta, litígio, contenda') – o que implica coragem e determinação para atingir um objetivo. Exerce liderança (='chefia, autoridade, ascendência', segundo nos indica o dicionário). Objetivo do líder: uma meta, um resultado |
| Coach | Inspira, estimula; ouve e pergunta; 'puxa', faz prospecção de competências do *coachee*. Objetivo do *coach*: apoio à liberação do potencial e superação de obstáculos do *coachee*. |
| Educador | Gera situações de aprendizagem, 'prontidões', 'orientadores prévios'. Apresenta informações, promove conhecimento. O termo educação vem do latim 'educatio', =ação de criar, alimentar, cultivar – o educador 'alimenta', 'nutre' o educando, com aquilo que, em tese, consiga 'saciar' a sua 'fome'... Objetivo do educador: atiçar o interesse do aprendiz em relação a determinado tema, fazer com que o aprendiz deseje 'pegar' e trazer aquele assunto para dentro dele..., 'apreendê-lo/retê-lo'. |

O líder exerce sua liderança/ascendência sobre as pessoas porque e quando tem autoridade real sobre elas – e **autoridade vem de 'au-**

**toria':** o líder legítimo é autor do próprio destino, é dotado de autocondução e automotivação e, por isto, subentende um uso razoavelmente eficaz de suas potencialidades no mundo. Antes de qualquer coisa, ele ensina (pode ensinar) os indivíduos a serem eles mesmos da melhor forma possível, a praticarem produtivamente sua própria identidade – que, afinal, é o que de mais concreto esses indivíduos possuem. O conceito de uma liderança legítima leva naturalmente ao conceito de **individuação**, junguiano, que, em suma, traduz-se por 'exercer-se a si produtiva e o mais completamente possível'. Ora, isto não é muito diferente do objetivo final do *coaching* não diretivo introduzido por Tim Gallwey, em seu **The inner game of tennis,** de 1974..., mas encontra, neste último, um método de 'psicologia prática' capaz de operacionalizar com incrível eficácia a ativação e otimização de potenciais individuais que habilitam as pessoas a exercerem sua própria liderança.

**O líder coach educador é:**

- **Líder** - porque **motiva** seu *coachee* a trazer à tona sua capacidade de ser líder de si mesmo, e a procurar sua própria motivação e direcionamento.
- **Coach** – porque inspira, estimula, escuta, pergunta, faz prospecção de competências do *coachee*, deixando fluírem mais livremente seus potenciais individuais.
- **Educador** – porque nutre o *coachee*-aprendiz, oferece-lhe alimento cognitivo, sementes pelas quais o *coachee* possa se interessar, 'cultiva', sabendo equacionar a oferta de acordo com a respectiva prontidão (estado conhecido em Educação como aquele em que o aprendiz está 'pronto' para entrar em contato com uma nova fase de aprendizado).

Honestamente, acho difícil conceber o *coaching* não diretivo com alguma dessas características faltando...A elas, de fato, alinho uma quarta, naturalmente acoplada à função do *coach*, quando ouve e faz perguntas não condutoras ao *coachee* – a **característica analítica** (freudiana/junguiana), segundo a qual as perguntas são basicamente 'holofotes' a iluminar as respostas/soluções do próprio *coachee*.

**Maiêutica, ou o "método da parteira"**
*O coaching pertence a uma cultura de escuta e aprendizagem.*
**(John Whitmore)**

'**Maiêutica**' vem do substantivo grego, 'maieutikê', 'técnica ou arte do parto', e, por extensão, refere-se ao método através do qual

Sócrates ensinava, de tal modo que as ideias fossem 'paridas' no curso do diálogo. Com efeito, o método socrático consistia na multiplicação de perguntas, induzindo o interlocutor à descoberta de suas próprias verdades e à conceituação geral de um objeto.

A maiêutica foi e é inestimável inspiradora de técnicas psicanalíticas diversas, como a indução de associação livre (Freud), de imaginação ativa (Jung), de decodificação simbólica (Freud/Jung)..., e não menos atuante em *coachings* não diretivos como o Inner Game (Tim Gallwey), o *Coaching* para Performance e o *Transpersonal Coaching* (John Whitmore), ou o *Coaching* Holístico-Sistêmico (Marcos Wunderlich & Renato Klein) – linhas de *coaching* com que trabalho, pela congruência com que se alinham a meus valores e missão.

Temos nas 'perguntas-parteiras' do *coaching* seu instrumento primordial de trabalho. Mas temos algo mais, ainda – a ordenação mental possibilitada por roteiros abertos de questionamento sobre temas e processos humanos universais. São 'abertos' porque indutores de descrições pessoais, particulares, operadas diferentemente por cada *coachee*. Alguns roteiros de interpretação de sonhos e mitos pessoais já faziam isto, psicoterapeuticamente, ainda que não com o componente de proatividade que um plano de ação de um *coaching* pode proporcionar.

| QUALIDADES GERAIS DO LÍDER-COACH EDUCADOR | |
|---|---|
| Do Líder motivador/inspirador: | **'Bússola'/Valores** = tem valores próprios, que funcionam como uma 'bússola' interna/existencial. **Visão** = vislumbra realidades e possibilidades alternativas para dar encaminhamento aos seus processos vitais. **Autenticidade** = assume-se como é, pratica sua individuação, para ser 'maestro' de si mesmo, conduzir sua própria 'orquestra'. **Coerência** = alinhamento entre escolhas e valores, dizer e fazer, ser e propalar... **Objetivo/propósito** = tem 'lugares' para conquistar na vida, motivações para seguir adiante, colocar-se em marcha, ousar, melhorar-se. |
| | (*) Adaptado de Whitmore (2009). |

| | |
|---|---|
| Do *coach* não diretivo: | **Maiêutica** = efetua 'perguntas parteiras', que fazem nascer respostas/soluções do *coachee* para o *coachee*... **Empatia** = percebe e sente os movimentos internos de seu interlocutor, compreendendo intimamente como este funciona. **Alteridade** = percebe que há mais de um EU no mundo, que no universo há muito mais que um centro – logo, que as diferenças precisam ser respeitadas. **Organização/ metodologia de condução** = trabalha com ordenadores mentais (roteiros abertos), para conduzir mais objetiva e eficientemente os processos individuais do *coachee*, sem, no entanto, afetar sua liberdade de expressão e escolha. |
| Do Educador 'nutricionista' | **Exposição e sensibilização** = capaz de promover interesse e prontidão no aprendiz, seduzir este último a querer integrar novos conteúdos (dados úteis) à própria identidade. **Espírito nutridor** = sabe alimentar o aprendiz com informações que, depois de 'digeridas', possam se tornar conhecimento (recurso utilizável por sua identidade). |
| **FERRAMENTAS ESSENCIAIS DO LÍDER COACH EDUCADOR** ||
| Neste caso, trata-se de ferramentas essenciais sobretudo na prática de *coaching*, que, por resultar numa 'metodologia aberta', como já foi adiantado, pode ser aproveitada em diversas outras práticas de desenvolvimento humano. São elas, em suma: **Maiêutica** = 'perguntas parteiras' de respostas-soluções vindas do *coachee*. **Roteiros/ ordenadores mentais** = para conduzir objetivamente as perguntas e as respostas do *coachee*. **Devolutivas (feedbacks) de parte a parte** = *feedbacks* mais descritivos que julgadores do 'certo' e do 'errado' das pessoas. **Escuta habilitada** = para se poder ouvir o outro, seus estados, buscas, desafios, com a devida atenção, sensibilidade e profundidade, abstendo-se de intervencionismos invasivos no modo de ser do *coachee* (que é também 'liderado' e 'aprendiz'). ||

O líder *coach* educador é resultado de uma associação sinérgica entre três funções operadoras de desenvolvimento humano – a liderança, a educação e o *coaching*. Em cooperação, e dentro de uma abordagem não diretiva, essas funções se multiplicam em benefícios e desdobramentos fecundos de caminhos e soluções, individuais ou grupais.

As ferramentas de trabalho resultantes dessa associação calibram-se uma à outra, e seus reais benefícios advêm de sua ação conjunta/sistêmica.

**Referências**
GALLWEY, W.T. (1976) 1996. *O jogo interior de tênis*. São Paulo: TextoNovo.
STOLTZFUS, T. (2008). *Coaching questions*. Lexington: Coach22.com.
WHITMORE, J. (1992) 2009. *Coaching for performance*. 4ed. London/Boston: NB.

# *Coaching*
## Importante estratégia de transformação pessoal e profissional

Neste artigo resumo de forma enfática o grande diferencial das empresas de sucesso, que é a capacidade de visão quanto a seu ativo mais importante – O capital humano. Pois, como importantes pesquisas já apontam são os colaboradores que verdadeiramente contribuem para impedir a superação por parte da concorrência

**Weigma Bezerra**

## Weigma Bezerra

*Coach professional* pelo Instituto Brasileiro de *Coaching* (IBC), *master coach* pelo Metaforum Internacional, certificado pelas mais conceituadas instituições internacionais: *Behavioral Coaching Institute* (BCI), European *Coaching* Association (ECA), Global *Coaching* Community (GCC), International Association of *Coaching* (IAC), World *Coaching* Council (WCC) e International Association of *Coaching* Institutes (ICI). Consultor organizacional com foco no processo de desenvolvimento humano, analista comportamental certificado pelo *Behavioral Coaching Institute* (BCI) e pelo Instituto Brasileiro de *Coaching* (IBC). Palestrante motivacional com foco específico na transformação comportamental, escritor de autoajuda, gestor e administrador de empresa com mais de 20 anos de experiência no mercado como empresário. Hipnólogo Clínico Condicionativo formado pelo Instituto Brasileiro de Hipnologia e filiado à Sociedade Ibero Americana de Hipnose Condicionativa (SIAHC). Estudioso contumaz do processo de desenvolvimento humano. Formulador do curso de Liderança *Coaching* (uma compilação do curso de *leader coach*), fundador do Grupo de Apoio ao Desenvolvimento Humano (GADH). Acumula uma vasta experiência com times de empresas de pequeno, médio e grande porte no trato de desenvolvimento humano, alinhando missão, visão e valores.

**Contatos**
weigma.caruaru@hotmail.com
Facebook: weigmabezerra.coach
(81) 3045-3554

## Weigma Bezerra

Uma organização pode investir fortunas na aquisição de tecnologia, manufatura, espaço físico, propaganda, etc, porém se dispensar o preparo de seus colaboradores para acompanharem essa evolução, tudo será em vão; de que adianta possuir o mais avançado computador, se a mão de obra capaz de manuseá-lo for despreparada? De que adianta ter um excelente profissional, se este for um criador de contendas dentro da empresa desmotivando os demais? Um time não se faz apenas com um jogador, imaginemos a cena de ver Lionel Messi, o melhor jogador do mundo por anos consecutivos jogando sozinho contra o pior time do Brasil, o ÍBIS. Por mais talentoso e ágil que ele seja é difícil prevermos um placar favorável ao mesmo. As empresas assemelham-se aos times, necessitam de equipes sincronizadas com os objetivos da organização e de um líder que incentive com seu exemplo.

Quando encontramos nas organizações níveis elevados de estresse, alta rotatividade, muitos erros, baixa produção, vendas e serviços deficientes; inevitavelmente observamos ausência de metas claras, disputas entre colaboradores, ausência de liderança, falta de comprometimento, *feedback* falho, falta de identidade da corporação e despreparo da equipe.

Em meio à busca por soluções práticas, rápidas, eficazes e duradouras surge o *coaching*, a mais poderosa metodologia transformacional que o mundo corporativo teve acesso, permitindo de forma enfática e precisa avaliar a situação, ouvir as partes e encontrar uma resposta satisfatória dentro do próprio indivíduo, fazendo-o compreender por meio de suas próprias percepções, a solução para o problema apresentado. Na verdade a metodologia *coaching* direciona o *coachee* (cliente) para uma introspecção pessoal, permitindo-lhe observar que um problema é, antes de tudo, originado dentro dele e fornece propriedades de análise íntima por meio de perguntas poderosas e várias outras técnicas para a extração do resultado esperado. O *coach* apenas conduz o processo e patrocina positivamente na busca de uma meta clara e objetiva, arestando aos poucos toda submeta existente que levava o indivíduo à procrastinação. Quando algo é definido na mente de forma objetiva e você cria um plano de ação eficiente para atingi-lo, nada o impede de agir, pois a clareza da meta o conduz à ação. É por isso que o *coaching* produz resultados extraordinários nas pessoas e nas empresas, pois denota ao indivíduo a capacidade de encontrar as soluções para os problemas surgidos, bem como alinha com a missão, a visão e os valores da corporação as atitudes necessárias para a excelência. Como consultor organizacional, avalio por experiência própria que de nada adianta apresentar soluções administrativas, se não houver um trabalho intrapessoal do indivíduo, e interpessoal da equipe,

## Team & Leader Coaching

já que a mecanicidade de uma ação sem o envolvimento emocional leva à desmotivação. Quando sou chamado para realizar um trabalho de *coaching* em uma equipe - *Coaching Group* – observo quem é seu líder, e o líder do líder, pois de nada adianta acompanhar a equipe se não acompanhar as lideranças (*Executive Coaching* individual), para haver um alinhamento preciso, permitindo a todos comungar o mesmo pensamento, sentimento, vontade e levar a uma ação conjunta. Com essas atitudes torna-se 100% possível uma verdadeira transformação do clima organizacional, onde todos vão comungar os mesmos ideais.

**Estratégia para atingir seu sucesso pessoal e profissional**

Lembre-se sempre de jamais se esquecer que uma meta clara fará você entrar em AÇÃO.

Responda de forma sincera e reflexiva as perguntas abaixo.
**Meta SMART**

| | |
|---|---|
| e**S**pecífica | (clareza de ideias) |
| **M**ensurável | (alcançável, escala) |
| **A**lcançável | (objetivo, passos a tomar) |
| **R**elevante | (O quanto toca o coração do *coachee*) |
| **T**empo limite | (dia, mês, ano, hora) |

| Qual será a meta no processo de *Coaching* para ser atingida (clara, específica)? |
|---|
| |
| |
| |
| |

| Essa meta é mensurável? Pode ser atingida? Por quê? De 0 a 10 quanto ela é possível? |
|---|
| |
| |
| |
| |

| Objetive quatro passos iniciais para atingir essa META. |
|---|
| 1- |
| 2- |
| 3- |
| 4- |

# Weigma Bezerra

| Qual será a evidência de que a meta foi alcançada? |
|---|
|  |

| A meta deve ser relevante para o(a) *coachee*, deve tocar o coração. Por que ela é importante? |
|---|
|  |
|  |
|  |

| Mensurar com clareza dia, mês, ano, se possível até hora para a realização da meta. |
|---|
|  |
|  |
|  |
|  |

## A importância do capital humano nas empresas

Com a globalização tornou-se competitivo ao extremo o comércio como um todo, independentemente da área de atuação, serviço ou venda de produtos. Hoje destaca-se entre empresas de ramos diversificados, a capacidade sistêmica de anular conflitos, já que grande diferencial competitivo é indubitavelmente o capital humano. Uma pesquisa da HAVARD BUSINESS SCHOOL, liderada por Cyntia A. Montgomery, deixa bem clara essa realidade constatando que para superar uma empresa que ocupa primeiro lugar no seu segmento e tem como base o desenvolvimento de pessoas, são necessários sete anos; se a mesma empresa lidera pautada no preço dos seus produtos, em apenas sessenta dias poderá ser superada; se a liderança do setor for promovida pela propaganda e publicidade, será superada em um ano; e se for apenas pelo investimento em manufatura, em três anos a concorrência poderá superá-la. Concluímos que o grande diferencial competitivo dentro de uma organização está alicerçado no investimento do desenvolvimento de pessoas, permitindo que a mão de obra se qualifique e se capacite para ser resiliente ante os problemas que possam surgir. Por isso, empresários de visão investem alto em *coaching* e treinamentos buscando uma convivência saudável dentro da organização, que permita a ele e a seus colaboradores um nível extremamente satisfatório de clima organizacional, a elevação da qualidade de vida e do prazer no trabalho, tornando-se competitivo, lucrativo e, principalmente, prazeroso. Com esse clima é impossível não atingir metas e ter a colaboração de todos para ves-

## Team & Leader Coaching

tirem a camisa da empresa. A pesquisa de Cyntia Montgomery demonstra que não se pode tratar pessoas como máquinas ou apenas aplicar "testes", é necessário se fazê-las enxergarem por si próprias sua raridade e importância dentro de um conglomerado, aí o *coaching* torna-se soberano, pois promove esse despertar, do mais alto executivo ao mais simplório colaborador fazendo-os compreender que não há superioridade dentro de uma organização, cada um em seu setor é importante.

**Estratégia para avaliar o desempenho da empresa:**

Em escala pontue de 0 a 10 como andam as competências necessárias para o bom desenvolvimento de sua empresa.

Dependendo de sua avaliação, partindo de você, anote o que fazer para atingir a pontuação máxima e promover a melhoria no desempenho.

| Matriz do estado desejado da empresa |
| --- |
| Empresa:_____ *coachee*:_____ |
| *coach*:_____ Data:____/____/_____. |

**1:** De 0 a 10, quanto você pontua a HABILIDADE dentro da empresa?
O que fazer para atingir o melhor desempenho?

**2:** De 0 a 10, quanto você pontua a COMUNICAÇÃO dentro da empresa?
O que fazer para atingir o melhor desempenho?

**3:** De 0 a 10, quanto você pontua a LIDERANÇA dentro da empresa?
O que fazer para atingir o melhor desempenho?

**4:** De 0 a 10, quanto você pontua a MISSÃO dentro da empresa?
O que fazer para atingir o melhor desempenho?

**5:** De 0 a 10, quanto você pontua a VISÃO dentro da empresa?
O que fazer para atingir o melhor desempenho?

**6:** De 0 a 10, quanto você pontua os VALORES dentro da empresa?
O que fazer para atingir o melhor desempenho?

**7:** De 0 a 10, quanto você pontua as METAS dentro da empresa?
O que fazer para atingir o melhor desempenho?

**Weigma Bezerra**

**8:** De 0 a 10, quanto você pontua a EQUIPE dentro da empresa?
O que fazer para atingir o melhor desempenho?

**9:** De 0 a 10, quanto você pontua as VENDAS dentro da empresa?
O que fazer para atingir o melhor desempenho?

**10:** De 0 a 10, quanto você pontua a PRODUÇÃO dentro da empresa?
O que fazer para atingir o melhor desempenho?

**11:** De 0 a 10, quanto você pontua o RECEBIMENTO dentro da empresa?
O que fazer para atingir o melhor desempenho?

**12:** De 0 a 10, quanto você pontua o PAGAMENTO dentro da empresa?
O que fazer para atingir o melhor desempenho?

**13:** De 0 a 10, quanto você pontua a SATISFAÇÃO DOS COLABORADORES dentro da empresa?
O que fazer para atingir o melhor desempenho?

**14:** De 0 a 10, quanto você pontua as DESPESAS dentro da empresa?
O que fazer para atingir o melhor desempenho?

**15:** De 0 a 10, quanto você pontua os CONTROLES dentro da empresa?
O que fazer para atingir o melhor desempenho?

**16:** De 0 a 10, quanto você pontua os SALÁRIOS dentro da empresa?
O que fazer para atingir o melhor desempenho?

**17:** De 0 a 10, quanto você pontua os BENEFÍCIOS dentro da empresa?
O que fazer para atingir o melhor desempenho?

**18:** De 0 a 10, quanto você pontua os CLIENTES dentro da empresa?
O que fazer para atingir o melhor desempenho?

**19:** De 0 a 10, quanto você pontua a SATISFAÇÃO DO CLIENTE dentro da empresa?
O que fazer para atingir o melhor desempenho?

**20:** De 0 a 10, quanto você pontua o CRESCIMENTO DO NEGÓCIO dentro da empresa?
O que fazer para atingir o melhor desempenho?

### Resultados do *coaching*

Possuo uma clientela bastante diversificada onde atendo a advogados, engenheiros, funcionários públicos, médicos, donas de casa, estudantes, aposentados, empresários, etc. Vejo como se faz necessário o acompanhamento de um *coach* para estabelecer objetivos claros de um estado desejado a ser atingido, permitindo vivenciar a satisfação de viver a vida que tanto se deseja ter. É incrível como essa "ponte ao futuro" é capaz de reescrever histórias, aproximar pessoas, desfazer mal-entendidos, atrair uma situação financeira desejada, viver um relacionamento amoroso satisfatório, aumentar as vendas, fidelizar clientes e colaboradores, realizar sonhos que estavam guardados, enfim, deixá-lo(a) como autor(a) de sua própria história. Certa vez uma *coachee* me procurou para realizar uma meta importante para sua realização profissional – tirar a OAB. Foram feitas algumas tentativas anteriores ao *coaching*, mas respostas íntimas levavam-na a descrer da conquista. Por meio do *coaching* seu foco passou a ser único, potencializou suas forças e ignorou seus medos, através de suas competências construiu o caminho necessário para se sentir merecedora dos resultados almejados e, aí, atingiu com maestria seu estado desejado – conquistou a OAB. Seu sucesso fez outra amiga, também advogada, a me procurar, levando-a ao mesmo resultado satisfatório. Isso apenas provou a eficácia do *coaching* e de como sua condução ética e profissional atrai resultados extraordinários. *Coaching* é resultado, havendo comprometimento de ambas as partes é impossível não atingir o que se deseja.

O *coaching* tem sido decisivo para a eficácia da obtenção de resultados e para o comprometimento entre as partes, de suma importância. Quando o *coachee* não estiver envolvido com o processo, o *coach* deve respeitar seus limites e dispensá-lo amavelmente, pois, sem o compromisso firmado e praticado não haverá resultado e, sem resultado, não haverá *coaching*.

*"Quando a dor de não estar vivendo for maior que o medo da mudança, a pessoa muda."*
**Sigmund Freud**

Hoje, com tantas histórias de SUCESSO com os processos de *coaching*, fica impossível não admitir a importância de sua aplicação na vida das pessoas, seja em qual área for, pessoal, profissional, corporativa, na construção de equipes ou no alinhamento de times.

*Um forte abraço e muito SUCESSO.*

## Encerramento

Estudos recentes de grandes ícones, tanto da atualidade quanto da história da humanidade, apontam traços comuns entre pessoas bem-sucedidas. Uma característica imanente e bem marcante em todas elas é a clareza na definição de metas.

A sociedade vigente nos desafia cada vez mais. Somos assediados o tempo todo para buscar o crescimento, tanto pessoal quanto profissional. Somos instigados a assumir riscos e a estabelecer metas mais ousadas. Estas duas características são essenciais ao desenvolvimento de alta performance.

Empresas e gestores que se destacam têm expertise no estabelecimento de planos com metas claras, específicas e sustentáveis. Eles conseguem ter e apurar suas percepções de mundo e de mercado, são visionários e são capazes de "antever" o futuro.

No atual contexto de desenvolvimento de competências, observamos foco e investimento na gestão de pessoas. Há uma crescente procura por formação e especialização em gestão.

Os autores deste livro foram exímios em apresentar embasamento teórico e ferramentas para aumentar a performance das pessoas. Ferramentas estas de alta precisão que proporcionam excelentes resultados no desenvolvimento dos gestores e liderados em vários aspectos distintos. Esta obra permite que os líderes sejam desafiados e estimulados a enfrentar situações futuras, a tomar decisões de forma mais acertada, respeitando sempre seus valores e princípios.

Gestores e líderes visionários que despontam no ranking do sucesso já praticam o que foi previsto por Jack Welch. Este há alguns anos afirmou: "no futuro todos os líderes serão *coaches*".

Tente em vão resistir aos benefícios de adotar uma gestão ainda mais inovadora, ousada e visionária. O "futuro" já chegou, sua hora é AGORA. Junte-se ao time de "*Team* e *leader coaches*"!

**André Percia & Lídia Batista**